香港資團
香中財

郭國燦　劉海燕

Vol. **II**

下　冊

著　增　訂　版

責任編輯	楊　昇
版式設計	吳冠曼
封面設計	陳曦成

書　　名	**香港中資財團（增訂版）（上、下冊）**
著　　者	郭國燦　劉海燕
出　　版	三聯書店（香港）有限公司
	香港北角英皇道 499 號北角工業大廈 20 樓
	Joint Publishing (H.K.) Co., Ltd.
	20/F., North Point Industrial Building,
	499 King's Road, North Point, Hong Kong
香港發行	香港聯合書刊物流有限公司
	香港新界荃灣德士古道 220-248 號 16 樓
印　　刷	美雅印刷製本有限公司
	香港九龍觀塘榮業街 6 號 4 樓 A 室
版　　次	2009 年 10 月香港第一版第一次印刷
	2017 年 7 月香港增訂版第一次印刷
	2023 年 10 月香港增訂版第二次印刷
規　　格	16 開（170×240 mm）共 712 面
國際書號	ISBN 978-962-04-4208-7（套裝）

目錄

第九章　2008：金融海嘯的衝擊

第十章　再出發：中資航母群的崛起

後記

第七章

H股企業的崛興

經過十多年的發展，H股在香港資本市場乃至在全球資本市場都產生了"爆炸性"的影響。

從1990年代開始，一股新的資本力量在香港誕生，經過短短十餘年的發展，在香港資本市場乃至全球資本市場都產生了"爆炸性"影響。這股資本力量來自中國內地，並不在香港註冊，而在香港上市。因此，從傳統意義上說，通常並不包涵在香港中資企業範疇內而稱之為"H股企業"。特別是進入21世紀後，來香港上市的H股企業資本規模巨大，且多屬於內地優質企業，與紅籌企業股企業一起，改變了香港資本市場的規模、結構和品種，乃至在香港證券市場佔有半壁江山。

一　H股企業的誕生與衍變

1993年7月15日，青島啤酒股份有限公司（股票代號：0168）在香港成功上市，從此拉開了H股十餘年發展的歷史大幕。

所謂"H股"，是指"經中國政府批准在中國內地註冊成立，以國有企業為基礎，並在香港聯交所上市的股份有限公司"的企業股，[1]由於以香港的英文名稱──Hong Kong的第一個大寫字母作為該類海外上市公司的簡稱而得名，類似的如在美國紐約上市的稱為"N股"，在新加坡上市的稱為"S股"。由於H股發展初期均為內地國有企業，故香港又稱之為"國企股"。時任聯交所主席的李業廣先生更明確地將H股與紅籌企業股分別定義為"國企（股）是指中國的國有企業，是在中國（內地）註冊的，紅籌股則在香港註冊"。[2]按照香港上市要求，H股企業在香港主板上市，除必須滿足主板的門檻如三年營業紀錄、過往三年合計盈利5,000港元、上市時市值1億港元、公眾持股量25%、管理層三年不變、資產擁有權和控股權最近一年不變外，還必須滿足內地有關H股境外上市的所謂"456"的三個基本條件：淨資產不少於4億元人民幣，集資額不少於5,000萬美元，過去一年的稅後利潤不少於6,000萬元人民幣。

H股企業在1990年代的誕生絕非偶然。

　　中國內地正在啟動市場經濟。1992年初，鄧小平南巡深圳等地，加快了中國改革開放的步伐，同年召開的中共十四大正式為"市場經濟"正名，為20世紀90年代新一輪改革開放定下了基調。其中的主要突破口之一就是如何推進國有企業改革，建立現代企業制度。

　　內地國企改革從1980年代開始，先後經歷了放權讓利到承包租賃制等多種形式的改革，但由於沒有從根本上進行產權制度的改革，沒有建立起真正的激勵和約束機制，面對越來越多的外資企業和民營企業的挑戰和競爭，陷入大面積虧損狀態。直到1998年，在全國16,000戶國有大中型企業中，虧損企業超過6,000戶，虧損面接近40%，而一些經濟效益、資產質量較好的國企，由於資金瓶頸和體制約束，也無法實現新的突破。更大的問題是中國的國有企業長期處在封閉自足的計劃經濟環境，缺少置身於國際市場參與國際競爭的經歷，何以提高國企的競爭力？! 這一系列問題迫使中國國企改革必須尋找新的突破口。

　　而且，當時已在開始探索新的利用外資的方式。1980年代，利用外資主要是通過境外貸款和國際資本市場發行債券兩種方式，這兩種方式融資量大、速度快，但不夠靈活，而且成本高，還有外匯風險問題。於是利用證券市場籌資的新方式提了出來。

　　香港雖然已經邁入國際金融中心行列，但本地市場和上市資源有限，當時香港證券市場總市值1,200億美元，全球排第二十名，亞洲排名僅次於東京、大阪，但與東京的3,000億美元相差甚遠，加之新加坡、曼谷、台北、吉隆坡等的崛起，構成了對香港的競爭。而香港"九七"日益臨近，回歸指日可待。如何應對亞洲區域國家和城市的挑戰？香港金融決策層逐漸形成共識：香港在競爭上的優勢來自中國內地。

　　於是便有了聯交所的"中國研究小組"（1991年6月4日成立），其功能和任務在於研究中國內地公司在香港上市的可行性，探索聯交所在內地擴大集資功能的潛在角色。1992年2月，"中國研究小組"報告指出："聯交所將會是直到境內的一間先進的國際性證券交易所，亦是中國通往世界各地的通道之一。聯交所認為這些都屬於它遠期的優點。" 報告明確提出，"香港聯交所非常希望成為中國的主要集資中心之一"，成為 "中國的紐約"。

這無疑是一個具有遠見卓識的觀點，它為香港與內地經濟找到了一個 "雙贏" 的契合點。李業廣先生在H股上市十週年接受記者採訪時，非常興奮地一語道破H股上市的意義："內地企業通過在香港證券市場上市，就像登上一輪國際列車，走向全世界，同時也壯大了香港證券市場的規模，擴寬了香港證券市場的深度"。[3]

然而，H股登陸香港的路程並非一帆風順。

來自內地包括經濟學界的質疑聲一直不斷：中國證券市場剛剛起步，上海、深圳交易所分別在1990年和1991年成立，需要優質企業壯大規模，為什麼要 "靚女外嫁"（將最優質的資產到境外上市），會不會存在國有資產流失境外？

但是時任國家體改委副主任劉鴻儒等赴港考察報告結論是：境外上市利大於弊。

於是，各種因素的平衡，形成了一個折衷的基調：香港上市要謹慎，首先要搞好上海、深圳兩個證券市場。

此時，朱鎔基已任國務院副總理，主管經濟工作。1992年4月29日，當時任香港聯交所主席的李業廣一行拜會朱鎔基並談到內地企業到香港上市問題，朱鎔基當即表示選擇十家左右國企到香港上市。

隨後的推進十分順利：1992年5月，聯交所與內地有關部門成立 "證券事務內地香港聯合工作小組"；9月，國務院公佈了九家計劃在香港發行H股上市的國企名單；1993年6月19日，香港聯交所、中國證監委、香港證監會、上海證交所和深圳證交所在北京簽訂五方監管合作備忘錄。

H股上市的關鍵技術問題有三：法律問題、會計問題以及上市交易、交收及外匯問題。特別是會計問題，究竟是按國際標準（包括公司披露和會計準則）編製財務報表，還是按照內地標準編製？對此，李業廣在十年後仍記憶猶新："當時內地和香港的專家被這個問題困擾了頗長時間，而問題最後提交給當時的國務院副總理朱鎔基作決定。雖然當時有許多專家對內地企業有效落實以國際標準編製財務報表信心不大，但是朱鎔基決定，內地企業在海外上市全部要符合國際的公司披露和會計準則。這項決定事後證明確實發揮了關鍵性作用，如今內地企業不僅能在香港申請上市，同時也可以在紐約或倫敦等世界最大證券市場上市。只有採納國際標準編製財務報表，讓所有國際市場人士都能看得懂內地企業的真實經營狀況和財務情況，才能贏得國際投資者的信心"。[4]

正是這一決定，使中國國企在H股上市之後，才真正開始與國際規則的接軌，成為邁向國際化的關鍵一步。

1993年6月29日，第一家內地國企青島啤酒股份有限公司在香港招股集資；7月15日，青島啤酒正式在香港聯交所掛牌上市，中國第一家H股企業誕生。青島啤酒發行價為2.8港元，首日收市價為3.6港元，上升了28.5%，超額認購110倍，首次招股集資8.89億港元。同年在香港上市的H股共計六隻，還有上海石化、北人印刷、廣州廣船、馬鞍山鋼鐵、昆明機床，除上海石化外，其餘五隻股票都獲得了20倍以上的超額認購，昆明機床更達到628倍的超額認購，集資規模最大的馬鞍山鋼鐵公司上市當日收盤價3.9港元，較發行價大漲60%（見圖表7-1），恒生國企指數從1993年7月推出時的八百餘點急升至1993年12月的2,000點，反映了國際投資者和香港市場對中國國企的投資信心。

由於H股在香港上市，引入了歸屬不同的社會資本，混合所有制形態出現，國有企業"一股獨大"的局面開始改變，上市使國企開始受到境內外社會公眾的監督。另外，H股的發行遠較內地A股更為靈活，也更為國際化，往往將公募與私募，全球配售與公眾發行，H股與ADR（American

圖81　1993年，第一批國企H股青島啤酒等在香港成功上市。

Depository Receipt，美國預託證券，又稱"美國存託憑證"）結合起來，尤其是在全球範圍內向各大投資大行、基金公司定向配售以及引進境外策略投資者，使國企逐步熟悉國際市場經濟運行規則，這為國企走向國際市場奠定了良好基礎。

圖表7-1　國企H股在香港上市概況（截至1996年7月底）

公司名稱	上市日期	招股價（元）	認購率（倍）	新上市集資（百萬元）
青島啤酒	1993.7.15	2.800	110.47	889.3
上海石化	1993.7.26	1.580	1.73	2,654.4
北人印刷	1993.8.6	2.080	25.36	208.0
廣州廣船	1993.8.6	2.080	76.96	327.4
馬鞍山鋼鐵	1993.11.3	2.270	68.69	3,913.8
昆明機床	1993.12.7	1.980	628.44	128.7
儀征化纖	1994.3.29	2.380	20.21	2,380.0
天津渤海化工	1994.5.17	1.200	1.00	408.0
東方電機	1994.6.6	2.830	15.10	481.1
洛陽玻璃	1994.7.8	3.650	1.02	912.5
慶鈴汽車	1994.8.17	2.070	23.50	1,035.0
上海海興	1994.11.11	1.460	13.95	1,576.8
鎮海煉油	1994.12.2	2.380	6.53	1,428.0
成都電纜	1994.12.13	2.800	5.91	448.0
哈爾濱動力	1994.12.6	2.390	1.40	1,210.4
吉林化工	1995.5.23	1.598	2.33	1,547.0
東北輸變電	1995.7.6	1.800	2.51	446.3
經緯紡織	1996.2.2	1.290	2.42	233.2
南京熊貓電子	1996.5.2	2.130	1.01	515.5
廣深鐵路	1996.5.14	2.910	7.03	4,200.9
廣東科龍	1996.7.23	3.670	1.03	739.0

資料來源：香港聯合交易所

延續1993年H股上市熱潮，1994年H股共發行了九隻股票，分別是儀征化纖、天津渤海化工、東方電機、洛陽玻璃、慶鈴汽車、上海海興、鎮海煉油、成都電纜、哈爾濱動力。與1993年比較，認購率顯著下降，最高的超額認購為23倍，最低的為一倍，剛好認購完，反映了市場逐漸趨於理性。

從1994年下半年開始，因墨西哥金融危機、英國霸菱銀行倒閉和美國加息等因素影響，香港證券市場跟隨國際市場走入低迷，股樓兩市出現週期性下調。

1994-1995年，內地實行宏觀調控，利率、稅率調整，國企三角債問題浮出水面，H股企業業績不良、投資回報率未達到投資者要求、管理層不熟悉海外資本市場、不善於維護與投資者的關係、資訊披露透明度不高等問題浮現，公佈的年報令投資者大失所望，國際投資者也對H股公司前景產生懷疑，從而導致H股一級市場籌資困難，二級市場低迷不振。1995年11月，恒生H股指數更深探至最低之684.85點。1995年，H股新上市公司只有兩家。1996年截至7月底，則有四家，超額認購倍數均只有1-2倍，最高也只有七倍（見圖表7-1），反映了當時市場之冷淡。

從1996年底到1997年，中國經濟實現軟着陸，新的經濟週期啟動，國企重組概念出現，加之香港"九七"回歸更是利好因素，市場開始追捧"中國概念"，"紅籌企業熱"出現，帶動H股出現第二次高潮。

1997年初，若干國企被選為重組及股份制的樣板，國企重組概念成為香港資本市場的一個炒作概念，海外基金、香港市民、內地機構均加大對H股的投資比例，尤其是在"紅籌指引"出台導致紅籌企業股上市注資速度減慢後，H股更是受到市場熱烈追捧。1997年8月25日，恒生國企指數升至歷史高位7,499點，1997年內地幾大航空、高速公路、金屬礦業、煉鋼等資源性產業和基建產業赴香港上市，當年H股新上市公司達到16家，籌資款項達302億港元，為歷年之最高。

1997年7月，亞洲金融危機首先在泰國爆發，隨後席捲東南亞各國，10月開始衝擊香港，香港股樓兩市暴跌；1998年，香港經濟出現十三年來的首次季度負增長。紅籌企業股、國企股踏上漫漫"熊"途。1998年8月28日，恒生國企指數跌至1,008點，41隻H股除科龍外，全部跌破發行價，有的甚至跌破面值。當年也只有兩隻H股公司上市。

1999年，全球出現網絡熱和新經濟熱，香港受"網絡"概念和新經濟概念影響，經濟出現恢復性反彈，創業板推出後，更將"網絡"股推向高潮，創業板的誕生也為內地一些規模小、盈利低但前景較好的民營科技企業提供了新的融資管道，但遺憾的是，由於創業板門檻太低，魚龍混雜，大量無業績的網絡公司在全球網絡泡沫破滅後或破產或被收購重組，而一些業績優良、規模等方面達到香港主板條件的公司紛紛轉向主板，香港創業板從此一蹶不振。是年1月，珠江鋼管、北大荒兩公司在香港上市受挫，中海油招股亦推遲，當年在主板上市的H股企業也僅三家。

2000年下半年後，H股開始復甦，受惠於內地經濟的高速增長，部分H股企業通過業務重組等方式，業績有所改善。是年，內地一些資源性和基礎設施企業中石油、中石化和首都機場等大型企業開始登陸香港以H股上市。

2001年2月，中國政府出台B股對內地居民開放的政策，B股開始上漲，加之H股與A股差價巨大，H股受追捧。是年12月，全國五大玻璃製造商之一，全國唯一一家民營大型浮法玻璃生產企業——浙江玻璃登陸香港主板。這是首家民營企業在香港以H股上市，加上1996年科龍電器以鄉鎮集體企業的身份在香港上市，H股的"國有概念"逐漸被打破，H股成為一種多元化的內地資本，尤其是創業板四十餘家H股企業中大部分是民營企業，使H股的成份發生變化。2002年，隨着內地A股市場踏入漫漫熊市以後，內地民營企業赴港上市進入高峰期，是年上市的深圳比亞迪以16.37億的集資額創下民企H股集資額之最。是年國企中，中國電信正式登陸H股主板。

二　H股異軍突起與IPO奇跡

2003年，對香港來說，是一個經濟的拐點，時任香港財政司長梁錦松引用英國作家狄更斯的名言來概括這個時段："這是最壞的時期，也是最好的時期。"

最壞的時期，是指2003年是香港回歸後的"三大問題"匯聚和交織在一起的一個年份。首先是亞洲金融危機的衝擊，直接導致了香港經濟的兩次衰退和長達五年以上的經濟通縮，致使大多數港人的財富大幅縮水，波及到40萬-60萬人，乃至高峰期出現十餘萬宗的"負資產"單位和最高達8.7%的季度失業率；其次，是香港特區政府面臨公共衛生危機的考驗，2003年上半年正是SARS肆虐香港的時期；三是香港特區政府2003年正經歷一場嚴峻的政治考驗，即從"二十三條立法"開始到"七·一"所謂"五十萬人大遊行"。[5]

正是在這種背景下，中央政府以CEPA和"自由行"等系列政策強力推動香港經濟復甦，市場信心也開始恢復；與此同時，世界經濟也從復甦逐漸進入一個經濟上行的新週期，在多種因素作用下，香港經濟開始踏上復甦之路。2003年，中國人壽、中國財險、紫金礦業等十家內地企業登陸香港主板市場，並有八家登陸創業板市場；2004-2007年，分別有八家、九家、十七家、十家H股企業在香港主板上市，以交通銀行、建設銀行、中國銀行、工商銀行這四大銀行為代表掀起H股上市潮，使香港證券市場進入了一個前所未有的新時期，創造了新的歷史。

1. H股指數從2003年起大幅飆升。2002年底，恒生中國企業指數（即H股指數）才1,990點。到2003年底達到5,020，上升了3,000多點。到2007年元月2日新年開市，國企指數即突破萬點大關。

2. H股的成份已經發生變化，再稱之為"國企股"已不準確。2001年，首家民營企業浙江玻璃在香港上市，加入了H股的行列；創業板四十餘家H股企業大部分都是民營企業，使H股的成份發生根本改變。

　　3. H股加大了同時在主板和創業板發展的步伐。如圖表7-2，在主板市場，1998年後連續幾年新上市的才二至三家，直到2002年也才四家，從2003年開始出現新的突破，增加到十家新上市公司，主板2004年、2005年、2006年分別達到八家、九家和十七家，數量在大幅增加，而且這幾年上市的企業新增了石油、煉油、金融、電信、港口、汽車、採煤、煉鋼、機場、公路、製藥和其他工業，特別是基礎行業和金融類超大型企業的上市，迅速壯大了H股的規模和香港證券市場的規模。而且在香港創業板開市不到一年，以上海復旦微電子公司和北京同仁堂科技公司為先鋒，內地民營科技企業大舉進軍創業板，覆蓋資訊科技、生物醫藥等高科技行業。

圖表7-2　H股企業上市情況表（1993-2007年）

年份	主板	創業板
1993	6	——
1994	9	——
1995	2	——
1996	6	——
1997	16	——
1998	2	——
1999	3	——
2000	3	3
2001	3	5
2002	4	12
2003	10	8
2004	8	8
2005	9	3
2006	17	6
2007	10	0

4. 從H股企業總數、市值、成交量和集資額等指標看，H股已經接近或超過紅籌企業股。如圖表7-3、圖表7-4、圖表7-5所示，從主板市值來看，在2004年及以前，紅籌企業股的市值遠大於H股的市值。2004年，H股的市值才佔總市值的6.87%，而紅籌企業股已達總市值的21.26%；從主板成交量來看，在2002年前，紅籌企業股的成交量遠大於H股；2002年，H股的成交量佔成交量的9.5%，而紅籌企業股的成交量佔了21.04%；從主板集資額來看，在2001年前，紅籌企業股的集資額遠大於H股的集資額。

也就是說，H股的集資額、成交量和市值接近或超越紅籌企業股，分別是從2002年、2003年和2005年開始的。到2006年11月底，主板上市的H股總數已達89家，接近主板上市的紅籌企業股企業數85家，但創業板上市的H股企業數卻達到45家，大大超過創業板上市的紅籌企業股企業數（五家）；從市值來看，到2007年底，主板上市的H股的市值已達到50,568億港元，創下歷史年度新高，佔股市總市值的24.62%，比紅籌企業股所佔比重的26.85%僅差兩個百分點，但創業板的H股的市值所佔比例已達14.09%，高於創業板紅籌企業市值所佔6.44%的比例；從成交量來看，2007年主板H股總成交量達到77,489億港元，亦為歷史年度最高，佔總成交量的46.93%，遠超過主板紅籌企業的27,256億港元（佔總成交量的16.51%），創業板H股成交量所佔比例達到14.84%，遠超創業板紅籌企業成交量的6.81%；從集資額來看，2006-2007年，主板H股的總集資額與紅籌企業股的總集資額各有領先。

5. 國際投資者對H股的投資信心大增。2003年4月，美國股神巴菲特完成對中石油的投資建倉，巴菲特投資4.88億美元，高達23.38億股。2006年，在股市高峰期開始分七次減持股份退出中石油，三年多時間淨賺14.27億美元，收益率達292%。2005年，滙豐銀行入股中國交通銀行19%的股權，既是藉交通銀行的內地網絡拓展業務，也是對H股的投資信心的體現。

圖82　2003年4月，美國股神巴菲特投資4.88億美元，買入23.38億股中石油。到2006年分七次減持股份，結果淨賺14.27億美元，收益率達292％。

圖表 7-3　H股、紅籌企業股在主板、創業板市值情況比較表（1993-2008年）

主板

年份	H股		紅籌企業股		合計	
	市價總值（百萬港元）	佔股份總市值（%）	市價總值（百萬港元）	佔股份總市值（%）	市價總值（百萬港元）	佔股份總市值（%）
1993	18,228.70	0.61	124,129.51	4.17	142,358.21	4.78
1994	19,981.32	0.96	84,279.33	4.04	104,260.65	5.00
1995	16,463.77	0.70	110,701.97	4.71	127,165.74	5.42
1996	31,530.63	0.91	263,330.90	7.58	294,861.53	8.48
1997	48,622.01	1.52	472,970.42	14.77	521,592.43	16.29
1998	33,532.66	1.26	334,966.21	12.58	368,498.87	13.84
1999	41,888.78	0.89	956,942.33	20.24	998,831.11	21.13
2000	85,139.58	1.78	1,203,551.95	25.10	1,288,691.53	26.87
2001	99,813.09	2.57	908,854.82	23.39	1,008,667.91	25.96
2002	129,248.37	3.63	806,407.41	22.66	935,655.78	26.29
2003	403,116.50	7.36	1,197,770.75	21.87	1,600,887.25	29.23
2004	455,151.75	6.87	1,409,357.12	21.26	1,864,508.88	28.13
2005	1,280,495.01	15.78	1,709,960.75	21.08	2,990,455.76	36.86
2006	3,363,788.46	25.39	2,951,581.05	22.28	6,315,369.51	47.67
2007	5,056,820.09	24.62	5,514,059.49	26.85	10,570,879.58	51.47
2008	2,720,188.76	26.53	2,874,906.69	28.04	5,595,095.45	54.57

創業板

年份	H股		紅籌企業股		合計	
	市價總值（百萬港元）	佔股份總市值（%）	市價總值（百萬港元）	佔股份總市值（%）	市價總值（百萬港元）	佔股份總市值（%）
1999	——	——	1,255.50	17.35	1,255.50	17.35
2000	991.69	1.47	806.00	1.20	1,797.69	2.67
2001	1,888.75	3.10	1,010.60	1.66	2,899.35	4.76
2002	2,393.01	4.58	830.80	1.59	3,223.81	6.17
2003	5,063.25	7.21	——	——	5,063.25	7.21
2004	6,376.35	9.56	727.56	1.09	7,103.92	10.65

（續）

年份	H 股		紅籌企業股		合計	
	市價總值 （百萬港元）	佔股份總 市值（%）	市價總值 （百萬港元）	佔股份總 市值（%）	市價總值 （百萬港元）	佔股份總 市值（%）
2005	6,420.65	9.64	836.23	1.26	7,256.88	10.90
2006	14,952.03	16.82	790.31	0.89	15,742.35	17.71
2007	22,695.38	14.09	10,378.89	6.44	33,074.28	20.53
2008	11,550.65	25.57	988.62	2.19	12,539.27	27.76

資料來源：http://www.hkex.com.hk

圖表7-4　H股、紅籌企業股在主板、創業板成交量情況比較表（1993-2008年）

主板

年份	H 股		紅籌企業股		合計	
	成交量 （百萬港元）	佔股份成交 （%）	成交量 （百萬港元）	佔股份成交 （%）	成交量 （百萬港元）	佔股份成交 （%）
1993	33,037.82	3.23	88,290.28	8.63	121,328.09	11.86
1994	34,208.97	3.51	57,515.41	5.90	91,724.38	9.41
1995	17,291.65	2.33	45,856.63	6.19	63,148.28	8.52
1996	24,890.36	1.93	135,359.18	10.52	160,249.54	12.45
1997	297,769.58	8.48	1,043,672.51	29.71	1,341,442.09	38.19
1998	73,538.68	4.61	369,386.79	23.13	442,925.47	27.74
1999	102,788.51	5.80	354,818.00	20.01	457,606.51	25.81
2000	164,309.62	5.74	674,856.93	23.60	839,166.55	29.34
2001	245,201.03	13.47	497,246.00	27.31	742,447.03	40.77
2002	139,711.41	9.50	309,354.25	21.04	449,065.66	30.54
2003	501,496.87	22.12	493,945.47	21.79	995,442.34	43.92
2004	933,860.83	27.49	614,727.35	18.10	1,548,588.19	45.58
2005	949,155.23	26.46	603,820.77	16.83	1,552,976.00	43.29
2006	2,521,764.08	39.26	1,100,508.90	17.13	3,622,272.98	56.39
2007	7,748,899.57	46.93	2,725,604.54	16.51	10,474,504.11	63.44
2008	6,130,592.75	48.53	2,283,227.61	18.08	8,413,820.36	66.61

創業板

年份	H 股		紅籌企業股		合計	
	成交量 （百萬港元）	佔股份成交 （％）	成交量 （百萬港元）	佔股份成交 （％）	成交量 （百萬港元）	佔股份成交 （％）
1999	——	——	652.20	18.09	652.20	18.09
2000	6,868.59	8.15	864.14	1.03	7,732.73	9.17
2001	6,155.01	15.62	509.42	1.29	6,664.43	16.91
2002	3,897.80	8.86	328.89	0.75	4,226.69	9.61
2003	4,652.71	12.20	387.65	1.02	5,040.36	13.22
2004	7,195.46	27.93	28.43	0.11	7,223.89	28.04
2005	4,154.00	18.60	242.67	1.09	4,396.67	19.68
2006	14,860.02	34.02	634.64	1.45	15,494.65	35.48
2007	23,632.65	14.84	10,839.99	6.81	34,472.65	21.65
2008	7,861.73	15.09	1,845.01	3.54	9,706.73	18.64

資料來源：http://www.hkex.com.hk

圖表 7-5　H股、紅籌企業股在主板、創業板集資額比較表（1993-2008年）

主板　　　　　　　　　　　　　　　　　　　　　　　　（單位：百萬港元）

年份	H 股			紅籌企業股		
	首次招股集資	上市後集資	總集資額	首次招股集資	上市後集資	總集資額
1993	8,141.52	——	8,141.52	950.52	14,128.71	15,079.23
1994	9,879.81	——	9,879.81	1,541.37	11,685.17	13,226.54
1995	2,011.35	980.00	2,991.35	1,569.75	5,103.86	6,673.61
1996	6,834.16	1,037.50	7,871.66	3,427.30	15,581.81	19,009.11
1997	32,037.52	1,046.70	33,084.23	39,394.82	41,589.99	80,984.81
1998	2,072.36	1,480.16	3,552.52	142.38	17,232.47	17,374.85
1999	4,263.69	——	4,263.69	1,985.53	53,191.82	55,177.35
2000	51,750.69		51,750.69	44,096.46	249,562.21	293,658.67
2001	5,570.84	497.25	6,068.09	12,060.08	7,021.19	19,081.27
2002	16,873.60	——	16,873.60	20,950.56	31,771.67	2,722.23
2003	46,252.59	592.04	46,844.63	2,962.40	1,930.15	4,892.55

（續）

年份	H股			紅籌企業股		
	首次招股集資	上市後集資	總集資額	首次招股集資	上市後集資	總集資額
2004	40,016.78	19,229.95	59,246.73	14,548.60	11,816.68	26,365.28
2005	137,184.78	21,493.17	158,677.95	1,037.45	21,352,85	22,390.30
2006	290,026.72	13,796.28	303,823.01	2,763.76	48,004.16	50,767.91
2007	74,773.29	10,868.70	85,641.98	49,592.21	65,381.97	114,974.19
2008	29,488.36	4,618.98	34,107.34	——	223,800.56	223,800.56

創業板　　　　　　　　　　　　　　　　　　　　　　　　（單位：百萬港元）

年份	H股			紅籌企業股		
	首次招股集資	上市後集資	總集資額	首次招股集資	上市後集資	總集資額
1999	——	——	——	404.24	——	404.24
2000	644.18	——	644.18	——	——	——
2001	763.99	——	763.99	——	——	——
2002	1,059.60	113.00	1,172.60	——	——	——
2003	1,217.91	204.00	1,421.91	——	0.68	0.68
2004	693.60	459.33	1,152.93	92.00	——	92.00
2005	175.48	272.90	448.37	——	39.53	39.53
2006	1,769.21	594.25	2,363.46	——	6.50	6.90
2007	——	1,133.21	1,133.21	——	1,049.61	1,049.61
2008	176.84	1,770.67	1,947.51	——	220.22	220.22

資料來源：http://www.hkex.com.hk（截至2008年底）

　　6. H股的新上市頻頻打破了國際IPO（首次招股集資）紀錄。2003年12月，中國人壽在香港上市融資34億美元曾創下當年全球最大IPO紀錄；2005年6月，中國交通銀行開啟了內地銀行在香港上市的先河；隨後，中國建設銀行於10月在香港上市，集資622億港元，再次創下了有史以來全球最大的商業銀行IPO、當年全球第六大IPO以及五年半來全球最大IPO等多項輝煌紀錄。

　　2006年，H股上市進入更大規模、更多數量的A＋H股聯動的新階段，中國銀行於6月1日在香港上市，招股價2.95元，其國際和公開認購分別錄得20倍和76倍的超額認購，凍結資金2,685億港元，集資768億港元，為香港有史以來的最大集資額，而且一個月後中行A股在滬上市，集資200億元，成為首家"A＋H"上市的國有銀行，而A股、H股價格趨同，開啟了兩地股市聯動發展的趨勢。

　　2006年10月27日，中國最大的國有商業銀行中國工商銀行（以下簡稱"工商銀行"）同時在內地和香港上市（香港上市公司的股票代號為1398），創了多項紀錄：成為首家同時發行"A＋H"股的上市銀行；工商銀行H股招股價為3.07港元，在香港發行354億股，凍結資金3.7萬億港元，其中4,100億港元為香港散戶，3.3萬億為各類國際機構投資者，工行A股招股價為3.12元，在內地發行130億A股，內地凍結資金1萬億元；兩地集資總額達1,490億港元（約191億美元），成為歷來全球最大IPO（見圖表7-6）；

圖表 7-6　歷來全球十大集資活動

排名	企業	國家	業務	上市年份	集資額（億美元）＊
1	工商銀行	中國	金融	2006	191
2	NTT DoCoMo	日本	電訊	1998	184
3	Enel Spa	西班牙	電力	1999	170
4	德國電訊	德國	電訊	1996	130
5	中國銀行	中國	金融	2006	111
6	OAO Rosneft	俄羅斯	石油	2006	106
7	AT＆T Wireless	英國	電訊	2000	106
8	Telstra	澳洲	電訊	1997	100
9	建設銀行	中國	金融	2005	92
10	Kraft	美國	食品	2001	87

＊假設工行最終招股價為3.07港元／3.12人民幣。
資料來源：香港《經濟導報》，總2991期。

圖83　中國工商銀行成為首家同時在內地和香港分別發行A股及H股的上市銀行

工商銀行H股上市當日的成交額為374.52億港元，佔當日成交總額的49%，是香港證券市場歷來單一交易最大的股票成交額；工商銀行上市當日帶動恒生指數創歷史新高達18,465點；其H股上市使香港總市值超11萬億港元，達歷史新高。2006年上市的H股還有中信銀行（股票代號：0998）、招商銀行（股票代號：3968）、中煤能源（股票代號：1898）、中國交通建設（股票代號：1800）等。

　　7.H股開始躋身藍籌進入恒生指數成份股行列。多年來，根據有關規定，進入恒指成份股企業必須在香港註冊，H股由於是內地註冊企業而一直被擋在藍籌股門外。隨着一些金融、資源性"巨無霸"企業的上市，恒指所覆蓋的總市值已從過去的70%下降至60%左右，難以反映股市真實客觀的整體業績，於是2006年8月恒指成份股條件的有關規定得以修改，並分三階段實施。這樣，香港第三大市值的H股中國建設銀行於2006年9月11日起，聯同台資企業富士康和香港證券交易所躋身恒指成份股行列，中國銀行於2007年3月加入藍籌行列，終於打破了恒指成份股無H股的歷史。

三　A＋H潮起潮落

　　H股登陸香港上市之際，正值是鄧小平南巡之後，內地經濟進行新一輪高速增長期，1990年代剛剛誕生不久的內地A股市場迅速發展，這為H股回歸A股提供了難得的機遇。作為在內地註冊的H股企業，顯然比註冊在境外的紅籌企業股多了一種上市地選擇，而這個上市地，卻是一個蓬勃興起的新興市場——中國內地。

　　1993年8月，剛剛在香港上市一個多月的青島啤酒旋即登陸上海A股市場，成為第一隻回歸A股的H股。是年屬於H股企業的廣船國際、上海石化也回歸上海A股上市。隨後1994-1997年，共有14隻H股回歸上海或深圳的A股市場上市（見圖表7-7），形成了第一波H股回歸A股高潮。

圖表 7-7　H股企業回歸A股市場概況

年份	家數	企業名稱	滬市	深市
1993	3	青島啤酒、廣船國際、上海石化	3	0
1994	3	交大科技、馬鋼股份、北人股份	3	0
1995	5	儀征化纖、創業環保、東方機電、洛陽玻璃、東北電氣	4	1
1996	3	吉林石化（已退市）、南京熊貓、經緯紡織	1	2
1997	3	新華製藥、東方航空、鞍鋼新軋	1	2
1998	1	兗州煤業	1	0
1999	1	科龍電器	0	1
2000	0		0	0
2001	5	寧滬高速、廣州藥業、中國石化、華能國際、深高速	5	0
2002	3	江西銅業、海螺水泥、中海發展	3	0
2003	2	皖通高速、南方航空	2	0
2004	0		0	0
2005	1	華電國際	1	0
2006	5	中國銀行、中國國航、北辰實業、大唐發電、廣深鐵路	5	0
2007	9	中國平安保險、交通銀行、建設銀行、中國人壽、中國鋁業、中國遠洋、中海油服、中國神華、中國石油	9	0
2008	1	中煤能源	1	0
總計	45		39	6

　　1998年3月，中國證監會發佈《關於股票發行工作若干問題的補充通知》，規定"發行B股或H股的企業不再發行A股，發行A股的企業不再發行B股或H股。特殊性情況除外"，導致H股回歸A股之路受阻。1998-2000年的三年時間內，只有兗州煤業、科龍電器兩隻H股破例回歸A股。

　　2000年5月，中國證監會發佈《上市公司公開向社會募集股份暫行辦法》，規定"申請公募增發的上市公司'原則上可以'既發行境內上市內資股，又發行境內或境外上市外資股的公司"，由此重啟了H股企業回歸A股之門。2001年，寧滬高速、廣州藥業、中國石化、華能國際、深高速等五家H股企業回歸A股。2002-2003年兩年間又有五家H股企業回歸，形成了H股回歸A股的第二波高潮。

2003年以後，內地股市處於漫漫"熊途"，加上2005年開始的股權分置改革暫停新股上市，H股回歸A股之路再度受阻。2006年5月，內地股市再融資閘門再度打開，中國銀行、中國國航、大唐發電等五家H股企業回歸A股。是年10月，中國工商銀行首次以A＋H同時發行，開啟了兩地同時上市的新途徑。2007年，建設銀行、交通銀行、中國石油、中國平安保險、中國鋁業等九隻H股企業回歸A股，A＋H回歸潮達到歷史高峰，但隨着2008年全球金融海嘯的來臨，又進入一個新的低谷期。

四　H股＋紅籌：香港資本市場的新格局

2006年11月2日，紐約市長米高·彭博（Michael Bloomberg）與紐約州參議員舒默（Charles Schumer）在《華爾街日報》發表連署文章，引起全球關注。該文在將紐約與倫敦與香港對比分析後指出，紐約金融市場由於監管過多，不必要的訴訟太多，以及會計準則與國際不相容等，導致美國在IPO方面萎縮，被香港和倫敦超越，紐約交易所正在失去在國際金融市場的領導地位。2007年1月22日，美國著名諮詢公司麥肯錫發表關於紐約競爭力的研究報告，再次發出同樣的"危言"：紐約正在失去競爭力，並很可能最終在十年之內失去全球"金融之都"的地位。

IPO是金融市場最為看重的指標之一。紐約曾遠遠領先於倫敦與香港，但到了2006年10月，紐約首次被香港超越：2006年1-10月的IPO總額，紐約交易所為187億美元，倫敦交易所為187億美元，香港交易所為328億美元，其中156億美元的招股集資額屬於中國工商銀行。中國工商銀行"A+H"的上市，創下了全球十大集資額之首的歷史紀錄，直接將恒生指數和香港證券市場的總市值推到了歷史新高，並將香港年度IPO總額推到了全球第二的地位。

圖84　2007年，中國石化收購了華潤石化（華潤創業的子公司）全部股權，從而一併擁有了該公司在香港的20間加油站。

2006年，H股寫下了歷史最輝煌的一頁。

H股何以在短短十餘年崛興，並將香港IPO推至全球第二呢？從香港方面看，香港要發展成為全球最具影響力和競爭力的證券市場之一，吸引更多的國際投資基金，必須擴闊香港證券市場的基礎，壯大其規模，改變過去以地產、金融為主的證券投資產品結構。而要實現這一目標，單純靠本地企業不可能實現，香港背靠正在快速發展的內地的龐大經濟體，尤其是香港經歷金融危機的衝擊後兩度經濟衰退，因此"北望神州"成為香港證券市場進一步發展的根本路徑。

從內地方面看，內地A股市場從2001年開始持續低迷，與快速發展的中國經濟呈背馳走勢，加之非流通股的股權分置改革導致的禁售新股，以及逾百家企業排隊申請上市的程序，使一些大型企業對在內地上市及籌資效果信心漸失；加之中國近年改革開放的步伐明顯加快，對大型國企尤其是大型國有專業銀行的重組改革，以及允許社保基金、外匯基金等投資海外並鼓勵企業走出去等；另外，近年跨境資金因憧憬人民幣升值，開始關注甚至投資中國概念股（尤其是H股）等，都促使內地大型國有企業既有必要、也有可能走香港H股上市之路。正是香港、內地與國際資金流向等多方面因素，促成了近年H股的崛興。

H股的崛興已經或正在產生重大影響：

1. 改變了香港證券市場產品的結構、品種和規模。過去香港股市一直是以地產、金融類為主體，H股上市以後，新增了石油、煉油、電訊、能源、港口、採煤、煉鋼、機場、公路、製藥等產業，也新增了一批超大型企業，如金融類的中國銀行、中國工商銀行、中國建設銀行、交通銀行、中國人壽、中國平安保險、中國人民財產保險等；汽車類的東風汽車、長城汽車；通訊類的中興通訊、礦業類的紫金礦業等。這批超大型企業上市以後，2005年，香港股市分別創下了總市值、成交額和籌資額的歷史紀錄，成為全球第九大股市。[6] 2006年，更創出恒生指數（20,000點）、市值（13萬億港元）和IPO（3,259億港元）歷史新高而升居全球第七大股市。

2. 壯大了中資企業的整體規模，從而奠定了中資紅籌企業股和H股在香港股市的總市值佔50%以上的規模，中資企業在香港經濟的繁榮穩定中發揮越來越大的作用。

3. 香港作為中國籌資中心的地位越來越重要，香港的國際金融中心地位借助高速增長的內地經濟也越來越鞏固。

4. H股＋紅籌企業的崛起推動着香港資本格局的變化和重新洗牌。H股的加快上市，已經於2006年3月將香港股市總市值推到了10萬億港元；於2006年底，則推到13萬億港元歷史新高。基礎產業、金融產業和資源性產業和高科技產業等，正在豐富香港股市的結構和品種。經過2005-2007年的大發展，H股將在香港股票市場的總市值、總成交量約佔到四分之一的規模，與十年前相比，香港資本市場格局已經發生了巨大變化：

一是H股股市值規模的突變，導致"十大"市值排行榜的重新洗牌。參見圖表6-9，對比1996年與2006年香港十大上市公司市值可知，十年前的最大市值公司滙豐控股的市值是4,395億港元，2006年已達16,199億港元，約為十年前的四倍；但十年前的十大市值公司中，英資企業佔了四家，華資企業佔了五家，中資企業只有一家；十年後，外資企業有滙豐銀行、渣打銀行和宏利金融三家（其中英資企業兩家，加拿大企業一家），華資企業三家，中資企業四家（其中紅籌企業股和H股各兩家）。最大的變化是中資H股＋紅籌企業的崛起，中國移動、中海油、建行和中行的上市，迅速上位藍籌股，並在香港十大市值企業中佔了四席。

二是H股＋紅籌企業股全面改變香港資本市場的格局。從2007年開始，H股＋紅籌企業股總市值開始在香港主板的總市值中超過50%（見圖表7-3）。這一年，H股佔24.62%，紅籌企業佔26.85%，加起來佔51.47%。2006年開始，H股＋紅籌企業成交量開始佔總成交量的56.39%，已經是名副其實的半壁江山。

三是H股＋紅籌企業股的十年變化：1997年底，H股和紅籌企業股市值超千億的只有中國移動（中國電信），市值達1,600億港元。在57隻紅籌企業股中，超過百億港元市值的也只有11隻；在39隻H股中，超過百億港元市值的只有七隻。

而到了2009年5月，紅籌企業股增至92隻，總市值為3.427萬億港元，唯一的超萬億大戶，中國移動的市值是1997年底的近十倍，市值達15,183億港元。紅籌企業股中，超過千億港元市值的還有四隻，分別是中海油、中國新聯通、中海發展和中銀香港。超過百億港元市值的紅籌企業股多達32隻，接近1997年底的三倍。

而H股到2009年5月增至110隻，總市值略超紅籌企業股，為3.556萬億港元。唯一超過萬億港元市值的大戶——中國建設銀行市值達11,324萬億港元。超過千億市值的還有七隻，分別是工商銀行、中國銀行、中國人壽、中石油、交通銀行、中國平安保險和中石化。超過百億港元市值的共有37隻，略多於紅籌企業股（見附錄二）。

H股＋紅籌企業股的總市值，達到七萬億港元，超過香港股市總市值的一半，撐起了香港證券市場的半壁江山。

註釋：

〔1〕〔5〕　郭國燦著：《回歸十年的香港經濟》，第39頁、第295頁，三聯書店（香港）有限公司，2007年版。

〔2〕　Stock Market Artifactsand Archives Collection Oral History,1997.

〔3〕〔4〕　〈港交所主席回望H股10年歷程〉，http://www.china.com.cn；另參見劉鴻儒主編：《中國企業海外上市回顧與展望·代序》，中國財經出版社，1998年版。

〔6〕　戴道華：〈從統計資料看香港股市發展〉，http://www.tdctrade.com/econforum。

第八章

中資再造潮：
行業巨頭時代

　　進入21世紀，一部分中資企業在廣信破產及粵海重組後進行調整"瘦身"的同時，開始將發展重心放在內地。華潤集團更率先明確提出"再造華潤"的戰略思路，並將"再造"戰略與在內地的擴張佈局結合起來。在華潤、招商局的帶動下，一股再造潮和再造模式形成，即通過在內地大量收購、兼併等資本擴張，一批總資產、市值過千億的中資紅籌行業巨頭漸次誕生，成為21世紀初期一道亮麗的風景線。

一　百年一遇：中國經濟的"井噴期"

　　中資巨頭的產生，源於中國經濟幾十年擴張中，出現了經濟週期中百年一遇的歷史機遇。

　　據國家統計局稱，改革開放幾十年，中國GDP從1978年的3,645億元人民幣，上升到2007年的24.95萬億元人民幣，年均增速為9.8%。這個速度高於1953-1978年6.1%的年均增速，無疑也是20世紀中國最好的發展時期，而且與日本、韓國經濟起飛階段年均增速不相上下。[1]

　　1978-2009年，中國的改革開放，大抵經歷了三個週期，平均長度為9.66年，如從波谷到波谷分析，1999-2009年為第三個週期，其中2007年為波峰，也就是說，從1999年到2007年，中國正是改革開放以來的第三個發展最快的時期。[2] 2002-2007年，中國年均增速更超過10%，GDP從2002年十二萬多億元躍升至二十四萬多億元，五年實現了翻一番，比同期世界年均增速高五個百分點，而且，經濟總量已居世界第三位。英國《金融時報》稱中國在這五年已經成為"全球經濟增長的發動機"。因此，這個週期可以稱為中國經濟的"井噴期"和"黃金機遇期"。

　　2002年1月，中國正式加入WTO，中國對外實現了從過去的政策性開放向制度性開放的歷史轉變。與此相關聯，外貿成為這五年拉動經濟增長的重要發動機，中國進出口貿易總額從2003年不足9,000億美元，到2007年首次超過兩萬億美元，在世界貿易大國排行榜上連升三位躍居世界第三。

而此時期香港從1997-2003年（除2000年小陽春外）深陷金融危機帶來的經濟通縮、財政赤字、失業、負資產等種種問題，[3] 廣信危機和中資信貸危機使香港中資開始部署北上內地。

另一方面，1990年代內地關於政企分開、政資分開的國有資產管理體制的改革，迅速推動着香港中資從"窗口公司"向市場化的改革。特別是1999年以後中央企業工委的成立和2003年國務院國資委的成立，央企窗口公司與原主管部委脫鈎斷奶。這一重大改革，也迫使香港中資將眼光更多地放在市場，尤其是龐大的內地市場，去搶佔和瓜分更大的"蛋糕"。

中國正式加入WTO還進一步刺激香港中資在內地全面佈局。當時的一個核心理念，就是在中國內地市場向外資全面開放的五年過渡期內，香港中資必須搶在外資進入前，搶佔中國內地市場，分一塊"蛋糕"。

五年過去了，這個戰略無疑是成功了，這塊"蛋糕"不僅搶到了，而且做大了，一批行業巨頭誕生了，香港中資出現了一批真正的財團。

二　"再造"先聲：華潤系

中國復關和入世談判，長達十五年，中國共有四位首席代表，其中三位均出任過華潤的董事長或總經理：沈覺人、佟志廣、谷永江。

2001年1月，華潤集團董事長谷永江榮休。原外經貿部副部長陳新華被派任華潤集團董事長，而在華潤成長起來的寧高寧則於1999年開始任華潤集團總經理。

此時，大多數香港中資企業正在忙於清理整頓、減債"瘦身"，而華潤的清理調整已告結束，而且華潤財務狀況良好，現金充裕。2000年6月，華潤宣佈將業務整合為分銷、地產、科技以及策略性投資四個主要業務方向。2001年，華潤新班子開始提出並實施一個新戰略，從"背靠內地"轉向進入內地發展，即通過"集團多元化、利潤中心專業化"戰略，以2001年為基數，用五年或再長一些時間，再造一個經營規模與當時華潤大致相當的新華潤。

"再造"新華潤的制度基礎：6S的兩個版本

"再造"華潤，無疑又是一次新的規模擴張。香港中資對規模擴張並不陌生，在1980-1990年代的"三化"大擴張和資產經營過程中，通過無限多元化的機會式擴張，嚐到了甜頭，也吃盡了苦頭，廣信粵海危機和中資信貸危機是對過去二十年無限擴張的一次市場總報復。那麼，這次"再造"華潤的規模擴張能夠避免重蹈覆轍嗎？

大擴張的前提首先是管控到位。早在"再造"提出之前的1999年，剛剛就任華潤集團總經理的寧高寧就首次提出了加強經營管控的"6S"管理體系。

所謂"6S"是以管理會計理論為基礎，以財務問題為切入點，但要解決的是經營管控的基礎管理問題。1999年版的"6S"體系是指利潤中心號碼管理制（profit center number system）、利潤中心報表管理制（profit center management account system）、利潤中心預算制（profit center budget system）、利潤中心評價體系（profit center measurement system）、利潤中心審計制度（profit center audit system）、利潤中心經理人評核制度（profit center manager evaluation system）等六個制度。

這是一個利潤導向的經營管控考核體系，為配合業務及架構重組，華潤重新規範、調整各級利潤中心，以6S管理體系為原則，6S的號碼編制和增減代表利潤點乃至利潤中心的劃分和調整。對於發展前景、盈利較好的實業項目提升為一級利潤中心序列加以特別發展，而規模小、業務重疊的企業則被進一步合併；以管理會計為準則，建立了企業財務及經營資訊上報制度，提高資訊透明度；引入預算管理制度、評價指標、評價體系和管理報告，使企業運作進一步規範。

這個"6S"管理體系在一定程度上解決了華潤的基礎管理問題。但是，隨着清理整頓任務的結束，幾個業務板塊更加清晰，實業項目開始拉動業績增長。華潤集團現金充裕，80%的資產和業務集中在香港，香港業務的成長性已逐漸飽和，如何用好華潤集團的融資優勢，抓住內地發展機遇，成為華潤集團進一步發展的新課題。

2001年華潤集團正式提出了"再造"新華潤的發展戰略，並將這個戰略細分為組織戰略、地域戰略、行業戰略、人才戰略和財務戰略以及利潤中心競爭戰略。為了推動戰略執行力，6S僅僅作為一個基礎管理工具已經不夠了，必須提升為戰略管理工具，於是開始轉向6S的開放式變革，將戰略管理作為主線貫穿6S始終，並加入兩個創新：一是以業務戰略體系替代號碼體系；二是以戰略導向的多維視角完善業績評價體系。同時，6S的定位也由預算管理或運營控制系統提升到戰略管理系統，從而實現了6S的變革性跨越。

經過創新後，1999年版6S體系演變為2001年新版本，包括利潤中心業務戰略體系（profit center business strategy system）、利潤中心全面預算體系（profit center master budget system）、利潤中心管理報告體系（profit center management reporting system）、利潤中心內部審計體系（profit center internalaudit system）、利潤中心業績評價體系（profit center performance measurement system）、利潤中心經理人考核體系（profit center manager evaluation system）。[4]

這是一個戰略導向的經營管控和考核體系，是華潤根據自身情況開發出來的監管工具。它以利潤中心發展戰略為出發點，以平衡計分卡為基本框架將戰略進行分解，結合利潤中心行業特點與實現戰略的成功要素，從財務、顧客、內部運營、學習創新這四個緯度尋找關鍵指標，簽訂業績合同，以業績合同為基礎計算得分並進行獎勵。

在華潤集團的再造新華潤的戰略中，併購擴張呈現兩個鮮明的特點：地域戰略中突出了進軍內地戰略，並重點投資於長三角、珠三角和環渤海京津冀地區；行業戰略中突出了做行業領導者的目標，要求選擇具備管理經驗與能力，能夠把握市場前景，增長性強和市場空間大的行業主力發展。這首先體現在華潤集團在地產領域的擴張。

華潤置地：構築地產帝國夢想的嘗試

華潤集團最早涉足地產，可追溯至1979年參與開發香港天水圍嘉湖山莊，後來相繼在深圳、北京、上海等地和泰國發展地產。但作為一家貿易企業，地產並非其專長，在市場上的號召力和知名度並不高，資產回報率較低，擴張速度也慢。因此，華潤集團構築地產帝國的夢想，顯然不能單純依靠自身的培育、發展來做大這一產業，而必須依靠自身的融資優勢，通過參股收購和兼併的資本運作方式實現跨越式增長。

這一機會終於來了。內地兩家知名地產企業主動靠攏華潤集團，一家是北京的華遠集團，一家是深圳萬科。

北京市華遠集團的前身是北京市華遠經濟建設開發總公司，由北京西城區政府創建於1983年10月。華遠集團依託的是政府行政劃撥的土地和舊城改造項目，先後開發北京華威大廈、西單文化廣場等寫字樓、拆遷房等。顯然，華遠早期的成長是一個典型的靠資源吃飯的區屬集體所有制企業的故事，土地靠劃撥和舊城拆遷，而且佔有了國家機關最密集的西城區土地資源，銷售走批發和集體採購路線。

對於一個房地產企業來說，誰擁有廉價的土地資源，誰就擁有可供開發的無盡寶藏。進入1990年代，特別是鄧小平南巡以後，中國經濟進入新一輪高峰期，土地作為稀缺性資源，難以滿足市場的需求，地價一漲再漲。

1990年5月，軍人出身的任志強被任命為北京華遠總經理，開始執掌華遠的帥印。任志強意識到，房地產作為一個資金密集型行業，要做強做大，僅靠企業自有資金是不夠的，必須開闢新的融資管道。

在經過以發行債券、定向募集等方式籌措到數億資金後，任志強發現，北京華遠要完成300萬平方米土地的施工任務，八年內至少需要75億人民幣，每年需要10億元的資金。而從1993年底開始，國家宏觀調控已開始實施，銀根在緊縮。

於是，任志強開始將目光投往境外，經過廣泛的接觸後，與意在開闢內地房地產市場的華潤走到一起。華遠看中了華潤的融資能力，而華潤看中了華遠的土地資源，一個"傍大款"，"一個娶靚女"。

1994年11月，華潤創業與香港太陽世界、美國國泰財富共同出資，在英屬維京群島註冊了一家公司，名為堅實發展有限公司，以堅實公司認購北京華遠股份並將該公司轉為中外合資股份公司，外方以每股淨資產1.613元，認購了北京華遠40,625萬股外資普通股。購併後，華遠集團的淨資產增至12.9億元，總資產為26億元。

1996年11月，堅實公司更名為"華潤北京置地"（股票代號：1109），在香港上市，集資8.14億港元。華遠集團借助華潤北京置地實現了間接上市，在短短幾年內，就成為北京房地產的龍頭企業，一度佔有北京10%的市場份額；而華潤北京置地則借助華遠，迅速上位，成為一家知名的紅籌地產企業。

然而好景不常。1998年是中國房地產發展的分水嶺，這一年全國福利房制度被取消，過去那種由單位建房以福利的形式無償分配給職工居住的制度被住房補貼制度所取代，住房貨幣化改革開始了。

這一制度的實施，對華遠幾乎是毀滅性打擊。長期依靠劃撥土地、舊城改造興建的大批低廉福利房無人問津，手持房屋補貼金的拆遷戶也看不上華遠的拆遷房，華遠的住宅一夜之間變成了空置房，直接導致了華潤北京置地和華遠於1998-1999年連續兩年的業績直線下滑，於是引出了2000年中國地產界一場更大的併購大戰。

王石和萬科出現在華潤集團的視線中。

其實早在1996年，王石就與華潤結緣，是年華潤收購了萬科旗下的怡寶蒸餾水。1998年，王石成為華潤北京置地的獨立董事。

"傍大款"是所有美女的心願。萬科1991年在深圳上市，成為深圳股市最早的四家上市公司之一。到2000年，萬科九年擴股四次，融資17億元人民幣。依靠內地資本市場，融資仍然非常有限，滿足不了萬科誓當全國地產行業老大的資金需求。因此，與任志強一樣，王石需要更多的融資管道，需要尋找更大的策略性投資者。另外，王石從上市開始，就一直尋求擺脫政府企業背景，實現無上級主管的理想，上市及隨後的四次擴股，使公眾股（A股和B股）達到82.49%，最早也最大的老東家深圳特發集團也被稀釋到只剩下8.11%的股份。王石曾經提出過萬科與中海合併的設想，王石的回憶錄記錄了一段1998年與中海掌門人孫文傑的有趣的對話：

> 我大膽提出建議："萬科是內地上市公司，中海是香港上市公司；萬科擅長城郊接合部的規模的多層、小高層住宅社區開發，中海長於市中心的高層群樓建設；萬科長於營銷，中海善於質量和成本把握。如果這兩個上市公司合併到一起意味着什麼？"
>
> 孫沒有任何表態，但眼神卻明顯地說，"繼續說啊。"
>
> 我繼續說："如果兩個公司合併，形式上採取兼併的方式，從市盈率看，萬科買中海的國家股比較合適。當然，合併之後的公司是叫'萬科中海'還是'中海萬科'可以聽您的意見，我無所謂。"

　　孫總還是沒有表態，但其眼神卻沒有鼓勵我繼續往下說的
意思。

　　我覺得有必要表示出誠意："新合併的公司，由孫總任董事
長，王石任總經理，服從董事會的決策。"

　　孫總只是微笑。是禮貌式的拒絕，還是同意我的建議卻不便
馬上表態？

　　我的建議石沉大海。[5]

　　在孫文傑以沉默拒絕了中國兩大房地產巨頭合併的機會後，王石一方
面開始了整批、整建制地"挖"中海的預算人員、質量工程師和項目經理
的"海盜行動"，另一方面，開始向華潤集團靠攏。

　　而此時的華潤集團，已經完成了廣信破產後的清理整頓，地產將成為
華潤的四大核心業務之一，如今萬科主動投懷送抱，華潤集團焉有不收之
理？

　　2000年3月8日，萬科的第一大股東易主，深圳特發集團將其持有的萬
科國有法人股8.11%的股份共計51,155,599股轉讓予華潤北京置地，加上華
潤北京置地持有的萬科2.71%的B股股份，共計持有萬科10.82%的股份，萬
科斬斷了維持十七年的老上級主管企業深特發的最後一根繩索。

　　然而，華潤顯然並不滿足於做一個萬科的策略性投資者，而是進一步
謀求控股地位，從而將萬科與華遠整合成中國最大的地產帝國。但是，這
個計劃遭到了來自萬科和華遠的雙重阻力而擱淺。

　　2000年12月，萬科擬以每股4.5元向華潤集團定向增發4.5億股B股，以
提高華潤集團對萬科的持股比例，結果遭到萬科散戶和小股東的一致抵
制。華潤開出的價格每股4.5元，是按照十倍市盈率計算出來的，這已經高
於當時香港恒生指數股中地產股的市場市盈率（6-7倍）；但萬科小股東認
為，內地A股市場平均市盈率為四十多倍，萬科超過三十倍，華潤的作價

應按內地遊戲規則處理。最終，這個增發方案胎死腹中。寧高寧控股萬科的設想落空，而小股東的阻撓，也許正表達了王石內心深處的想法，只是王石回憶錄中迴避了這一想法。

2001年5月底，華潤又宣佈收購萬科的新方案：華潤將所持北京置地44.2%的股份注入萬科，由萬科向華潤按比例增發A股，形成華潤控股萬科、萬科控股華潤北京置地、華潤北京置地控股華遠的股權結構。

這一方案導致了任志強與華潤的徹底分手。2001年7月，任志強宣佈向華潤轉讓自己持有的華遠18%的股份，從華潤手中收回"華遠"地產品牌，成立新華遠地產，華潤北京置地更名為"華潤置地"。一段長達七年的地產姻緣走向盡頭。

與任志強的分手，也導致了華潤增持萬科A股的方案再次流產。華潤、萬科和華遠三者的博弈正式告一段落。華潤集團通過兼併收購來構築地產帝國的夢想雖未成功，但卻逼使自己通過投資創出了諸如shopping mall的內地新的商業地產等成功模式和業態。

2002年10月，華潤開始獨自投資40億港元開工建設深圳最大的商業地產項目——華潤中心。華潤集團在深圳投資開發的"深圳華潤中心"，位於深圳市羅湖區——深圳金融商業核心區域，地處深圳市東西貫通的兩條主幹道深南大道和濱河大道之間，與"地王大廈"隔深南大道相望，交通十分便利。深圳華潤中心是集諸多功能於一體的大規模、綜合性、現代化、高品質的標誌性商業建築群，總建築面積55萬平方米。首期項目包括"萬象城"和"華潤大廈"，已於2004年12月竣工開業。二期項目包括五星級商務大酒店君悅酒店、酒店式服務公寓幸福里及一個由商業步行街串聯而成的特大型室外娛樂休閒廣場，於2005年全面開工建設，2009年竣工開業。

在零售業中，shopping mall是一種高級的商業業態，中文譯為"超級購物中心"，發端於1950年代的美國，現已成為西方國家的主流零售業態，銷售總額已佔據社會消費品總額的一半左右。在香港，著名的

圖85 深圳華潤中心及萬象城（圖左的低座建築物）

shopping mall有太古廣場、又一城、時代廣場、海港城等，但在內地直到2000年以後才逐漸興起這種模式。深圳最早的shopping mall是2001年開業的華強北商圈中的銅鑼灣廣場，但只有6.5萬平方公尺建築面積。2002年，佔地15萬平方公尺建築面積的中信城市廣場開業，成為深圳一大城市景觀。2004年，華潤萬象城的開業，將深圳的shopping mall提高到一個新的層次，成為深圳市民持續的消費熱點。

深圳華潤中心萬象城不僅是一個集購物中心、寫字樓、酒店、住宅於一體的都市綜合體項目，同時也綜合了華潤在房地產、零售、酒店等各種業態的開發經驗和人才優勢。華潤中心的成功，推動着華潤集團對分散於各地的房地產業務的整合和萬象城模式在全國的複製。於是，從2005年開始，華潤將北京、上海和深圳的物業資產注入華潤置地，並將華潤置地從單純的住宅類企業整合為綜合地產開發公司。

華潤置地雖然未能通過兼併收購，構築起全國最大的地產帝國，但通過自身的開發創新，形成了住宅開發＋都市綜合體發展＋客戶增值服務（如室內裝修、住宅家具製造等）新的商業地產模式；還形成了以翡翠城為代表的近郊產品，以鳳凰城和上海灘花園為代表的市區產品，以橡樹灣為代表的城市新區或新興發展區域產品系列。同時加快土地儲備和項目開發，到2006年底，在建項目達25個，土地儲備僅70.7萬平方公尺，涉及全國14個城市，盈利8.6億港元。[6] 但是到2008年，新增土地儲備429萬平方米，使土地儲備總量達到2,232萬平方米（建築面積），擴展到全國17個城市，年度盈利21億港元，總資產達707.58億港元，比上年增長了48%，淨資產338億港元，比上年增長52.9%，反映了華潤置地在金融海嘯形勢下的反週期擴張能力。

2008年，是華潤置地的又一個歷史轉折點。

華潤創業：產銷量第一的啤酒業和規模第一的超市業

　　華潤創業是華潤集團分銷為主的多元化業務的上市旗艦，也是1990年代最早的三大紫籌企業。多元化業務包括零售、飲品、食品加工及分銷、紡織等。在再造戰略中，華潤集團選擇了啤酒業、超級市場業作為突破口。

　　華潤自身沒有任何專業基礎而通過兼併收購的擴張，在完全競爭領域將產銷量做到行業第一的，首推啤酒業。

　　華潤第一次涉足啤酒業是在1993年，華潤創業在收購瀋陽壓縮機項目時，被搭進一個瀋陽雪花啤酒項目而被迫收購。1995年，華潤創業引入全球第四大啤酒企業南非啤酒（SAB）集團作為戰略合作夥伴，利用其在技術、管理、工藝、產品上的優勢，共同開發啤酒業務。SAB在華潤啤酒戰略上給予了專業指導建議：在華潤只有一家雪花啤酒的前提下，不宜走百威式以廣告推品牌戰略，而應該根據中國啤酒消費地域性特點，從區域性壟斷做起，搶佔市場份額。這個戰略，寧高寧稱為"蘑菇戰略"，即以雪花啤酒為起點，再收購周邊廠家，收購底線是十萬噸產能以上，進行併購、整合，統一管理文化，實現區域性壟斷，就像蘑菇生長一樣。

　　於是，在1997年，華潤又在大連、瀋陽、吉林進一步收購擴張，當年啤酒銷量達到36萬噸。至此，已形成一個可與哈爾濱啤酒叫板的佔領東北市場的雪花品牌。

　　2001年後，華潤啤酒開始劍指四川市場，開闢新的區域市場，當年入股四川藍劍啤酒。2002年後，又先後進軍武漢、北京、浙江、西藏、廣東、安徽、福建等地，先後收購了東西湖啤酒、錢啤等地方知名品牌，完成了華潤啤酒在全國的佈局。到2006年，華潤已擁有50家啤酒廠，年產能達766萬噸。十年左右時間，產量擴大了21倍，華潤啤酒產銷量已居全國第一，主品牌雪花啤酒銷量也實現了全國第一，奠定了華潤啤酒的行業領袖地位，而合資方SAB也躍升為全球第二大啤酒集團。

　　與啤酒業不一樣，作為以貿易起家和老牌零售商的華潤，從產業關聯度來說，進軍超級市場並做到全國規模第一，華潤有其自身的專業基礎。

　　1984年，華潤超市在香港誕生。1991年，華潤超市進軍深圳。到香港回歸前夕，華潤超市達到46間。但是，作為國有企業的華潤超市，在香港比不過百佳，在深圳比不過萬佳，業態老化，缺乏競爭力。百佳是李嘉誠旗下企業，而萬佳是王石萬科旗下企業，華潤要進軍超級市場業，再一次打起王石和萬佳的主意。

　　深圳市萬佳百貨公司成立於1991年，萬科控股72%，最初三年一直處於虧損狀態。1994年，徐剛任萬佳董事長，開辦萬佳超級市場，推出“超市中有百貨，百貨中有超市”的獨特經營模式。到2000年，萬佳百貨銷售額居廣東零售業首位，成為深圳最受消費者歡迎的知名品牌。

　　而此時，王石正在為企業“做減法”，開始從多元化中抽身而專於住宅地產的專業化經營，即便像萬佳這樣的知名品牌，由於不在萬科的專業化經營業務之中，萬科也只好忍痛割愛。

　　這一次，華潤抓住了機會，以4.57億元收購了萬科持有的萬佳72%的權益，並提出了“四個五”零售戰略：用五年時間，投資50億元，到2006年實現每年銷售額500億元、年利潤5億元、投資回報率達10%的目標。2002年，華潤集團將持有萬佳65%的股權以3.72億元價格注入華潤創業。

　　隨後，華潤又相繼併購了江蘇蘇果、天津月壇、家世界、寧波慈客隆，華潤超級市場業務從廣東擴張至華北、華東等地區。

　　但是，華潤在收購萬佳後，將華潤萬佳旗下的全國總店數擴展至400間後，由於擴張太快、管理系統、物流系統和採購系統跟不上擴張速度，導致成本失控。隨着2003年1月徐剛的辭職和管理層的流失，華潤萬佳從盈利轉至虧損近四億元，至2006年方實現經營層面的盈利。

　　為此，華潤超市開始了重組，建立了華北、華中和華南等三大區域公

圖86　華潤集團的業務大都與大眾生活息息相關，是內地和香港最具實力的多元化企業之一。

圖87　華潤旗下的 Vango 便利店

司，並確立了大賣場、便利超市、OLÉ（西班牙語"快樂開心"的意思，是一種集購物、餐飲、休閒於一體的高檔消費業態）等三種核心業態。

到2006年底，華潤超市在香港和內地共計擁有2,700間門店，營業額207億港元。到2009年，雖然暫時尚未實現"四個五"戰略，但隨着2007年新收購天津家世界後，經營規模已躍升為全國第一。

華潤電力：華潤系的實力股

華潤集團在地產、啤酒、超級市場領域的擴張轟轟烈烈，震撼全國，但在電力領域的擴張，雖然不聲不響，卻成為華潤系實力股。

早在1985年，華潤就作為華能國際電力開發公司的發起股東之一而佔股10%，開始涉足電力行業；1994年，華潤與國投電力、江蘇國信等投資興辦徐州電廠，佔股35%，但華潤一直沒有把能源電力產業作為一個戰略產業來培育，直到2001年，其權益裝機容量只有150兆瓦。

2001年，"再造戰略"提出後，華潤開始將電力產業作為一個戰略核心產業來發展；2001年8月，華潤電力控股有限公司正式成立。2002年，華潤抓住外資退出中國電力市場的機會，大舉投資擴張；8月，華潤以2.5億美元成功收購美國賽德能源在中國溫州、東莞、唐山三地電廠的股份；9月又斥資31億元人民幣收購了賽德和丸紅株式會社在湖北蒲圻電廠的股份；12月，又以3億美元收購國際能源巨頭邁朗在沙角C電廠的33%的股份。這三次共計71億元人民幣的投資，使電力投資成為華潤的主要投資領域，到2003年上市前，累計裝機容量達4,438兆瓦。2003年11月，華潤電力控股有限公司實現作為紅籌企業股上市。

隨後，華潤電力按照"三個三角洲，一條京廣線"戰略，開始了更大規模的全國佈局，也就是在中國經濟最發達的珠三角、長三角和京津唐三角和沿京廣線各省進行擴張：2004年，投資興建了江蘇宜興、河南首陽山、河北唐山、北京熱電廠。2005年，興建河南古城、湖南鯉魚江、廣州熱電廠。2006年，又投資河北滄州電廠、收購汕頭丹南風電項目。2007年，又收購錦州發電廠、揚州發電廠等四家電廠。

截至2007年底，華潤電力擁有分佈於中國十餘省市的附屬及聯營共計26間電廠，裝機容量達12,505兆瓦，售電量達884億千瓦時，營業額、淨利潤分別達168.3億港元和32.2億港元。[7]到2008年底，華潤電力市值達626.5億港元，居華潤系五個上市公司之首，在香港紅籌企業股中居市值第六位、中資企業電力股第一位，裝機容量居內地獨立發電商第五位。

"GE"模式還是"和黃"模式？

據稱，寧高寧不止一遍通讀通用電氣公司（GE）前CEO傑克·韋爾奇的英文版自傳，他十分欣賞韋爾奇的理念：No.1, No.2, Fix, Sell, Close.或者第一，或者第二，或者把它整好，或者賣掉，或者關了。但是寧高寧也曾表示欣賞李嘉誠的和黃的做法，他認為和黃的產業佈局並不鍾情於某個行業，只要所投資的行業達到峰值，李嘉誠就會毫不猶豫賣掉而獲得高額回報。

華潤運用GE模式進行產業擴張，運用和黃模式選擇產業退出。

在產業擴張中，除了在上述地產、啤酒、超級市場和電力等領域的擴張外，華潤集團的擴張，實際上遠不止於2000年確立的四個業務發展方向。

紡織業在中國顯然不是高成長性產業，但歷史上，紡織、服裝貿易過去一直是華潤集團重要的業務。1980年代開始從代理貿易轉型自營貿易後，華潤集團開始建立自己的紡織加工生產基地。1998年後，華潤集團重組紡織業務，建立了華潤輕紡集團，隨後在紡織品出口大省山東、江蘇、河北以及上海、北京等地控股了一大批紡織企業。為了建立內地資本平台，又斥資1.5億元收購了四川錦華51%的股權。通過大規模併購，已在內地擁有16家全資和控股紡織生產企業，擁有89萬紗錠，6,225台無梭布機，年產紗10萬噸、布2億米、印染0.7億米、錦綸1.1萬噸、服裝1,000萬件。

華潤與醫藥產業的結緣應始於1980年代的"華潤百貨成藥部"，後演化為2000年成立的"華潤堂"成藥連鎖店。2001年3月開始，華潤先後與東北製藥集團、山東、上海醫藥、華北醫藥接觸，擬大舉進軍醫藥產業，最終未果。2002年12月，華潤斥資1.886億入股雲南雲藥有限公司，獲得28.57%的股份。2003年，華潤以雲藥公司入主雲南白藥，但由於各種原因，2005年，華潤以2.5億元售出了雲藥股權。華潤進軍醫藥業可謂是一波三折，並不順利，直到2005年開始才出現轉機。華潤通過華潤東阿實現對優質醫藥類上市公司東阿阿膠的成功控制，才算在醫藥業找到自己的一席之地。

更大的利好才剛開始。著名的中央企業華源集團由於擴張帶來的資金鏈問題面臨重組，華潤掌控醫藥行業的機會來臨。

中國華源集團是1992年在上海浦東成立的國有控股公司，是直屬國務院國資委的重要骨幹企業之一，擁有全資、控股子公司11家，以及華源股份、華源製藥、華源發展、上海醫藥、雙鶴藥業等八家上市公司；2004年主營收入達485億元，是中國最大的醫藥企業集團和紡織企業集團，並持有北京醫藥集團50%的股份與上海醫藥集團的40%股份，從而形成了南北兩大醫藥基地。

但華源集團的做大是藉九十多次併購完成的，由此迅速從1992年起步時1.4億元總資產膨脹到572億元總資產。與華潤集團擴張不同的是，華源併購的資金多從銀行貸款而來。2005年，因債台高築，逾期不能償債，華源遭到多家銀行向法院提出多達11起訴訟，以致華源系多家上市公司股權被凍結。

2006年，華潤集團以其龐大的資產優勢、境外融資優勢和與華源醫藥、紡織相接近的產業結構優勢，入主華源重組：華潤在英屬維京群島成立一家華源資產管理有限公司，華潤持有其70%的股權，受讓了華源集團的全部股權，然後華潤股份公司以20億元從華源資產手中受讓了北京醫藥集團50%的股權。

無獨有偶。另一家醫藥業央企三九集團由於過度擴張，投資管理失控也出現危機，也進入華潤集團的重組視野。

三九集團也是國務院國資委直屬的國有大型知名中央企業，前身是直屬總後勤部的深圳南方製藥廠。早年三九集團董事長趙新先（2004年被免職）以"三九胃泰"起步，開發出"三九"多種系列產品，以醫藥為主營業務，以中藥製造為核心，令三九集團發展成為中國最大的綜合性製藥企業之一，並擁有三九醫藥股份有限公司上市公司。後來三九集團不斷向房地產、工程、汽車貿易等領域併購擴張，2004年，因佔用上市公司巨額資金等開始爆發財務危機。

2006年12月，華潤集團提出三九集團重組方案。2007年底，國務院國資委批覆同意該方案並批准同意三九集團併入華潤，成為其全資子公司。根據重組方案，由華潤醫藥收購新三九控股有限公司並向其增資40億元，用於新三九收購三九集團的有效資產。

至此，華潤已經具備打造醫藥產業帝國規模的基礎，但未來的管理整合與文化整合仍然任重道遠。

華潤的水泥業務始於華潤五礦貿易公司在1993年與日本在東莞合資的一個水泥項目，由於投資成本高等原因，1998年出現虧損。1999年，華潤股權重組後控制了東莞水泥。2002年，又將華潤系統的水泥、混凝土、預製件等業務重組成立華潤水泥公司，並向廣西貴港、紅水河、廣東東莞、平南等地併購擴張，使產能達到全國第十。

華潤在金融業起步於1997年9月收購的華人銀行；2000年因業務重組，

又出售了持有的華人銀行股份。2006年10月，華潤以17.4億元獲得深國投51%股份，又重新打造金融平台。2009年2月，華潤集團與珠海市商業銀行簽訂了意向性收購協議，擬以20億元入主珠海市商業銀行，進一步打造一個金融控股集團，反映了華潤集團產業多元化的最新動向。

據統計，從2001年到2006年，華潤集團共計投資564億港元，收購電力、零售、地產、啤酒、微電子、食品、燃氣、水泥、紡織等一批項目，同時將之培育成在行業處於領先地位的專業化經營的企業。

與此同時，華潤集團也出售了包括華人銀行、萬眾電話、移動通訊、石化、酒精和玉米芯加工等二十餘項輔業資產。

華潤集團在內地的大規模併購，引發了華潤系股票的大幅波動，因此受到了廣泛爭議。提出質疑的有知名專家、媒體記者，也有廣大股民，其中，著名學者郎咸平教授認為，華潤集團在做大做強的思維影響下的大規模併購擴張，其直接結果就是各上市公司銷售額直線上升，而純利潤卻明顯下滑，邊際利潤率和資產回報率連年持續下降。雖然其專業化經營和分拆上市使各子公司市盈率有所提升，因而使母公司市場價值得到提升，但由於擴張速度太快，管理等方面跟不上，導致成本失控，包括已經建立行業領導地位的零售業、啤酒業和市場佔有率不高的石化業都分別存在着管理失控、利潤下降和規模縮小等問題。[8]郎教授指出的問題，雖然近年已得到較大改善，但由於擴張速度快、規模大，顯然問題不是短期就能徹底解決的。

2004年底，華潤集團副董事長、總經理寧高寧調任中糧集團董事長。2008年5月，華潤集團董事長陳新華榮休，宋林接任華潤集團董事長。2009年1月，喬世波任華潤集團總經理。

分拆與 "私有化"

華潤集團的產業擴張，一刻也離不開香港資本市場。它不斷通過注入、分拆、私有化等方式，將香港資本市場變成一個提款機，來支撐其在內地的全面擴張和併購。

與廣信、粵海不同的是，在亞洲金融危機衝擊下，華潤集團不僅沒有倒下，還成為香港中資信貸危機下為數不多的幾家現金流充足的中資企業之一。圖表8-1顯示，在亞洲金融危機爆發的1997年，上市旗艦華潤創業的現金和存款就有24.32億港元；1998年，即使廣信危機爆發，華潤創業的現金和存款卻不降反升至41.23億港元，到2000年，更達到近七十億港元。這是華潤擴張的基礎。

圖表8-1　華潤創業的現金和存款狀況（1996-2000年）　　　　（單位：億港元）

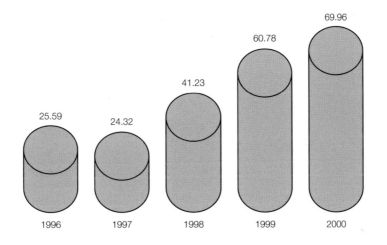

資料來源：郎咸平著，《操縱》，第257頁，東方出版社，2004年版。

　　當然，單靠這幾十億現金，仍然遠遠不能滿足華潤集團幾百億元擴張計劃和幾大產業整合的需要。因此，一方面，華潤集團沿襲了1990年代資本運作的思路；另一方面，按照"集團有限多元化，利潤中心專業化經營"的思想，逐步明確核心產業，並主要以分拆上市與"私有化"退市為主的資本運作方式進行產業整合和融籌集資金。

　　2000年，華潤集團明確了分銷、地產、科技和策略投資四大業務發展方向，並圍繞這四大業務重組上市公司。

　　在"九七"前，華潤集團就已經擁有華潤創業、五豐行、華潤北京置地、華潤勵致等四家上市公司，但是當時是以華潤創業作為華潤集團的唯一上市旗艦統領其餘幾家上市公司，華潤創業持有五豐行53.47%的股份、華潤北京置地44.2%的股份和華潤勵致54.7%的股份。

　　按照新的重組戰略，華潤集團除了繼續打造華潤創業作為分銷核心的多元化的上市旗艦外，還要打造地產、科技上市產業旗艦。正是這種"一"向"多"的戰略轉變，華潤新的資產重組和資本運作開始了：

　　首先，收購零售業務。1999年9月8日，華潤創業以27.2億港元收購母公司華潤集團的零售業務——華潤零售（集團）有限公司及其旗下企業中藝（香港）有限公司、華潤百貨有限公司和華潤堂等及其債項。

　　其次，進行資產置換。2000年10月12日，華潤集團以其持有的華潤石化（石化分銷業務），換取華潤創業持有的44.2%的華潤北京置地股權和54.7%的華潤勵致股權加上7.96億港元現金，總價為26.49億港元。

　　第三，將五豐行私有化，華潤創業收購其公眾股。香港所謂"私有化"，即非公眾公司化，指大股東全面收購其餘股東股權，並撤銷上市的做法。按照香港證監會過去的規定，大股東購買上市公司主要資產僅需過半數獨立股東通過即可。2000年11月20日，華潤創業動用23.9億港元，收購公眾股東持有的46.5%的五豐行股份。五豐行除牌後，成為華潤創業的全資附屬公司。

這是華潤系的第一次私有化，也是香港紅籌企業自上市以來的第一次私有化。多少年來，謀求紅籌企業上市，是多少香港中資企業夢寐以求的奮鬥目標，多少中資企業因為無法獲得這一平台，竟無法渡過亞洲金融危機和中資信貸危機，誰還會想到自己主動退市?! 然而，華潤是第一個做到的紅籌企業。

這次私有化，主要還是出於華潤集團業務重組的需要，也就是將集團的分銷業務包括超級市場、啤酒、石油分銷和食品分銷集中於華潤創業。在零售、石化業務進入華潤創業後，華潤創業盈利和股份均告下降，顯然，市場並不看好這兩項業務。將現金流和盈利可觀的五豐行完成私有化後，華潤創業每股盈利可增加11%，股本回報增加9%，而賬面價值上升10%。由此，郎咸平認為，五豐行的私有化無疑可以"造好"華潤創業的財務報表。加之，五豐行被私有化時的現金及存款不少於23.83億港元，而華潤創業正是以23.9億港元收購由公眾股東持有的五豐行股份，對華潤創業來說，這是一宗零成本的交易。[9]

2003年7月，華潤創業分拆內地與香港的混凝土業務，與母公司的水泥業務整合成華潤水泥控股有限公司，並以介紹形式在香港聯交所主板上市。由於內地水泥行業過度競爭，出現行業性利潤萎縮，華潤水泥股價表現低迷，華潤集團再次提出了私有化方案。於2006年7月，華潤水泥通過私有化方案正式退市。退市後，華潤水泥到2008年底，營業額增長到60億元，於2009年重新分拆上市。

華潤勵致（股票代號：1194）從華潤創業分拆出來後，華潤集團陸續將壓縮機、軟體發展、微電子、辦公家具等業務注入華潤勵致。2004年8月，華潤集團將無錫半導體業務以華潤上華科技有限公司在香港聯交所分拆上市，集資3.11億美元。2008年2月，華潤勵致將自身半導體業務轉讓予華潤上華，華潤上華更名為"華潤微電子有限公司"（股票代號：0597），主營晶圓代工、積體電路設計、積體電路測試封裝和分立器件製

圖88　華潤勵致從華潤創業分拆出來後，曾以2.177億港元收購了華潤集團旗下中港混凝土業務。

造等四項業務。受全球金融海嘯影響，2008年12月底，華潤微電子發佈盈利預警公告，2008年面臨虧損。據稱，華潤集團擬第三次提出私有化方案，於2009年將私有化華潤微電子。[10] 但在2009年6月，該方案遭小股東否決。

在轉讓半導體業務的同時，華潤勵致以2.177億港元收購了華潤集團旗下中港混凝土業務；2008年10月，又以38.148億港元收購華潤集團旗下的華潤燃氣集團的全部發行股本。華潤燃氣主要在成都、淮北、臨海、蘇州及無錫等地從事燃氣分銷，並在成都、南京、無錫等地經營壓縮天然氣加汽站。收購完成後，華潤勵致更名為"華潤燃氣控股有限公司"，成為華潤集團旗下的燃氣業務的整合旗艦。

2001年11月，華潤將其持有的35.23%華人銀行權益轉讓予中信嘉華銀行，套現18.09億港元。

2004年4月，華潤集團旗下主營電信業務的華潤萬眾（股票代號：0311）在香港主板上市，2006年3月以33.8億港元轉讓予中國移動。

到2008年底，華潤系共有五間香港上市公司，分別是以分銷為主的多元化業務旗艦華潤創業（股票代號：0291）、經營房地產的華潤置地（股票代號：1109）、投資發電廠的華潤電力（股票代號：0836）、經營氣體燃料的華潤燃氣（股票代號：1193）、發展內地半導體市場的華潤微電子（股票代號：0597）。

其中，華潤集團經歷和即將經歷共有三次旗下上市公司私有化退市，第一次為五豐行的私有化；第二次為華潤水泥的私有化；第三次即將實行的華潤微電子私有化（2009年方案遭獨立股東否決）。加上已經轉讓出去的華人銀行、萬眾電話，進進出出的上市公司近十家。這一方面反映了華潤集團的資本運作已相當嫻熟，另一方面也反映了華潤集團的1999年戰略業務定位中，個別業務定位並不準，比如科技業務作為戰略業務，華潤集團既無專業基礎，國有企業也鮮有成功運作科技業務者，業務重組、私有化退市讓人眼花繚亂。

　　華潤集團到2008年底實現營業額1,500億元，在全球金融海嘯肆虐的背景下，仍比上年增長36.36%，是1997年的近五倍；稅前利潤120億元，比上年微升2%，約是1997年的三倍；總資產已增至3,300億元，是1997年的近十倍；到2008年12月31日，華潤系五家上市公司——華潤電力、華潤置地、華潤創業、華潤燃氣、華潤微電子總市值達到1,443億港元，在香港紅籌企業中，排名僅次於中國移動。至此，“再造華潤”的目標超額實現。

圖表8-2　華潤集團營業額增長圖（1997-2008年）　　　　　　（單位：億港元）

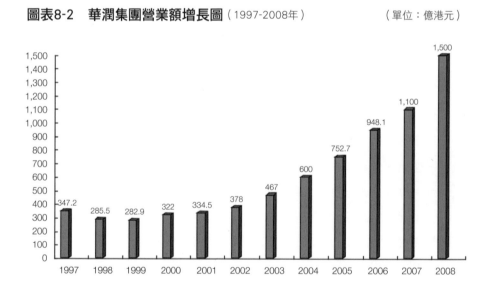

圖表8-3　華潤集團經營利潤增長圖（1997-2008年）　　　　　（單位：億港元）

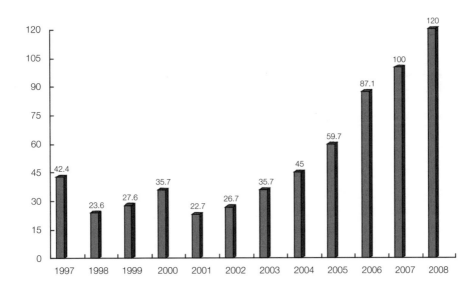

圖表8-4　華潤集團總資產增長圖（1997-2008年）　　　　　　（單位：億港元）

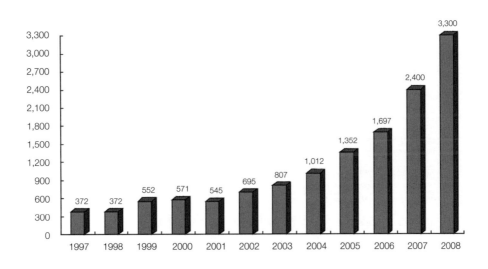

三　中國最大的公共碼頭運營商：招商系

由於招商局在1980-1990年代的大規模無限多元化擴張，在亞洲金融風暴中，遇到了很大的困難，應付中資信貸危機的調整時間更長，招商局用了長達五年（1998-2003年）時間，通過業務整合、資產重組套現等方式，逐漸解決了支付危機，調整了債務結構、業務結構和組織結構，並在2004年年中工作會議上明確提出：用五年時間（2004-2008年）再造一個招商局，即在2003年的基礎上，用五年時間，使總資產、淨資產、營業收入、利潤總額、經營性利潤與淨利潤等主要指標翻一番。這是繼華潤之後又一個明確提出再造目標的中央企業。

"替代函數"：招商局組織再造的理論基石

在21世紀香港中資新一輪擴張"再造潮"中，有一個不同於上世紀八九十年代的普遍性特點，就是中資管理者開始自覺運用現代經濟學和企業管理理論以及管理工具進行制度再造和組織再造，以提升管控能力和決策水準及其執行力。華潤集團的6S是如此，招商局亦是如此。

招商局是香港中資企業中比較早探索現代企業集團管理的企業，早在1994年，招商局就開始研究各國和香港地區的跨國企業和大型企業集團的管理模式，1995年出版了《現代企業集團管理模式和構架》。

1999年，根據中央關於"政企脫鈎"的精神，招商局正式與交通部脫鈎，擔任近五年招商局常務副董事長的劉松金就任董事長。2000年4月，海洋工程力學博士傅育寧出任總裁。他們於2000年6月聘請國際知名諮詢公司麥肯錫為招商局的重組"把脈"，麥肯錫提出了招商局應通過資產重組確立交通基建、金融、地產和物流四大核心產業等建議。

2001年1月，原中信集團副董事長、總經理秦曉博士任招商局董事長，開始了招商局董事長、總裁雙博士的執政時期。一個月後，秦曉主持召開了招商局一次重要會議——漳州會議，正是在這個會議上，秦曉破例作了一次關於《現代企業管理理論、理念與實踐》的講座，並將其博士論文提出的"替代函數"理論第一次引入招商局，以此為理論基石，形成了招商局2001-2003年戰略重組思路。

新制度經濟學是1990年代開始傳入中國。1991年，新制度經濟學鼻祖羅奈爾得·科斯獲得諾貝爾經濟學獎後，新制度經濟學理論迅速在中國獲得廣泛的關注。1993年，中國共產黨十四屆三中全會提出的《關於建立社會主義市場經濟體制若干問題的決定》中關於建立現代企業制度和《中華人民共和國公司法》中關於產權問題的一些表述，均可見到新制度經濟學理念。

但是在企業實踐中，尤其是香港大型中資企業集團實踐中，招商局比較早地運用制度學派語言來創造性地闡釋大型企業集團主要功能，並系統化自覺指導具體實踐。秦曉通過運用錢德勒的企業史理論、科斯的新制度經濟學等理論以及資訊經濟學和管理學理論，提出了"替代函數"及其模型，以此探索現代大型集團化管理模式，試圖解決1980年代"三化"大擴張以來香港中資集團管理失控問題。

"替代函數"理論是建立在對新古典經濟學廠商理論的批判基礎上的。在傳統廠商理論看來，企業的本質就是一個生產函數，該理論假設生產者（廠商）無論是在壟斷市場還是在充分競爭市場，其目標都是利潤的極大化。因此，其生產產品和投入品的數量取決於邊際成本與邊際收益的均衡，用數學模型來描述，就是生產者對生產要素的投入和產出之間的數學關係（生產函數）：$Q = f (l,c,t……)$。

新古典廠商理論的問題首先表現為假設條件是與現實有距離的，現實中資訊是不完備、不對稱的，是有成本的；更關鍵的是，在這一組假設條件下，企業被視為一個"黑箱"，企業內部的組織結構和運行機制被忽略不計。

秦曉根據科斯的"交易費用理論"，[11]認為企業的本質是市場的替代，是一個替代函數關係，以一個人為設計的、縱向的、集中決策的組織體系，替代一個自發形成的、橫向的、分散決策的交換體系。"替代"的目的是為了降低交易費用，通過組織再造實現"替代淨效益的極大化"，用數學模型描述就是$Y = F（X_1X_2……Xt）$，這就是"替代函數"模型。這得到了著名經濟學家吳敬璉、林毅夫教授的高度評價。吳敬璉先生指出：其優點"在於突破了以生產函數來解釋企業戰略和結構的老套路，把交易成本，把因運用'看得見的手'而發生的組織交易成本替代因運用'看不見的手'而發生的市場交易成本所產生的效益引入模型，以之作為基本的分析手段，具有十分重要的意義。"[12]

秦曉認為，Y是應變量（應變數），代表"替代淨效益"，$X_1X_2……Xt$是自變量（引數），是影響目標函數的主要因素，它們構成了"替代函數"的變量（變數）。其中核心是要解決組織結構中總部與所屬經營單位的權力分配和定位，總部承擔戰略性決策，所屬企業承擔經營性決策，總部實施對"替代函數"變量的管控：其中，戰略制定和實施、資源配置和交易協調是兩個核心變量；組織結構模式、決策權與經營權的配置、政策、規章和程序與企業文化等是四個制度變量；人力資源、資訊系統和無形資產是三個資源變量；預算控制與經營計劃管理、風險控制和危機管理是三個工具性變量。現代企業集團總部就是通過對這些"替代函數"變量的合理管控，實現"替代淨效益"的最大化。[13]

既然現代大型企業不是傳統認識上的生產函數，而是一個"替代函數"，那麼如何具體實現替代淨效益呢？

首先，釐定總部與子公司的關係，實現組織架構扁平化，建立M型強勢總部。招商局吸收了制度學派威廉姆森的關於U型、H型及M型等企業科層制度的理論，[14]並系統地運用於企業組織再造中。

在企業組織結構中，U型結構（unitary，一元結構），一般稱為"職

圖89 2002年12月19日,招商局董事長秦曉(左)、總裁傅育寧(右)與香港特區行政長官董建華在招商局成立一百三十週年酒會上。

能型組織"。它是一種高度集權的結構,多運用於業務(產品)比較單一的中、小型企業。

H型結構(holding,又稱"控股結構"),是一種多元化經營的控股公司結構。其下屬公司業務互不相干,多元擴張,在經營上有較大的獨立性,而總公司並無明確的總體發展方向和戰略。

由於H型結構的公司缺乏明確的發展和經營戰略,內部結構鬆散,在競爭日益激烈的市場環境中不能顯示出其長期效益和整體活力,20世紀70年代後,它在大型公司的主導地位已逐漸為M型結構所取代。

M型結構(multidivisional,又稱"多元結構"),是U型和H型兩種結構發展、演變的產物。M型結構集權程度較高,突出整體優化,具有較強的戰略研究、實施功能和內部交易協調能力。M型的企業強調總部管理,總部制定戰略並協調內部交易,比較鮮明的特徵是財務集權,從而降低了商業組織內部的交易成本。它已成為目前國際上大型公司科層制的主流形態。

從建立M型強勢總部出發,招商局明確總部是戰略性決策中心,子公司是經營性決策中心;總部是投資中心,子公司是利潤中心和成本中心,是一個經營單位。

子公司在法律上是一個獨立的主體,管理上則只是系統中心的一個單位。子公司在形式上可以有獨立的董事會,但對完全控股的子公司的管理不是通過控制董事會去管理的,而是通過總部的職能部門直接去管理的。子公司在有的時候也並不能完全自負盈虧,因為總部可能有一些總體戰略安排或價格轉移安排等;子公司也不能有完全意義上的自主經營,而必須在總部戰略的指導下經營;子公司自我發展的許可權是有限的,因為資本項下的投入是總部來控制的;子公司就是一個經營單位,一個成本中心。

而要建立招商局集團的強勢總部,必須集中如下權力:(1)確定集團的中長期發展戰略規劃;(2)制定集團年度預算和經營計劃;(3)管理全集團範圍內的資本項下活動,包括項目投資、資產處置、兼併收購等；（4）統一管理集團各級企業資金、擔保、債務等；（5）統一管理下一級公司副總經理以上高級管理人員的任免、調整、薪酬；（6）統一管理下屬單位的機構設置；（7）統一訂立全集團範圍內適用的規章制度和管理流程等。

而且，M型強勢總部的執行力是這樣體現的：由董事會與經營班子組成的總部最高決策層；通過總部職能部門，提供發展戰略的選擇，並指導所屬公司的執行和監控考核；在核心業務管理上，只保留集團總部—戰略業務單位主體—生產經營單位這三個管理層級，除此之外，取消其他中間層，縮短管理鏈條。為此，招商局在2001-2003年被稱為"秦曉削藩"的企業組織整合中，共取消五個一級公司建制，清理各類公司近一百家，實現扁平化管理。

第二，建立與強勢總部相配套的投資管控、財務管控和財務資訊化，實施預算管理和過程管理。

要建立M型強勢總部，必須收回過去子公司的投資管理權，同時實行總部資金集中管控，秦曉非常推崇西門子的做法：每天都將子公司賬上的錢清零，賬上有錢就調上來，有負債就補上，形成一個內部銀行的作用。僅2003年，招商局系統內將分散的資金集中管理，總部就集中了三十多億元資金，降低了六億元債務。[15]

2001年，招商局集團開始實施財務資訊化，建立集團管理報表體系，要求報表包含財務資料和經營資料；將收入、成本、費用細化到每個業務中心；報表中資料不僅要反映當期，還要進行"四比"（與預算比、與上期比、與歷史比、與市場同行比）。用兩年時間，招商局全集團402家公司統一使用了金碟K$_3$財務核算系統，實現了財務報表資料統一，保證了財務資訊的及時性。然後在此基礎上又開發了報表合併系統和財務分析系統，在分析系統上建立了財務模型。將資產負債、損益和現金流量確定若干個引數代入模型，產生的結果就是因變數，通過計算引數與因變數之間函數關係，來觀察有關情況的變化和趨勢，為決策提供依據。

財務模型的建立，為招商局提供了一個分析及預測未來發展變化和趨勢的工具，同時也為執行並修訂滾動戰略規劃、執行預算管理和過程管理提供了一個監測工具。

第三，績效考核體系：從KPI到標桿管理。

2000年，麥肯錫為招商局提供了對所屬企業進行績效考核的KPI考核系統。KPI（Key Performance Indicator）意即企業關鍵績效指標，是通過對組織內部流程的輸入端、輸出端的關鍵參數進行設置、取樣、計算、分析，衡量流程績效的一種目標式量化管理指標，目前很多企業都在嘗試使用。招商局使用的KPI考核方法是從財務預算裏挑出來六七個主要指標，然後總部與子公司進行協商，而實際上考核指標的確定成為一個雙方討價還價的過程。KPI考核系統的問題在於，很難分清績效成果是來源於在同行業中的地位、是市場的作用還是經營者的努力，是坐享了前任成果還是透支了未來。

於是，2007年，招商局提出“標桿學習”的“競爭力指標”，強調了橫向比較，而不僅是過去的縱向比較（年度比較）；強調了以財務指標為基礎，兼顧外部環境的影響、長短期利益兼顧的綜合指標體系。

這就引出了“標桿管理”理念，標桿學習的主要指標，招商局選取了港口、地產和航運等三個行業，由研究部每個月出一個標桿報告，然後與這些標桿企業進行對比。顯然，“標桿管理”豐富和補充了KPI考核體系，目前成為企業管理的一個新的管理工具。

“診斷”與思路：從整合到再造

探索一個現代企業集團的理論模式，關鍵是要回到企業的現實實踐中。從漳州會議開始，招商局就開始系統、全面地進行把脈“診斷”，

2001-2003年突出"整合"；2004年開始"再造"。

　　與大多數大型國有企業集團一樣，招商局從改革開放開始，就走上了快速的多元化擴張之路，涉足領域達16個之多，但在亞洲金融危機爆發時，很少有業務真正創造價值並實現高於資本成本的價值回報。如圖表8-5：1999年招商局16項業務淨資產總額為205.78億港元，其中有10項業務規模很小，淨資產值均不到10億元，共計34.96億港元，不到集團淨資產總值的17%；有10項業務的回報低於集團的平均資本成本；在行業回報可以進行對比的12項業務中，6項低於行業平均回報水準。傅育寧認為，這些問題的出現，主要是因為：一方面，招商局受到了企業過度借貸及過度多元化這種"東亞發展模式"的影響，在橫向結構上表現為投資領域過於分散；另一方面，在縱向結構上，受到"國有企業擴張模式"的影響，導致公司層級過多，管理結構鬆散，公司法人多級化。[16]

圖表8-5　招商局集團各產業投資回報一覽表（1999年）

招商局業務	淨資產總額 （單位：百萬港元）	投資資本回報率	行業平均投資 資本回報率
收費公路	9,014	2%	2%
銀行	3,345	1%	1%
港口	1,645	7%	16%
蛇口地產	1,642	11%	8%
內地房產	1,436	-14%	8%
修船	835	-4%	11%
保險	716	N/A	N/A
證券	527	5%	2%
海事貿易	422	-1%	4%
散資運輸	239	1%	N/A
石化貿易	221	5%	4%
集裝箱製造	216	14%	-3%

（續）

招商局業務	淨資產總額 （單位：百萬港元）	投資資本回報率	行業平均投資 資本回報率
油輪	167	0	1%
油漆	82	27%	N/A
旅行社	71	-1%	10%
物流		N/A	N/A
平均投資資本回報率 （ROIC）		4%	

註：1999年的財務資料顯示，招商局涉足的16個產業領域中，大多數業務不能實現高於資本成本的投資回報。
資料來源：孫紅著，〈招商局變局〉，載於《新財富》，2006年第11期。

　　正是這種"橫向多元化，縱向多極化"的發展理念，使招商局付出了沉重的代價。

　　其實，早在2000年，麥肯錫的"診斷"報告就已指出招商局的問題主要是產業過度多元化，投資過於分散，管理層次過多，並為此提出了內部清算、清理資產及套現還債、精簡經營主體、財務調整等對策。

　　麥肯錫報告將招商局16類業務分為三大類，提出將資產規模較大、有競爭優勢的第一類及第二類業務中的交通基建、金融、地產和物流等四項業務確立為核心產業，而第三類業務中的修船、旅遊、散貨航運、海事貿易和部分第二類業務伺機退出套現。

　　秦曉上任後，詳細分析了招商局的資產狀況、財務狀況和組織構架等問題，用資料細化了麥肯錫的"診斷"：投資規模偏大，總投資規模約二百五十億元，為淨資產的1.5倍；戰線長，核心產業不突出，投資涉及16個領域，而呈現"四非一低"特徵（非核心、非主控、非相關、非經營性和低效資產）；投資主體分散，交通基建、金融、房地產在公司投資結構中都佔較大份額，但分散於公司內部諸多公司，不利於專業化管理；盈利水準不高，不良資產負擔較重，集團資本回報率（ROIC）只有4%，而資本成本卻達11%，尚有73億不良資產，其中一千萬元以上不良資產約六十六項；形成縱向的多級法人投資中心，管理層級過多，多達七級，約五百間子孫公司。

若從財務角度看，招商局總資產545億港元，負債總額高達300億港元，其中銀行貸款、海外債券、短期票據達235億元，佔負債總額的80%，債務結構極不合理，而且有170億債務集中在集團總部。由於香港資本市場融資方便，通常是香港總部貸款，子公司投資使用，債務大頭在總部；而且總部貸外匯，投入內地資產、收入是人民幣，受外匯管制，錢匯不出去，形成貨幣錯配；短期貸款，長線投資，每年到期本金超過100億元，總部達70億元，債務展期與重組壓力大，現金流不能平衡，資金缺口較大；經常性利潤蓋不住經常性支出，也就是說每年通過經營獲得的收益蓋不住管理費用、財務費用等經常性支出，只能靠資產出售和借新還舊來應付現金缺口問題。[17]

招商局在"診斷"病症後，開出了三年整合調整的新目標：經常性收益與經常性支出平衡；基本消化不良資產；形成由上市公司專業化經營的核心產業；調整組織架構，實現扁平化管理；強化以內控為核心的約束機制，改善激勵約束機制。

為此，招商局用三年時間突出了"整合"二字。

1. 以上市公司為整合平台，打造核心產業和核心競爭力。

以招商局國際為平台，整合招商局系統內主要港口資源和外部港口資源，使招商局國際短短幾年便完成了從一個多元化企業向港口碼頭專業化運營商的轉型。

以推進招商銀行的A＋H上市和退出平安保險為重點，以招商銀行和招商證券（國通證券）為核心，整合招商局保險、招商局中國基金、海達保險經紀、招商信諾保險等十餘間公司的金融資產，打造金融核心產業。

以新加坡上市公司招商亞太和交通部劃撥的華建交通經濟開發中心、重慶交通科研設計院為平台，整合招商局原有的公路資源，打造以收費公路為主包括公路橋樑設計的核心產業。

以"招商地產"（前稱"蛇口控股"）為上市平台，整合招商局系統地產資源，打造招商局的地產核心產業。

以招商輪船為平台，培育和整合招商的油輪船隊資源，打造招商局能源運輸核心產業。

以招商局物流集團為載體，整合發展現代物流核心產業。

在發展核心產業的同時，開始主輔分離，退出輔業。

2005年12月，經國務院國資委批准，招商局向港中旅無償劃轉招商國旅。2007年12月，招商局將招商石化轉讓予中海油。

2. 通過存量資產的處置、套現，向上市公司的注資、資產置換以及上市等途徑，實現現金回收（包括投資收益和資本運作收益），降低負債，改善財務狀況。早在2000年4月，招商局就以每股7.52元、共18.04億元的價格，向中國工商銀行轉讓所持友聯銀行53.23%的股權（2.4億股），後又通過招行上市，平安保險出讓和港口資產向招商國際的注入與置換，都帶來巨額的資本性收益。另外，就是處理不良資產，如將上市公司深安達"賣殼"，將減值的信德中心出售等。據稱，僅2001-2003年，招商局就清理不良資產並回收現金15.68億元，回收實物折合8,900萬元，關閉轉讓了94個經營主體。至2003年底，招商局總債務降到151.9億港元，比2000年底的250.5億下降了近一百億元，集團債務率從2000年的54%下降到2003年的36.1%。[18]

3. 以"削藩"收權方式建立M型多元化強勢總部與專業化經營的子公司關係。以新制度經濟學為理論依據，將所屬公司原有的投資權、資金調撥、人事、機構、資本項目等許可權收歸集團總部，大力推進組織結構扁平化，取消了運輸集團、地產集團、科技集團與招商局北京公司、上海公司等五家一級企業建制，清理各類企業近一百家。同時，通過財務資訊化、業績考核體系等建立規範的組織結構和制度體系。

4. 突出經常性利潤。在亞洲金融危機時期，招商局的經常性利潤（經營利潤與資本項下收益）蓋不住經常性支出（財務費用與管理費用），因此靠變賣資產等特殊收益和借新債還舊債來彌補現金流缺口。從2002年開始，招商局將經常性利潤作為對子公司績效考核的重要指標，強調當期盈利，拋開歷史問題，拋開特殊收益，打造企業真實的競爭力。

到2004年，招商局步入一個快速增長期，於是根據新的形勢提出了用五年時間再造一個招商局的戰略目標。到2006年底，招商局提前兩年，用三年時間實現了這個目標。

打造中國最大的公共碼頭運營商：招商局國際

招商局國際是招商局的上市旗艦，最初主營油漆和塗料業務，上市後通過不斷收購、注資等方式擁有了港口、公路、油輪運輸、集裝箱製造等多元化業務。但是多元化經營並沒有帶來盈利能力的整體提升，據其2000年年報，港口及工業製造業務淨資產佔公司淨資產總額的48.2%，卻貢獻了近80%的淨利潤，而收費公路及其他業務佔淨資產總額的51.96%，卻僅貢獻了20%的淨利潤。

2001年後，招商局開始了集團總部多元化、所屬公司專業化經營的整合之路，招商局國際被定位為"承擔港口業務的專業化運營載體"，從此開始了對港口業務的內部整合和外部併購，用五年左右時間完成了對全國港口的佈局。

改革開放以來，在中國經濟持續高速增長的同時，全球化浪潮方興未艾，跨國公司的生產活動超越了國界限制，按照各國比較優勢，對生產要素進行全球配置，中國憑藉廉價的土地和勞動力優勢及開放政策，迅速成為"世界工廠"，這直接推動了中國對外貿易的持續高速增長，從而帶動了中國港口尤其是集裝箱港口和航運業的膨脹和高速增長。2003年，中國集裝箱吞吐量躍居全球第一位；2007年突破一億個標準箱。

鑒於這種發展態勢，交通部《全國沿海港口佈局規劃》，突出發展長三角、珠三角、環渤海、東南沿海、西南沿海這五大港口群。作為從交通部脫鈎的央企，招商局抓住這一歷史機遇，快速整合與擴張，一舉發展成為中國最大的公共碼頭運營商，而整合擴張的主要平台就是招商局國際。

2001年，招商局開始大整合，旗下從事港口業務的主要有招商局國際、招商局蛇口工業區、招商局運輸集團、招商局漳州開發區。2001年開始將四家經營的港口業務，統一整合到招商局國際這個上市平台。2001年11月，將蛇口工業區持有的深圳招商港務（散雜貨碼頭）100%的權益注入招商局國際；次月又將招商局持有的南山開發集團36.5%的權益再次注入。2002年1月，將運輸集團持有的招商局貨櫃服務公司100%的權益注入（主營香港港口中流作業業務），還將漳州開發區持有的漳州碼頭主要股權及經營權悉數注入。

與此同時，對外併購和擴張也開始了。大珠三角是中國集裝箱運輸最發達的地區，目前已形成以香港國際航運中心為龍頭，深圳港為集裝箱幹線港，廣州等港為集裝箱支線港，珠江三角洲其他港口為餵給港的集裝箱運輸格局。因此，珠江三角洲是招商局港口發展的重心所在，深圳港是招商局的基地港和母港。

在珠江三角洲，招商局先後從滙豐銀行、太古手中，增持了香港現代貨箱碼頭的股權至27.14%；在深圳，通過招商局集團內部整合和外部收購太古、P&O（鐵行渣華）股份，使原先分散的蛇口港集裝箱碼頭（SCT1-3期）股權，集中至招商局國際，使其持有70%的權益；通過增持南山開發公司36.5%的權益，招商局國際成為赤灣港的最大股東；通過收購持有媽灣港、海星碼頭的光大亞太和深圳南油集團並完成與母公司關聯併購，使招商局國際入主媽灣港。至此，招商局國際正式完成深圳西部三大港群連成一片的整合，擁有世界第四大集裝箱港——深圳港的半壁江山，也完成了袁庚早年未能完成的夙願。而且，2007年招商局入股深圳大鏟灣港口，從此和黃主控的鹽田港、現代貨箱主控的大鏟灣和招商局主控的西部港口的深圳三大港口群，形成三足鼎立之勢。

圖表8-6　招商局國際港口整合與併購（2001-2007年）

日期	整合與併購
2001年2月	招商局國際收購滙豐銀行持有香港現代貨箱碼頭1.8%的股權，持股量增至22.1%，成為其第二大股東。
2001年3月	以1,742萬新加坡元收購中國光大集團持有的新加坡上市公司中國光大亞太有限公司23.9%的權益，並更名為"招商局亞太有限公司"，從而間接控制經營媽灣港1-4號泊位的海星碼頭之33%的權益。
2001年10月	招商局國際與集團下屬的蛇口工業區公司簽訂股權轉讓協定，以4.91億港元收購深圳蛇口招商港務100%的權益。
2001年12月	招商局國際增持南山開發的股份至36.5%，成為其最大股東。
2002年4月	集團將原內地上市的蛇口控股公司的港口類資產出售給招商局國際。
2002年7月	集團決定由招商局國際繼續開發蛇口集裝箱碼頭二期項目，並持有51%的股權。
2002年	招商局國際出售漳廈高速、漳州324和上海逸仙收費公路項目。
2003年5月	招商局國際與寧波港務局中信大榭合資共同開發寧波大榭集裝箱碼頭項目，項目總投資3.6億美元，招商局國際持有45%的權益。
2003年9月	招商局國際繼續增持漳州招商局碼頭11%的股權，使持股比例增至60%；同時還簽訂了青島前灣集裝箱碼頭項目，佔股90.1%。
2003年12月	招商局國際投資1,904萬美元，投資天津港東突堤集裝箱碼頭項目，佔股14%。
2004年9月	招商局國際重組五條內地收費公路，將其總值26億港元的權益注入招商局亞太，換取海星碼頭權益及招商亞太新股，使之控股招商亞太72%的權益。
2004年12月	招商局與其他四家股東，發起成立上海港集團，招商局國際持股30%，投資55.7億元人民幣，成為第二大股東。
	招商局通過向深圳南油集團註冊資本增資，掌控南油76%的股份，並全面重組南油集團。
2005年3月	招商局國際以6.1億港元收購中遠太平洋持有SCT一期17.5%股權，使其持股比例升至50%。
2005年8月	招商局國際以8.278億港元收購了太古持有香港現代貨箱碼頭5.03%的股權，持股量增至27.14%。
2005年12月	招商局國際收購太古SCT一期17.5%的權益和二期17.15%的權益，收購P&O公司在SCT一期22.05%的權益，總價為31.68億港元。同時，與香港現代貨箱合組一間合營公司持有SCT1-3期及其倉儲服務公司權益，招商局國際佔70%，現代貨箱佔30%。
2006年12月	招商局國際以16.34億港元，收購母公司持有媽灣港40%的權益和海星港24%的權益。至此，招商局國際持有媽灣港四個泊位70%的權益及海星港67%的權益。
2007年4月	招商局集團與越南航海總公司簽訂合作意向，共同投資開發越南邊亭金星深水港，興建集裝箱碼頭，這是招商局在海外的第一個碼頭項目。
2007年6月	招商局國際以10.36億港元入股深圳大鏟灣港口碼頭二期，持有14%的權益。
2007年9月	招商局國際以16.2億元入股湛江港集團，佔股45%，投資湛江港散貨碼頭。

　　在鞏固了以深圳作為母港、基地港的核心地位後，招商局開始進軍長三角。2002年10月，招商局國際與寧波港務局、中信大榭簽署了合資開發寧波大榭島集裝箱碼頭意向書；2003年5月正式簽約，項目總投資3.6億美元，招商局國際持有45%的權益，規劃建設四個集裝箱泊位；2008年底建成投產。這項投資宣告招商局的港口投資已擴張至長江三角洲地區。

　　隨後，招商局將重點目標鎖定在上海。在歷史上，招商局曾在上海擁有9個碼頭、117個倉庫。經過激烈的競爭，2004年底，招商局成功入股上海國際港務集團，投資55.7億元佔股30%，成為第二大股東，得以重返其航運業的發源地——上海，實現了紅籌還鄉，完成了中國集裝箱樞紐港的戰略佈局。2006年10月，上港集團在滬實現成功上市。

　　在環渤海三角區，早在2002年，招商局就開始部署投資。2003年9月，與青島市政府正式簽約投資青島前灣現代國際港口物流園及碼頭項目，按規劃可建設五個集裝箱泊位、兩個多用途泊位。2006年，項目第一個十萬噸級泊位建成投產。

　　2003年12月，招商局以1,904萬美元，投資天津五洲國際集裝箱碼頭項目，佔股14%。2007年，又與天津簽署全面合作戰略協定，投入巨資參與天津東疆港建設。

　　在東南沿海地區，招商局借助漳州開發區項目，通過投資漳州港進入廈門灣港口市場。目前，招商局漳州碼頭已形成港口集裝箱和散雜貨綜合作業能力，並成為東南沿海增長最快的碼頭之一。隨着海峽兩岸關係的持續改善，海西區將出現大開發的歷史機遇，可以預見廈門灣港口群將會成為中國集裝箱港口又一新的增長區。

　　2007年9月，在西南沿海地區，招商局國際以16.2億元入股湛江港集團，殺入前景光明的散貨碼頭。

　　2007年4月，招商局更向海外發展，與越南航海總公司簽訂合作意向，擬在越南投資深水碼頭項目，這將是招商局在國外的第一個碼頭項目。

至此，招商局以招商局國際為平台，已完成在中國五大港口群的投資佈局。到2007年，招商局年集裝箱吞吐量達到4,712萬個標準箱，約佔全國集裝箱總吞吐量的四成，散雜貨吞吐量達到1.59億噸，成為世界第三、中國第一的公共碼頭運營商。

2004年9月，招商局國際成功躋身香港恒生指數成份股之列。

A＋H上市與"棄子"：招商銀行與中國平安保險

無論是資產規模、品牌影響力還是盈利能力，招商銀行、中國平安保險、招商證券為代表的金融產業都應該進入招商局的核心產業。麥肯錫作出了這樣的評估，招商局的發展戰略也作出了這樣的結論。

然而，形勢的發展卻選擇了另一種結局：招商局將招商銀行打造成A＋H上市金融旗艦，但卻退出了平安保險，用秦曉最熟悉的圍棋術語來說，對平安保險選擇了"棄子"。

招商局發展起來的金融企業除了招商銀行、中國平安保險、招商證券（國通證券）外，還有招商局中國基金、海達保險經紀和招商信諾保險公司等十餘家企業。招商銀行是招商局金融產業的旗艦企業。1999年3月，馬蔚華任招商銀行行長。2001年，秦曉兼任招商銀行董事長。

招商銀行從1987年誕生於蛇口，僅用二十年左右時間，發展成為中國知名品牌銀行。招商銀行的發展大抵經歷了這樣幾個步驟：

第一步，增資擴股。1989年1月，招商銀行首次擴股，股東從招商局一家變成七家，招商局股份從100%減持至45%；隨後又在1993-1994年、1996年及1998-1999年共三次增資擴股。到1999年，招商銀行總資產達到180億元人民幣，員工總人數達到8,721人。[19]

第二步，走出蛇口，走向全國。1993年11月，招商銀行總行遷址深圳市區，正式告別了"偏安一隅"的狀態。

　　第三步，金融創新，實現金融電子資訊化。1994年，在中國率先實行資產負債比例管理，並與華為公司簽約，率先推出金融資本與產業資本相結合的新形式——買方信貸。1995年率先在深圳推出集本外幣、定活期、多儲種、多功能於一體的電子貨幣卡——"一卡通"，並與Visa卡互聯，"一卡通"業務填補了中國金融卡業務的一項空白。1998年又實現"一卡通"ATM全國聯網，並推出"一網通"網上銀行業務。2000年與中國移動合作推出"手機銀行"業務，"一網通"包括網上企業銀行、網上個人銀行、網上證券和網上支付等網上金融服務體系。到2008年9月，"一卡通"發行量達4,800萬張，卡均存款餘額超5,000元，居全國銀行卡首位。

　　第四步，實現A＋H成功上市。進入21世紀以後，無論從招商銀行自身進一步發展考慮，還是出於招商局通過資本運作獲取資本收益解決財務困境考量，上市都是一個必然的選擇。只是，經過關於招商銀行＋證券＋基金的整體上市還是招商銀行單獨上市兩個方案的反覆比選後，招商銀行單獨上市；於2002年4月9日以招商銀行A股（上海股票代號：600036）在上海交易所正式掛牌上市，籌資107億元人民幣，並在當時創下三個全國之最：內地總股本最大的上市銀行、籌資額和流通量最大的上市銀行、內地第一家採用國際會計標準上市的公司。招商局在這次上市中獲得了18.3億元的資本性溢利。不過招商局佔招行股權從32.4%攤薄至25.5%，但仍為第一大股東。

　　隨後，招商銀行在香港設立分行，在美國紐約設立代表處，並於2004年成功發行65億可轉換債券和35億次級債。

　　2006年9月22日，招商銀行H股（股票代號：3968）在香港聯交所正式掛牌上市，公開發售獲得265倍超額認購，國際配售獲得50倍超額認購，成功發行24.2億股，融資總額達206.9億港元。

　　經過A＋H兩次上市，到2007年底，招商銀行總資產達13,105.52億元，客戶存款總額為人民幣9,435.34億元，貸款和墊款總額為人民幣6,731.67億元，淨利潤為人民幣152.43億元。2008年7月，獲得由銀行家雜誌組織評比的"2007年全國性商業銀行核心競爭力排名"第二名，同時在英國《金融時報》發佈的2008年世界五百強排行榜中，躍升至第103位。

招商銀行從1990年代開始拓展多元化業務，相繼成立了招銀證券、江南財務、招銀典當等公司。其中，招銀證券逐步發展成為證券業知名企業。

招商銀行於1994年成立招銀證券公司，1998年增資擴股，改名為"國通證券有限責任公司"，股東擴大到12家，招商銀行以持股30%成為第一大股東。2000年，國通證券兩次增資擴股，並被中國證監會批准為綜合類證券商。

2002年4月，招商銀行向招商局轉讓其持有的國通證券股權，國通證券遂更名為"招商證券股份有限公司"。2006年，招商局以10.5億元增資招商證券，佔股51.93%。增資擴股後，招商證券大舉擴張，收購了21家證券營業部，託管了16家營業部，使管理的營業部總數達到69家。2007年12月，又以63.2億元持有博時基金48%的權益，成為博時基金第一大股東。

到2006年底，招商證券總資產187.27億元，淨資產39.25億元，營業收入22.47億元，利潤12.26億元，淨利潤10.41億元。其綜合實力在全國證券商中位列前十名。

平安保險公司與招商銀行是招商局在1980年代由袁庚一手在蛇口創辦起來的兩家齊名的品牌金融企業，又幾乎同時從1990年代開始將總部從蛇口遷址深圳市區，走向全國。

不過，不同的是，馬明哲幾乎是從一開始就參與了平安保險的創建工作。1988年，招商局佔股51%的平安保險公司獲准成立，馬明哲就被任命為總經理；更不同的是，1989年，平安保險成立一年就成立了員工持股基金，馬明哲代表員工持股會入選平安保險董事會。1991年，平安保險總部遷址深圳市區。1992年，經國務院批准，平安保險正式更名為"中國平安保險公司"。1994年，馬明哲兼任董事長及總經理；當年6月，馬明哲開始

圖90　1987年4月8日，新中國首家由企業創辦的股份制商業銀行——招商銀行在蛇口招商北路舉行開業典禮。

引入摩根士丹利、高盛兩大世界著名投資大行作為外資股東，成為中國第一家外資參股的保險公司。1999年，經過再次擴股，平安股東增至55家，平安職工持股會持有17.61%的平安股份。到2001年，經過多次增資擴股，平安保險已形成高度分散化的股權結構，而這幾次增資擴股恰逢招商局應付本身的財務困境，無力增資股份，導致股份持續被稀釋，第一大股東已旁落深圳市投資管理公司（深圳市政府），但也只有16.06%。招商局則從早年的51%稀釋至14.37%，其他還有中遠以及外資股東等若干家。

多年來，實現"無上級主管"是很多從國企走出來的企業家的一種理想，如王石。走到這一步，我們會發現，平安保險已經和萬科非常類似，通過不斷增資擴股，分散股權，稀釋大股東，使企業變成一個真正的無上級主管企業；這樣，擁有創始人的資歷和威權的馬明哲和王石一樣，不需要資本控股權，就可以真正成為該企業的主人。事實上，招商局和萬科的老東家特發集團一樣，已經對馬明哲行使不了強勢總部的人事任免權了。2002年，招商局退出平安保險，秦曉面對外界的質疑說，招商局對平安保險不具有控股地位，不能主導企業的發展，只好"棄子"。這個說法多少有些模糊，因為招商局不控股的企業很多，如招商銀行也沒有控股，上海港務集團也只有30%股權，為什麼不退出來？兒子大了，又無法掌控，分家是必然的。

退出的價格，坊間也有幾種版本，有說18.55億元，有說獲得資本性溢利6.64億元人民幣，提供現金流入15.37億元人民幣等等。招商局的說法是從集團的戰略發展出發，一旦不能通過董事會掌控其發展，即使是核心產業，也會"棄子"，而且獲得了當年投資的14倍回報，[20]為緩解集團的財務壓力創造了條件。

退出平安保險的"棄子"策略引來不少質疑：平安保險這個企業已經取得了行業領導地位，即使不控股，但作為發起股東利用其品牌影響力，發展金融核心產業，拓展新的增值衍生業務仍然具有利用價值；從風險角度看，平安保險上市後，更加規範運作，風險並不大，即使不能掌控其風險，上市後終有退出機會；從賣出價格看，選擇退出的時機並不好，平安保險上市後，其股價曾飆升至約120港元的天價，後來價格回落至30-40港元；也就是說，以招商局持有的14.37%平安保險股權，高峰時的市值近千億港元，以低價格出售，也能淨賺數百億港元。

然而，招商局退出平安保險，後者告別老東家，實現真正的無上級主管企業，也未必不是好事。平安保險從1990年代引入外資股東後，外方股東不僅為企業解決了發展中的資金需求，而且帶來了先進的經營管理經驗和理念。

在引入摩根士丹利、高盛之後，平安保險又連續三年聘請國際會計師事務所安達信與M&M精算諮詢公司分別進行審計和核算，特別是後者對險種費率及盈利水準以及險種風險度進行分析、測算並提出控制措施，使平安保險真正開始與國際市場接軌。

到1996年，平安保險將分支機構已拓展至北京、廣州、大連等全國多個城市，在海外也設立了四百多個網點，保險總收入和市場佔有率已躍居全國同行業第二位，而且形成了產險、壽險、證券、信託投資、海外業務等五大業務板塊，並朝跨國大型保險集團發展。2003年，平安保險正式更名為“中國平安保險（集團）股份有限公司”（以下簡稱“中國平安”），並先後在上海與香港以A＋H股形式上市，2007年又完成了平安銀行與深圳商業銀行的合併。到2008年，平安壽險的承保保費、保單費收入及保費存款仍居中國同業第二，A＋H股總市值達3,700億港元。2009年，中國平安入主深圳發展銀行。

打造中國最大的油輪船隊：招商輪船

1988年，招商局通過明華公司收購香港董浩雲家族企業五艘阿芙拉型油輪和四艘成品油輪，是為招商局組建油輪船隊之始。

1993年，香港明華船務與香港油輪先驅董氏集團旗下金山輪船公司合營成立了海宏公司，移植金山輪船管理資源和經驗，管理這支油輪船隊；海宏公司成為香港中資企業中唯一一家擁有管理超級油輪經驗的專業油輪管理公司。1994年，明華油輪資產注入上市旗艦招商局海虹（招商局國際），後於1996年以明華百慕大公司在新加坡分拆上市；但由於股份流通量低，投資者缺乏興趣，股價表現疲弱，長期徘徊在低於招股價的水準，基本喪失融資功能。2001年6月，招商局國際完成向明華的"私有化"要約收購。這是招商局歷史上的第一次私有化退市。

隨後在整合核心產業的過程中，以港口碼頭專業化經營為主導的招商局國際又於2004年8月以13.1億港元將非核心資產明華資產售於母公司招商局。此時，招商局正在打造一個新的核心產業——油輪運輸產業。

2000年麥肯錫的戰略報告，認為油輪運輸業務並不在核心產業中，其理由是，國際油價波動太大，導致油輪運輸市場的波動而引致週期性風險難以控制；加上購船成本太高，一艘油輪當時需要6,500萬美元，一艘液化天然氣（LNG）船達1.6億美元，回收週期長，這對於尚未解決財務危機的招商局來說，一失誤就可能致命。因此，麥肯錫報告從靜態分析看不無道理。

但是，麥肯錫報告忽略了另一個動態的大市場：2002年，中國石油產量1.69億噸，而石油消耗量為2.46億噸，石油淨進口需求為7,680萬噸。中國正處在高速增長的黃金機遇期，要保持GDP8%左右的經濟增長，每年中國至少還要新增原油進口1,000萬噸以上。到2010年，進口總額將達到1.5億噸，進口量幾乎與國產量持平。與此同時，中國正在實施能源儲備戰略，這也會增加一定的石油進口量。

2002年，中國通過海上油輪運輸進口的原油為6,450萬噸，而其中由中國船東承運的僅佔10%左右。作為當時中國最大的獨立油輪船隊，招商局擁有九艘超級油輪（VLCC）、七艘阿芙拉型油輪和一艘蘇伊士型油輪，其油輪運輸能力才350萬噸，當年承運世界各國客戶石油為3,106.8萬噸，其中為中國承運進口石油僅達227.3萬噸，僅佔船隊總運量的7.32%。也就是說，招商局油輪船隊總運力的93%是為國際市場服務的，而中國石油進口運輸量90%則由國際船東承運，形成了嚴重的“錯配”，成為國家石油供應鏈安全的隱患。[21]

　　基於以上的一認識和判斷，曾有過石油部工作經歷的秦曉決心以招商局油輪船隊為基礎，組建國家能源運輸船隊，並於2002年與中石化結成策略合作關係。中石化將為招商局提供一個長期運輸合同，先從五六百萬噸做起，再擴大到上千萬噸。

　　同年，國家要求招商局從事液化天然氣（LNG）的運輸，以二十五年的合約，擔保12%的固定回報。2004年3月，由招商局的香港明華與中遠集團的大連遠洋運輸公司各出資50%在香港成立的中國液化天然氣運輸（控股）有限公司，成為中國唯一一家集液化天然氣運輸、投資管理等綜合功能的國際化專業液化天然氣運輸公司。

　　有了穩定的客戶和市場後，招商局開始了新一輪買船擴張。圖表8-7表明，招商局計劃訂購八艘日本與國產的超級油輪、五艘阿芙拉型油輪，總運力達到293.5萬噸，幾乎在原來基礎上翻了一番。擴張需要龐大的資金支援，招商局開始籌組能源運輸產業上市旗艦。招商局將能源運輸船隊資產整合到旗下招商局輪船股份有限公司名下，然後聯合中石化集團、中化集團、中遠集團及中海油渤海公司作為策略股東，於2004年12月在上海註冊成立招商局能源運輸股份有限公司，招商局佔股83.13%。

　　2006年12月1日，招商局能源運輸股份有限公司（招商輪船，上海股票代號：601872）在上海證交所成功上市，發行12億股A股，融資43.6億元人民幣，招商局所佔股份攤薄至54.07%。招商輪船的運輸業務包括油輪運輸、散貨船運輸和液化天然氣運輸；油輪運輸與散貨運輸佔主營業務收入

圖表8-7 招商局油輪訂造一覽

簽約日期	船型	載重（萬噸）	造船廠	交船時間
2003.1.16	雙殼超級油輪	30×2	日本住友商社和環球船廠	2004.4.28 "凱鴻" 輪（NEW CENTURY）2005.9.6 "凱譽" 輪（NEW SPIRIT）
2004.11.1	阿芙拉	10.54×1	日本住友商社和住友重工船廠	2007
2005.1.25	超級油輪	30×2	日本住友商社和環宇造船集團	2009
2005.6.30	阿芙拉	10.49×2	日本住友商社和住友重工船廠	2008
2007.4.23	超級油輪阿芙拉	30×2 11×2	中國船舶重工國際貿易有限公司和大連船舶重工集團有限公司	2009 2010
2007.6.27	超級油輪	30×2	中國船舶重工國際貿易有限公司和大連船舶重工集團有限公司	2011.3
合計		293.52		

資料來源：王玉德、楊磊編著，《再造招商局》，第149頁。

的比例約為7：3，招商輪船已成為目前中國最大的油輪運輸船隊。

到2007年底，招商輪船的營業收入24.2億元，利潤總額為9.34億元，招商局所佔淨利潤8.48億元，總資產130.37億元，招商局所佔淨資產87.59億元。[22]

打造地產旗艦：從 "深招港" 到 "招商地產"

在中國證券市場早期發展史上，招商系算得上是上市公司的先驅；在中國早期股民的心中，招商系留下了揮之不去的印象。

深圳最早的深圳發展銀行、萬科、金田、原野、安達等五隻上市股票中，蛇口工業區持股的安達運輸有其一；二十年滄海桑田，上述五隻先驅股中，現時僅剩其二：深發展、萬科。其中，深安達（深圳股票代號：
0004）在輾轉沉浮中早已面目全非，變身為"北大高科"，後又變身為
"國農科技"。

1993年6月，招商系下的蛇口招商港務股份有限公司（以下簡稱"深招
港"，深圳股票代號：0024）與深圳赤灣港航股份有限公司在深圳證券所
正式掛牌亮相，此時，中國正處在早期股市的瘋狂期。

深招港的主營業務包括散雜貨運輸、集裝箱運輸和客運服務，在經過
了前四年（1993-1996年）的快速增長後，由於公司在內地其他地區的多元
化擴張投資以及亞洲金融風暴後外部經營環境的惡化等因素，深招港經營
業績持續下滑，並形成了不少的不良資產，於是從1998年以後，招商局對
深招港進行了三次資產置換：

1998年5月，將深招港的不良資產1.17億元對外長期投資的債權與蛇口
工業區持有的招商房地產、招商供電和招商供水各20%的權益進行資產置
換。

1998年12月，又將深招港2.22億元不良資產與蛇口工業區持有的上述
三家公司各10%的權益進行置換。

1999年6月，第三次將深招港近七億元與主業無關的資產和不良資產置
換了上述三家公司40%的權益。

經過三次資產置換，深招港持有上述三間公司各70%的股權，1999年8
月又將蛇口工業區持有的招商石化50%的權益也轉讓給深招港，使後者持
有招商石化達75%的股權。2000年1月，"深招港"首次正式更名為"招商
局蛇口控股股份有限公司"（以下簡稱"蛇口控股"）。

這次重組使深招港資產結構得到改善，主營業務進一步拓寬，並獲得
供水、供電等穩定性盈利，尤其是招商房地產公司已經正式進入上市公
司，顯示出招商局作大內地上市平台蛇口控股（深招港）的決心。但是蛇
口控股的多元化格局使其核心業務並不集中和突出，而且有些業務（如港

口業務）與香港上市平台招商局國際多有重複。

2001年後，招商局以幾大上市公司為產業旗艦發展核心業務的戰略思路漸趨清晰，交通運輸、金融、地產和物流成為四大核心業務，而招商局國際成為發展港口碼頭業務的產業旗艦。

於是，2001年10月和2002年4月，蛇口工業區和蛇口控股所持有的港口碼頭業務悉數轉讓予招商局國際。

隨後，2003年11月，蛇口控股又將持有招商石化65%和10%的權益分別轉讓給招商物流集團和蛇口工業區，石化業務也被剝離，只剩下核心業務——地產業務。2004年11月，蛇口控股正式更名為招商局地產控股股份有限公司，"招商局A"變身為"招商地產"。

二十餘年來，蛇口工業區和深圳是招商地產的大本營，也得到深圳市政府的大力支持。進入新世紀，招商局與深圳市的關係進入蜜月期。2003年，招商局與深圳簽訂了蛇口工業區總體用地協議，明確招商局對蛇口工業區11平方公里土地總體補地價，根本解決了蛇口工業區遺留的土地問題；同年，蛇口工業區還獲得了寶安光明區2平方公里工業用地，為蛇口工業區的產業轉型和升級改造提供了空間。這一年，深圳市還將前海灣3.5平方公里土地劃給招商局，作為西部港口用地。2004年，與深圳市政府簽約，招商局重組控股南油集團，獲得媽灣港口股權的同時，又獲得新的土地，這為招商局的房地產開發提供了大量的土地資源。

與此同時，招商地產更以市場化方式運作土地、開發房地產項目。

2000年12月，招商地產抓住深圳開發濱海新區的歷史機遇，斥資5.8億，一舉奪得可開發住宅建築總面積27萬平方米的兩塊土地，並成功開發了"陽光帶·濱海城"，帶動了深圳濱海新區的開發熱潮，這也是招商地產首次走出蛇口的成功之作。是年，招商地產躍居深圳1,800家房地產公司綜合排名第三位，2001年升至深圳第二名，成為深圳市最大的地產發展商之一。

隨後幾年，招商地產開始在京、津為主的環渤海區，滬、寧、蘇為主的長三角，深圳、廣州為主的珠三角，重慶為主的西南區，漳州為重點的海峽西岸搶灘佈點；通過強強"聯合"，先後與華僑城、萬科、會德豐聯合拿地，並借助招商局內部金融優勢，與招商銀行聯手，形成產業資本與金融資本的聯手；借助蛇口、漳州等多個工業園區、物流園區資源，發展園區地產，短短幾年，實現從區域性地產商向全國性地產商的轉型。2003年，進入全國"房地產類上市公司十強"。2004年，以21.67億元的銷售業績，首次榮獲深圳市開發商年度銷售冠軍，並成為國務院國資委重點支持的房地產資產重組五家央企之一。這是招商地產最輝煌的時期。

隨後，其發展速度和規模漸被一線地產商拋離。2007年營業收入、利潤總額雖創歷史最高，分別為41.12億元和14.54億元，但一線地產商多已突破百億大關。2008年受金融海嘯和內地宏觀調控影響，業績指標比上年略有下降，營業收入為35.73億元，利潤總額為13億元，而歸屬於母公司股東的淨利潤為12.28億元；總資產374.37億元，淨資產148.63億元，均比上年有所增長。到2008年末，招商地產在全國11個城市，43個項目同時開發，擁有973萬平方米土地儲備，分佈在珠江三角洲（40%）、京津地區（30%）、長江三角洲（30%）。[23]

公路資產的初步整合：招商亞太與華建中心

收費高速公路業務及其相關路橋設計業務，是招商局的重要業務板塊，在2001年麥肯錫報告中，就被確定為核心產業。然而由於招商局的公路資產過於分散，並且分佈於10家以上非控股的上市公司中，整合的難度較大。

招商局的公路資產實際包括了兩大塊：一塊是招商局自身投資併購的公路資產；一塊是後來交通部劃撥過來的資產。

招商局大規模投資於收費公路始於1997年7月，由招商局國際收購了位於貴州、廣西、浙江、廣東等地的桂柳、貴黃、餘姚、羅梅等五條收費公路項目。

2001年後，招商局開始以上市公司為平台整合核心產業，招商局國際為港口碼頭產業整合平台，集團系統內的港口碼頭資源向招商局國際集中，同時，招商國際也開始在併購外部港口碼頭資源。

1993年，中國光大集團收購新加坡上市公司高登控股30%的權益後成為其控股股東，將該公司更名為"光大亞太有限公司"，並將其持有的媽灣海星港口發展公司33%的權益注入光大亞太。

2001年5月，招商局國際以2.28億港元收購了光大持有的光大亞太23.98%的權益，成為新的控股股東，從而再次將該公司更名為"招商局亞太有限公司"。

2004年12月，招商局國際以作價26億港元、總長超過330公里的五條收費公路及其相關權益注入招商亞太而與招商亞太持有的媽灣海星港口資產進行置換，並向招商國際配售發行可贖回轉換優先股。交易完成後，招商國際持有招商亞太股權上升至72.3%，而招商局亞太開始向收費公路業務方向發展，2004年總資產達到35億港元。

2007年7月，招商局國際將其持有的招商亞太的全部權益以29.5億港元轉讓予招商局（香港），招商局有意將招商亞太打造成核心業務收費公路產業上市旗艦。

然而，招商局更多的收費公路資產還在華建交通經濟開發中心（以下簡稱"華建中心"），這塊大資產若不能整合到招商亞太，後者又何以成為產業旗艦？

華建中心成立於1993年12月，是交通部所屬的、中國唯一對經營性收費公路的收益進行集中管理的全國性跨區域中央國有企業，也是中國經營性收費公路企業中投資範圍最廣、參股公司最多的公路投資經營企業。

中國收費高速公路項目從20世紀80年代末、90年代初才開始起步，在中國經濟高速增長的黃金發展期，收費高速公路產業無疑是一個回報穩定的朝陽產業，因此，在1990年代吸引了大量的港商投資。但高速公路項目又具有投資大、回收期長的特點，尤其是其效益受制於當地經濟發展水準；經濟發達地區的高速公路，投資回報率比較高，投資回收期短，而在欠發達地區，則存在着回報低、回收期長的風險。

華建中心持有的收費高速公路大多是在沿海發達地區，資產質量好，資產結構合理，總資產66億元，淨資產達63.2億元人民幣。

1999年前後，招商局正處於債務危機中，而內地正在進行"政企脫鈎"的體制改革。1999年1月，當招商局遞交一份緊急財務報告給交通部後；4月，華建交通中心就無償劃歸招商局。其直接結果是，招商局的資產負債率下降了10%，為招商局擺脫債務危機，在銀行界重建良好的信譽開闢融資管道發揮了重要作用。

2000年10月，交通部再次將主營路橋隧道設計的重慶交通科學設計院劃轉給招商局，這使招商局的公路產業鏈從下游延伸到上游。

華建中心的加盟，使招商局擁有了龐大的收費公路資產。在2001年全國共計1.9萬公里的高速公路中，招商局持有的就達2,300公里，佔全國高速公路的12.1%。但是，華建中心旗下持有的收費高速公路項目過於分散，而且持股比例又偏低。截至2008年底，其投資參股的高速公路公司共計13家，在這13間上市公司中，沒有一間絕對控股企業（如圖表8-8）。如此分散的股權分佈，加之複雜的地方政府背景因素，政企脫鈎後，華建中心不再是交通部的企業，也就不再擁有地方的增量高速公路，甚至連存量高速公路的分紅和收益的收取也遇到了困難，招商局的整合難度可想而知。因此，招商局公路產業的上市旗艦究竟如何打造，看來仍任重而道遠。

圖表8-8　招商局華建中心所持收費公路項目一覽表

參股公司	所持股份比例（%）	上市地點及性質	股票代號
華北高速	26.82	A（深圳）	0916
山東高速	21.37	A（上海）	600350
福建高速	20.71	A（上海）	600033
東北高速	17.92	A（上海）	600003
五洲交通	16.13	A（上海）	600368
廈門港務	11.04	A（深圳）	0905
皖通高速	20.92	A＋H（上海＋香港）	600012 0995
寧滬高速	11.69	A＋H（上海＋香港）	600377 0177
深高速	4	A＋H（上海＋香港）	600548 0548
成渝高速	25.7	H（香港）	0107
滬杭甬高速	10.98	H（香港＋倫敦）	0576 ZHEH
楚天高速	23.02	A（上海）	600035
中原高速	20	A（上海）	600020

資料來源：招商局華建中心網站（資料統計截至2008年底）。

"再造"目標的提前實現

招商局以2003年主要經營指標為基數，用三年時間，到2006年底，提前實現了資產、盈利和業務量等主要經營指標翻一番的目標，再造了一個招商局。

1. **資產規模**　招商局總資產2003年為529.3億元（人民幣，下同），到2006年底達到1,143.3億元，增長了116%，2007年更達到2,171.8億元；淨資產2003年為172.5億元，到2006年底達到352.2億元，增長了104.2%，2007年更達到525億元；招商系上市公司的總市值於2003年為419.6億元，2006年底達到1,290.8億元,增長了207.6%。

2. **盈利狀況**   經常性利潤2003年為34.63億元,2006年達到86.2億元,增長148.9%。2007年,更達到169.47億元。利潤總額方面,2003年逾34億元;2006年達91.4億元,增長了168.8%;2007年更達到196.2億元;集團淨利潤於2003年為20.59億元,2006年達58.95億元,增長了186.3%;2007年更突破百億,達到109.51億元。[24]

圖表8-9　招商局的盈利增長（2000-2007年）　　　　　　　（單位:人民幣,億元）

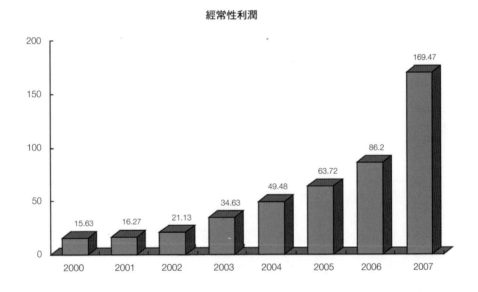

經常性利潤

利潤總額

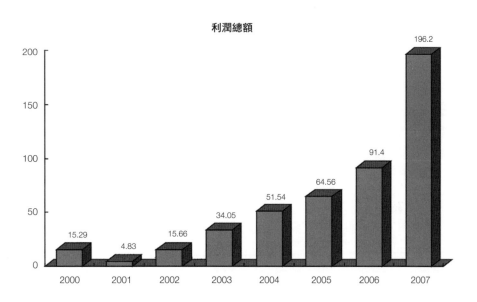

集團淨利潤

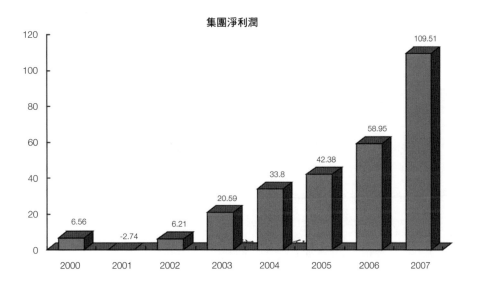

資料來源：〈國企：招商局，一次會議與7年革命〉，http://www.sasac.gov.cn。

　　3. **核心產業的主要業務量指標**　到2006年，招商局旗下集裝箱吞吐量、散雜貨吞吐量、港口泊位數、招行自營貸款餘額、土地儲備、公路運輸周轉量等指標均比2003年超過一倍（如圖表8-10）。

圖表8-10　招商局主要業務量指標對比（2003年和2006年）

主營業務	項目	業務指標		
		2003年	2006年	三年增幅（%）
港口業務	集裝箱吞吐量	995萬TEU	4,024萬TEU	304
	散雜貨吞吐量	3,085萬噸	14,931萬噸	384
	港口泊位數	53個	220個	315
能源運輸	訂造新船	訂造五艘共90萬載重噸大型遠洋油輪，及5艘LNG船舶		
金融	招行自營貸款餘額	3,074億元	5,522億元	80
房地產	土地儲備	150萬平方米	378萬平方米	152
物流	公路運輸周轉量	3.66萬噸公里	12.27億噸公里	235

資料來源：招商局，〈靜悄悄的革命〉，載於中聯辦經濟部編：《回歸十年來的香港經濟與香港中資企業》。

四　中國最大的旅遊企業：港中旅

　　在中國經濟快速增長的幾十年中，中國人長期以來形成的存錢不消費的理念正在被打破，其中，旅遊消費已成為中國人生活中的重要組成部分，旅遊業也成為全球經濟中發展勢頭最迅猛、規模最大的產業之一。作為具有八九十年歷史的港中旅集團，經歷了自身的無序擴張、盲目舉債和管理混亂的歷史陣痛之後，逐漸回歸主業，走專業化經營之路，並試圖將自身打造為中國最大的旅遊業航空母艦。

再造之路：回歸主業，專業化經營

港中旅集團從1980年代開始，與大多數中資企業一樣，從"資金飢渴"轉為"投資飢渴"，在多元化路上越走越遠：利用上市公司與中資企業的政府背景大規模集資、舉債，2000年資產負債率曾高達73.88%，投資分佈太寬太散，多達十幾個領域，缺乏產業關聯度，資產質量不高，變現能力差、回報率低。

亞洲金融風暴與中資信貸危機爆發後，港中旅於1998年到1999年，連續兩年虧損，資不抵債，陷入嚴重的信用危機和財務危機。到2000年5月底，港中旅及旗下全資公司貸款總額達72億港元，到年底應付銀行本息等各項費用達30億港元，當年資金缺口達20億港元，而由美、日、歐等12家外資銀行組成的債權銀團更發出提前還款否則採取法律行動的最後通牒。港中旅面臨與粵海同樣的絕境。

為了解救港中旅，在2000年7月和8月，朱鎔基總理先後兩次主持國務院總理辦公會議，研究了港中旅提出的緊急求援報告，決定採取增撥資本金、由中國銀行對外資債權銀行開具1.35億美元的備兌信用證，以及盡快解決華僑城和中經信欠港中旅投資款和借款等措施，幫助港中旅度過危機；並要求港中旅堅決清理、整頓、改革，精減機構人員，革新管理，死裏求生。由於中央政府的堅決支持，外資銀行不再逼迫提前還債，港中旅暫時渡過了債務危機。[25]

2000年，原國務院稽查特派員車書劍就任港中旅董事長；2001年，張學武就任總經理。在通過一系列債務重組、資產變現、盤活存量資產解決財務危機的同時，港中旅也開始了再造之路——即回歸主業，走專業化經營之路。

第一步，打造中旅國際的旅遊旗艦。中旅國際（股票代號：0308）在1990年代投資擴張之後，已變成一個多元化上市公司，概念不清晰，市場認可度下降，股價下跌。為了減債，更為了強化中旅的旅遊核心業務，中旅國際先後出售地產股權（如興港股份）、路橋項目（中旅路橋公司股份）和空運業務（中旅國際空運公司股份）等非核心業務，並分兩次先後於2000年1月和2002年11月以2.6億港元向母公司收購了中旅網絡有限公司100%的權益，使中旅國際成為核心業務更突出、更專業化的旅遊旗艦。

第二步，進軍內地旅遊市場，建天地兩網。香港中旅是香港規模最大的旅行社，在港澳設有43間分社，在海外16個國家和地區擁有22間分社，也是香港唯一辦理港澳同胞回鄉證和台灣同胞台胞證的機構。

但在內地，旅遊市場在1980年代曾出現中旅（中國旅行社）、國旅（中國國際旅行社）和青旅（中國青年旅行社）三足鼎立局面。隨着旅遊市場放權，內地旅遊市場迅速出現了小而多的局面，但港中旅作為法律意義上的外資身份，卻沒有參與這塊迅速做大的旅遊市場蛋糕的切分。

隨着2002年初中國正式加入WTO，內地市場面臨向外資全面開放的局面，如何在外資進入前，搶灘中國內地旅遊市場，發展核心業務和地面旅行社，已成為港中旅的戰略需要。

2001年8月，港中旅在北京註冊了“港中旅國際旅行社有限公司”，經營出入境遊和內地遊業務。2002年1月，正式運營，當年盈利，這標誌着港中旅正式進軍內地旅遊市場。

2002年，先後成功收購了北京中遠旅行社、成都旅行社、新聯旅行社和北京票務中心。2002年6月，以2,827萬港元購回小股東持有的深圳聚豪會高爾夫球會有限公司20%的股權。

2003年，成功收購和改制了上海中旅、青島新世紀國際旅行社、廈門國貿旅行社和西安北方四海國際旅行社。

2005年，在國務院國資委主導的“主輔分離”的國企改革實踐中，旅遊業國資的重組思路開始清晰：國旅總社與中免總公司合併組建國旅集團；中國旅行社與中國旅遊商貿服務總公司合併重組為中國中旅集團；而

圖91　2005年12月27日，招商局旗下中國招商國際旅遊管理總公司及其子公司的國有產權併入港中旅。圖為港中旅招商旅遊公司的接待處。

招商局則退出了旅遊業，並將旗下中國招商國際旅遊管理總公司及其所屬旅行社、空運商務代理等業務的17家子公司的國有產權，無償劃轉給港中旅，使港中旅旅行社在內地的網點躍升至27個，初步形成了以北京為中心，輻射全國重點城市和各主要旅遊城市的網絡佈局。港中旅內地旅行社從此跨入全國三強行列。

　　然而，港中旅更大的目標是指向擁有內地最大旅行社之一的中國中旅集團。

　　中國中旅集團是內地三大旅遊企業之一，其麾下的中旅總社擁有六十年歷史，並與港中旅使用着同一品牌"中國旅行社"（CTS），中旅總社在全國擁有近三百家地方分社，並在名義上持有香港中旅100%的權益。

　　港中旅在國資委實行主輔分離、重組旅遊業國資系統無疑處於優勢地位：其資產規模、銷售收入比內地旅遊業三巨頭國旅、中旅、中青旅的總和還要大，並且擁有內外市場結合等多方面優勢，因此，港中旅從進入內地市場開始，就在探索與中國中旅的重組問題。

　　2006年，港中旅在內地正式註冊成立中國港中旅集團，使之確立內地與香港的雙總部地位，同時也解決了港中旅作為"外資"企業的身份問題，即在法律上恢復了中國港中旅集團的國企身份；隨後，將中旅社總社持有的港中旅的全部權益無償轉讓予中國港中旅集團，即實現中資企業通行的內地總部控股香港總部的關係，解決了媒體所熱炒的"父子"脫鈎關係。

　　2007年6月，經國務院國資委批准，中國中旅集團正式併入港中旅集團，正式實現了媒體熱炒的"兒子"反併"父親"。合併後的港中旅集團總資產從320億元增加至350億元，淨資產從150億元增至170億元，銷售收入從260億元增至290億元，港中旅開始確立中國旅遊業的"一哥"地位。

　　經過在內地六年的擴張和併購，港中旅已經擁有港中旅、中國中旅、招商國旅這三個旅行社品牌。由於中國中旅近三百家地方旅行社中，只有

圖92　信德中旅船務管理有限公司擁有亞太區最具規模的高速客運船隊

圖93　深圳港中旅的國際公館項目

四十多家擁有資產紐帶關係，大多數屬於"加盟"關係，因此，港中旅開始着手整合，統一成立一個新品牌，將所有的後台採購、產品線路設計等專業業務統一，並分華北、華南、華東、西南四大區域公司進行管理，形成總社─區域公司─網點三級構架。

在"地網"即地面旅行社網絡的全國佈局完成以後，港中旅開始向"天網"發展，即建立旅遊電子商務線上平台。

2004年3月，港中旅投資3.5億元，籌建線上旅遊企業"芒果網"，建成了一個由電話呼叫中心、網站及其他IT接入方式組合成的非面對面的，為客戶提供以訂票、訂房為主打產品的旅遊網上服務平台。

"芒果網"於2006年3月正式運營，作為中國網上旅遊行業新興的綜合性旅行預訂服務提供商，為大中華區（內地、港澳台）的廣大客戶提供酒店、機票、度假等預訂業務及商旅管理、特惠商戶以及旅遊資訊在內等旅行服務，目前已與攜程旅行網、巨龍網形成三足鼎立的局面。

此外，港中旅還將地面旅行社的預訂業務資源整合到"芒果網"，實現與地面旅行社網絡的連接與客戶資料庫的統一，通過"天地整合"、互相支撐，發揮協同效應。

在併購旅行社的同時，旅遊配套產業酒店業也進行了擴張。以"香港中旅維景國際酒店管理有限公司"為平台，打造出了高檔的四、五星酒店的"維景國際"系列、綠色健康的特色連鎖酒店"旅居"系列和經濟型連鎖酒店"旅居快捷"系列三個系列品牌。

第三步，搶佔稀缺旅遊資源，打造"海泉灣"品牌。

港中旅於1980年代打造了華僑城"錦繡中華"、"中華民俗村"、"世界之窗"主題公園系列，引領了全國人造景觀十餘年熱潮後，過多的人造景觀模仿秀引發了"審美疲勞"和"消化不良"症，一些人造景觀粗俗、低劣，既不經濟，也不環保，因此，也不乏虧損關閉案例。

因此，港中旅瞄準了開發溫泉等稀缺、優質的旅遊自然資源，並將休閒度假、會議會展與旅遊結合起來，重點打造旅遊業務鏈上的高端產品、上游產品。於是，珠海海洋溫泉度假城誕生了。

珠海項目的最大特點是海洋溫泉資源。

2002年4月，港中旅與珠海市政府簽訂了在珠海市平沙鎮開發建設綜合性的海洋溫泉度假村項目的協議書。項目2004年11月正式啟動，總佔地面積達4.2平方公里，港中旅投資22億元開發第一期項目佔地90萬平方米，並於2006年1月正式營業。該項目是集溫泉沐浴、休閒度假、運動健身、美容購物、遊樂觀賞、體檢修養與會議會展於一體的新型度假城，超越了華僑城以遊玩觀賞為主的主題公園系列，甫一面世，就成為珠三角的知名新景區，僅2006年不到一年時間，共實現營業收入3.58億元，接待總人數302.5萬人次。

港中旅於2015年11月以4.19億元出讓海泉灣二期51%股權予恒大，進行合作開發，將聯手打造國民休閒度假景區。

第四步，搶佔稀缺旅遊資源，形成休閒旅遊度假目的地的全國佈局，打造“旅遊＋綠色＋地產”模式。

珠海海泉灣一期的成功，促使港中旅從2004年開始在青島、瀋陽、咸陽、蘇州等地圈佔土地，開始休閒旅遊地產的全國佈局。

在環渤海地區建設青島市東北即墨市溫泉鎮，一塊總佔地面積達2,900畝的土地，擁有近千米的沙灘及海洋溫泉兩個稀缺資源，計劃投資25億元，打造成一個集五星級酒店、國際會議、演藝、溫泉和海上活動於一體的休閒旅遊城和高級住宅區。

在長三角，除擁有上海匯麗花園外，還拓展了蘇州工業園9.6萬平方米土地以建設中高檔舒適型住宅社區。

在東北地區，擁有瀋陽棋盤山2.2平方公里的土地儲備，在瀋陽世界園藝博覽會會址規劃佔地188萬平方米，建設一個休閒娛樂旅遊和低密度高尚生態住宅區的歐陸風情小鎮。

在沿隴海城市圈，擁有陝西咸陽100畝地熱溫泉，打造以溫泉為核心的休閒旅遊度假目的地。

在西南地區，與貴州簽訂了自然景區開發協定，打造“中國第二個九寨溝”的自然新景觀。

從開發華僑城開始，港中旅就開始探索旅遊＋地產的開發模式；在全國佈局時，堅持地產跟着旅遊走，以旅遊帶動地產，以地產支援旅遊的思路，形成了港中旅獨特的地產開發模式。

在全國佈局之前，港中旅對存量土地的開發就已開始啟動。

港中旅的國際公館項目，是港中旅在深圳農科中心地塊的一塊沉澱多年的土地。2002年7月一期開始啟動，2003年5月甫一銷售，盛況空前，成為深圳當年最火爆的熱銷樓盤。2004年啟動第二期，2005年底銷售達97%，成為深圳香蜜湖片區的一個品牌樓盤。

2004年，港中旅還啟動了上海匯麗花園二期項目；次年，取得了銷售86%的良好業績。2007年下半年成功開售蘇州項目。

經過多年的整合和擴張，港中旅已擁有內地、香港、海外的地面旅行社、網上旅行社及酒店、景區、度假區、高爾夫、演藝、客運、旅遊地產等旅遊產業鏈的上中下游行業。

實業投資：鋼鐵與電廠

外界多不知全國最大的旅遊企業還擁有鋼鐵廠與電廠，而且實業投資收益和銷售額竟然支撐了港中旅的半壁江山。

港中旅早在1993年初投資唐山國豐鋼鐵廠，持有其51%的股份；1995年首次實現盈虧平衡；1996年，由於鋼材跌價，陷入虧損；1997年開始盈利；2003年，以國豐鋼鐵廠為主體，併購了唐山豐南地區的另外三家鋼廠，從而使合併後的國豐新鋼鐵廠達到年產400萬噸鐵、400萬噸鋼和360萬噸軋材的規模；2004年又投資22億元，於2006年建成1,450毫米連鑄連軋生產線，使國豐產品結構由帶鋼為主轉向熱軋板為主，從而完成由傳統工藝向現代先進工藝的轉型，並形成新的利潤增長點。

2007年，唐山國豐已成為中國最大的熱軋帶鋼生產商，截至2007年底，總資產139億元，銷售收入177億元，利潤22.75億元。

陝西渭河發電有限公司於1997年5月成立，由港中旅、華能、陝西秦龍電力三家投資興建，港中旅佔51%的股份，公司總資產54億元，是陝西乃至西北地方最大的一間外商投資的發電企業。2003年，實現銷售收入20.4億元人民幣，實現稅前利潤5.36億元，全年共發電63.63億千瓦時。

從 "再造兩個港中旅" 到打造中國旅遊業航母

在港中旅進入內地旅遊市場之前，中國國際旅行社、中國旅行社、中國青年旅行社三巨頭是中國旅遊業從業時間最長、佔有市場份額最大的旅遊機構。說是 "三巨頭"，最大的中國國際旅行社一年營業收入也就在20億元人民幣左右。港中旅進入內地旅遊市場尤其是併購招商國旅與中國旅行社之後，打破了內地 "三巨頭" 鼎立的局面，一躍成為中國最大的旅遊企業。到2007年，港中旅的主要財務資料發生了巨大變化：

資產規模從2001年總資產142億港元增長到2007年的370億元人民幣（折合400億港元）；銷售收入從2001年的56億港元，增至2007年的312億港元，其中旅遊業銷售收入佔30%，為100億港元；利潤總額從2001年的8.6億港元，增至2007年的38.6億港元。主要經營指標均增長了兩倍，用張學武董事長的話說，是 "再造了兩個港中旅"。[26] 而且，經過整合，經營業務從過去的十幾個行業，整合為旅遊、鋼鐵、地產、物流貿易四大板塊（"一主三支"）。員工規模從2001年的1.5萬人增至4萬人。

但是，即便已成為中國旅遊業 "一哥"，港中旅高層仍認為，公司

　　與世界一流旅遊企業相比，差距甚大──到2007年底，美國運通的旅遊銷售收入超過1,200億港元，德國途易集團（TUI）則超過2,000億港元，日本交通公社（JTB）超過840億港元，而港中旅同年的旅遊銷售收入僅100億港元。

　　此外，在管理與經營上的差距也很大。

　　美國運通是全球最大的旅遊服務企業，創立於1850年。在信用卡、旅行支票、旅遊、財務計劃及國際銀行業佔領先地位，是全球最大的獨立信用卡公司；還通過與微軟合作，領先開發了美國運通互動旅行（American Express Interactive Travel）網上預訂系統，開始從傳統旅行商向E化旅行商的轉型。

　　德國途易集團（TUI）是全球最大的縱向一體化旅遊企業，是歐洲最大的旅遊企業。途易是從工業集團（Preussag AG）發展而成的一個旅遊和航運集團，擁有3,500家分銷旅行社、逾120架飛機、279家酒店；年接待量超過2,200萬人次，資產總額超過130億歐元。途易主營業務是旅遊服務，其包價旅遊佔有了歐洲旅遊度假市場80%的份額，並擁有從航空運輸、酒店、旅遊批發、旅遊零售到旅遊目的地接待的完整旅遊產業鏈，還經營運輸業、石油及天然氣開採等。

　　日本交通公社（JTB）以擁有全世界規模之最的旅遊社著稱，擁有2,500家分支機構遍及187個國家及地區，經營旅遊觀光、休閒度假、飯店餐飲、會展、金融保險、地產、建築裝飾、教育衛生、技術情報、廣告娛樂、印刷出版、運輸物流及網絡等多元化業務，並於2008年3月開展了對外國留學生的有償家庭寄宿服務。[27]

　　與世界一流旅遊企業比，中國旅遊企業也擁有後發優勢，尤其是擁有快速增長的中國旅遊資源及旅遊人口優勢。

　　據統計，2008年中國旅遊總人數達到21.9億人次，旅遊總收入達到12,784億元，入境旅遊者達1.5億人次，旅遊外匯收入達520億美元。而且，隨着中國經濟的快速增長，中國已成為全球旅遊業發展最快、最具活力的國家，中國旅遊業排名已進入全球第五位，並追趕排名前四位的法國、西班牙、意大利和美國。預計中國將成為世界上最大的旅遊客源地和旅遊目的地。

針對全球和中國旅遊業的現狀和發展前景，港中旅在成立八十週年（2008年）時，提出了打造"中國第一、亞洲前茅、世界一流"的旅遊航空母艦的新目標。其後的目標為，到2010年，資產總額達700億元，銷售收入600億元，利潤總額50億元；其中旅遊主業佔銷售收入力爭達到35%，即達到210億元。

五　領軍承建與地產：中海系

中國海外集團（以下簡稱"中國海外"）是香港中資財團中從單一業務向有限多元化發展的最成功者之一。儘管它也跨出了建築與地產，投資基建，甚至投資了保險業，但其多元化沒有從根本上傷害到核心業務，從承建跨向地產，這是多元化成功的第一步，由此形成兩大核心業務，且地產、建築業務關聯度非常高，可相互支援，互為支撐。經歷幾十年風雨，如今已成為香港最大的承建商和中國地產業的領軍企業。

但是，中海在1998年卻沒有逃過亞洲金融危機、廣信危機和中資信貸危機。

雙重災區

從1997年10月開始，亞洲金融危機全面衝擊香港，香港陷入持續的經濟通縮和兩次經濟衰退。從行業來看，香港受金融危機影響最深、損失最大的就是地產業和建築業。從樓宇價格指數變化看，1997年，住宅和寫字樓的價格指數分別為163.1和213.1；到1998年底為117.1和134.5，分別下降了28.2%和36.9%；到2003年底，住宅、寫字樓的價格指數分別為61.6和62.5，比1997年分別下跌了62.2%和70.7%。而包括地盤及非地盤工人的建造業的失業率是所有行業最高的，在2003年曾創歷史新高，達19%。[28]

而從企業來看，亞洲金融危機使1996年開始的紅籌企業狂潮迅速冷卻，並進入漫長的下調通道，而廣信危機更導致了香港中資紅籌企業的全面信貸危機。

中國海外既屬於地產承建業，又屬於中資紅籌企業，可謂是陷入雙重災區。儘管沒有陷入普遍的香港中資存在的無限多元化、無限多極化投資中心的管理失控，但是在地產領域的投資失誤，卻幾乎將中海拖入絕境。

孫文傑並不避諱當年在投資決策上的失誤。

1997年上半年前，中國海外一切都彷彿順風順水。

銷售暢旺。中國海外在香港獨立開發的海昌商業中心、海安商業中心於1997年上半年全部售罄，海悅豪庭也在亞洲金融風暴來臨前售出了90%。

融資順利。中國海外通過貸款和上市公司融資等方式，1997年全年融資99億港元，比上年增長了2.1倍。

當時，香港順利回歸的喜慶氣氛和紅籌企業狂潮，掩蓋了悄然而至的危機，誰也沒料到這場危機會來得如此突然、涉及的範圍會如此廣泛、影響的時間會如此漫長。就連當時的行政長官面對已經來臨的金融風暴，也仍然堅信危機會很快過去。然而，歷史的事實是，這場金融風暴以及我所稱的"後金融危機時期"，一直延續到2003年。

1997年10月14日，也就是新生的香港特別行政區行政長官發表首份施政報告不到一周，同時也是國際炒家大舉攻擊港元聯繫匯率造成恒生指數暴跌逾千點的"黑色星期四"的前九天，香港特區政府舉行回歸以後的首次土地拍賣，中國海外牽頭，聯合大昌、僑光、菱光幾間公司拿下了屯門第407號地塊即"南浪海灣"項目，中國海外佔60%的股權，投資達29億港元。[29]

"中海人"後來發現，拍賣現場冷冷清清，香港一些大地產商並沒有參與這塊"回歸第一拍"的土地投標，只有中國海外和信和集團兩家參與，志在必得的"中海人"並沒有意識到這種異常冷清的背後，一場風暴正在席捲而來。

屯門拍賣土地後的第三天，香港股市開始暴跌，到10月23日"黑色星期四"，暴跌1,211點；到年底，恒生指數從最高峰跌去20.3%，物業價格隨之跌去25%。一些交了訂金簽訂樓宇買賣臨時協議的買家紛紛選擇"撻訂"（爽約退房，訂金被沒收），"撻訂"潮成為亞洲金融風暴後一道特殊的風景線。

面對急跌的樓市，中國海外也曾考慮以損失兩億港元訂金加入"撻訂"潮，最終，出於政治、經濟多重考慮，中國海外吞下了自釀的苦酒。"南浪海灣"，一個富有詩意的名字，竟吞噬了中國海外達20億港元的資金。

隨後，更大的風暴襲來。

1997年6月，由中國海外與香港百利得、富豪酒店等公司聯合投得的赤柱項目，計劃總投資74.9億港元，中國海外佔30%。1998年底，由於百利得出現財務危機，開始停止支付該項目的銀行貸款利息，構成貸款違約，銀行隨即停止赤柱項目提用建築貸款，導致該項目工程被迫停工。這就是"交叉違約"的結果。

按照香港銀行貸款的"交叉違約"的規定，當借款人公司內（包括聯營公司）的其他借貸方出現違約時，便構成此借款的交叉違約，銀行有權要求公司的所有借款立刻清還，而未提用貸款額度也都會被取消。

此時，廣信破產及粵海重組的危機已經爆發，信貸危機亦蔓延至整體的香港中資企業。

　　據統計，中國海外在1998-2002年間，在香港地產大幅下跌中，共計虧損了42.9億港元，其中地產公司佔了32.1億港元。[30]

　　正是在危機中，中國海外開始了新的突圍。

地產北上與行業領袖

　　中國海外在內地的地產源起深圳。

　　1988年8月8日，中國海外建築工程有限公司深圳分公司於1991年更名為"中國海外建築（深圳）有限公司"。同年9月15日，深圳公司參加深圳第一塊以美元作價編號為H118-5號地塊佔地面積為7,023平方米的國際招標，並以816萬美元中標。由於經驗不足，比另一家公司的報價高了近一倍，達400萬美元。這是中海建築深圳公司成立以來的第一個項目——海富花園；隨後又在深圳陸續開發了海麗大廈、海濱廣場、海連大廈、中海苑、中海麗苑、中海商城（深圳戲院）。

　　1998年是中國地產發展的一個標誌性年份。《國務院關於進一步深化城鎮住房制度改革加快住房建設的通知》明確提出，全國將從1998年下半年開始停止住房實物分配，逐步實行住房分配貨幣化。

　　這份文件的頒佈，標誌着中國從計劃經濟時代就已開始的延續數十年的福利房分配制度正式結束，一個商品房時代正式來臨，一個中國地產業和地產商大發展時代的來臨。

　　而此時，正是中國海外投資香港地產焦頭爛額的時候，它被迫進行戰略大轉移，從香港轉向內地，實行地產北上。誰知，這一次戰略大轉移，卻讓中國海外死裏逃生，並成就了一個中國地產行業領袖。真是失之東隅，收之桑榆。

　　1997年，由於中國海外投資地產的重點在香港，內地只是零星分佈在深圳、北京、上海、廣州等幾大城市，1998年內地銷售額達12.5億港元；

2000年，在內地加大投資力度，達87.69億港元；八個新開工項目都在內地，內地與香港的投資比例首次從3：7達到5：5。

從1998年開始，中國海外在深圳先後投資開發了位居深圳市中心區的中海華庭、中海怡翠山莊、中海陽光棕櫚園、中海深圳灣畔、中海怡美山莊、中海月朗苑、香蜜湖1號、中海怡瑞山居、中海半山溪谷、中海西岸華府、中海大山地、中海康城國際等項目，前後共21個樓盤。特別是2004年，中海聯手香港信和置業，以樓面地價7,480元/平方公尺、總價9.5億元人民幣的歷史高價投得深圳香蜜湖 "九萬三" 地塊，創下了當時深圳樓面地價的最高紀錄。中國海外將之命名為 "香蜜湖1號" ，以打造成香蜜湖地區的高檔別墅區。這個樓盤創造了銷售總價領先，成為行業的風向標，並獲得聯合國頒發的 "全球最佳人居環境社區獎" 等多項獎勵。

深圳是中國海外內地地產業務總部所在地和大本營，中國海外以深圳為重點，迅速向珠江三角洲、長江三角洲、環渤海與全國其他地區進行擴張和佈局。

在珠江三角洲，中國海外在廣州投資開發了珠江新城的錦城花園、中海名都、中海藍灣、中海觀園等六大項目；在中山投資開發了佔地450畝的 "中海翠林蘭溪園" ，體現了 "在森林公園裏建小區" 的特色；在佛山也投資了項目。

在長江三角洲，早在1990年，中國海外就開始涉足上海房地產市場，在上海盧灣區斜三地區投資開發了海華花園，後來又先後開發了中海海悅花園、中海和平花園和新天地附近六十萬平方米舊城改造項目；在南京，開發了法式風格的中海塞納麗舍；在蘇州，打造了意大利式風格的中海半島華府；在寧波也投得一塊達550畝的地塊。

在環渤海地區，中國海外先後在北京投資開發了中海雅園、中海紫金苑、中海馥園、中海楓漣山莊、中海凱旋豪宅、中海安德魯斯莊園、中海海洋花園、中海天地和中海廣場等項目；在天津和山東等地也曾有涉足。

圖94　香蜜湖 1 號是中國海外與香港信和置業合作在深圳開發的一個高檔別墅項目，除創下當時深圳樓面地價的最高紀錄，更獲得聯合國頒發"全球最佳人居環境社區獎"等多項獎勵。

圖95　2001年，孫文傑榮調北京後，升任中國建築工程總公司總經理，並兼任中國海外董事長至2010年退休。

中國海外還進軍成都、長春和西安，挺進西南、東北和西北地方。在成都，曾與信和置業聯手以10.866億元投得一塊佔地1,811畝的 "成都地王" ，建成中海國際社區；在長春，結合東北氣候等特點打造了中海‧水岸春城；在西安開發了西安首席威尼斯高尚風情社區——中海華庭。

2001年，孫文傑榮調北京，升任中國建築工程總公司總經理，並兼任中國海外董事長至2010年退休，孔慶平繼任中國海外常務董事、總經理（2001-2002年），後任副董事長。

在向內地地產大舉擴張的同時，中國海外也在整合內地分散的地產業務。第一步是以深圳公司和北京公司為基礎，整合成中海地產（股份）有限公司；第二步爭取在上海上市。誰知，這一整合方案剛進行第一步，就引發了一批業務骨幹的 "嘩變" ，配合萬科集團的 "海盜計劃" ，一批中國海外的骨幹變成了 "萬科人" 或 "合生創展人" 。

在推進第二步上市時，也遇到了新的難題。中國海外集團在內地的地產擴張主要是通過中國海外發展有限公司（以下簡稱 "中國海外發展" ）及其子公司中海地產股份有限公司兩個平台進行，由於受關聯交易和同城同業競爭的限制，資金充足的中國海外發展沒法直接進入中海地產股份已經進入的北京、深圳等地，而中海地產股份也不能涉足中國海外發展進入的上海、廣州區域。中海地產股份受到資金不足的限制，中國海外發展卻不能直接借錢給中海地產股份，僅可以作為股本投資，但一旦注資，重大資產發生變動，又要三年以後方可上市。

為了解決這一矛盾，中國海外最終放棄了中海地產股份的內地上市，這樣，中國海外發展就可通過注資，讓中海地產股份的負債降下來，擴大其資產規模和融資能力，為進一步擴張打好基礎。

從1998年回師內地開始，經過四到五年的擴張和全國佈局，中海地產已搶佔先機，迅速發展成為屈指可數的跨地域的年銷售額超過200億元的全國性知名地產品牌；在22個城市進行房地產開發，並在十餘個城市佔據

了市場領先地位，已完成和計劃投入的房地產投資額超過1,000億元，開發
總量（含已建成、在建和即將開發的）超過2,500萬平方米，擁有土地儲備
超過2,000萬平方米。從2004年開始，先後獲得由國務院發展研究中心、清
華大學組織評選的五屆"中國房地產行業領導品牌"、"中國房地產開發
百強企業綜合實力第一名"，成為中國房地產企業名副其實的行業領袖。
與地產相關聯的中海物業、中海華藝設計也都在物業管理、建築設計領域
創出了自己的品牌。

　　在搶佔內地市場的同時，香港地產經歷了漫長而痛苦的調整後，隨
着CEPA的簽署也開始復甦。中國海外在香港的赤柱富豪海灣、雅利德樺
台項目在2004年銷售速度、價格都出現了較大的回升。於是中國海外又於
2005年先後在粉嶺及九龍等幾處地方儲備土地。與此同時，中國海外瞄準
了澳門發展博彩業、旅遊業和地產業的機遇，進軍澳門地產市場。於2004
年投資開發了澳門"寰宇天下"項目，投資總額15億港元，建築面積共計
18萬平方米。該項目於2005年國慶開盤，創下兩天售出230個單位的成交新
紀錄，成為當年澳門房地市場的最大亮點。

承建線：走出香港與分拆上市

　　中國海外以建築承包起家，1991年就連年獲得"香港十大最佳承建
商"；並先後承建了香港新機場客運中心大樓、昂船洲海軍基地等標誌性
建築。到1997年，以中海發展的市值計，是香港最大的建築公司，奠定了
香港承建業的"一哥"地位。

　　承建是一個微利的行業，在地產暢旺的時候，承建業的盈利幾乎微
不足道，然而在中海地產亞洲金融風暴中遭遇重創的情況下，中國海外
憑藉着品牌和實力承建了上水屠房、伊利莎伯醫院手術大樓、調景嶺場
地平整、葵涌石籬邨八期工程等大型項目，支撐了中國海外的業務正常

運營，從而為贏得銀行貸款的放貸和展期，確保中國海外在金融風暴中現金不斷流提供了保證。1997年，中國海外承建新工程41項，成交額達91.21億港元。隨後，2001年，中國海外又拿下了合約總值20.87億基建項目，然後又接連取得多項工程合約，其中香港迪士尼項目成為中國海外在香港取得的又一個標誌性工程。此外，中國海外還承接了香港警察總部三期、馬料水科學園、香港建築署以及東鐵（前稱"九廣鐵路"）工程等項目。然而，在亞洲金融危機及後金融危機時期的漫長的六年時間，隨着地產業遭遇重創，建築業其實也成為香港重災區之一：基建投入量逐步萎縮，發包工程持續減少，房屋工程標價一跌再跌，承建利潤持續下降，建築業的邊際利潤只有3%左右，從而導致建造業的失業率成為全行業最高（19%）。

據估計，當時整個香港建築市場合約總額每年大約為800億港元，中國海外承建大約佔有6%-8%的市場佔有率，每年可以拿到60億港元左右的合約額[31]。為了市場佔有率，中國海外也不得不低價搶標，因此難免項目虧損。即使如此，要實現年度百億合約額的目標，在香港經濟低迷的勢態下，中國海外必須走出香港，開闢更廣闊的市場。

第一步，從香港延伸至澳門。中國海外在地產進軍澳門的同時，承建也大步進入澳門。2004年，中國海外聯手澳洲禮頓拿下了來自拉斯維加斯的美資永利度假村酒店，這一年中國海外在澳門取得了317億港元的合約額。在此前後，中國海外還在澳門承建了澳門葡京大酒店、澳門路氹邊檢大樓、澳門旅遊塔會展中心、澳門東亞運動會體育館等。此外，中國海外從管理體制上將澳門承建業務併入香港市場，組成港澳承建線進行統一開發管理。

第二步，進入內地市場。按照過去的行政分區，中國海外承建主要拓展港澳及海外市場，而內地市場則由中國建築工程總公司及其各工程局承攬，如此則意味着中海失去了內地大市場。隨着中國市場經濟的發展，這

圖96　中國建築國際集團有限公司於2005年7月8日在香港
聯交所主板成功上市

圖97　上水屠房

種行政分區的方式被市場化逐漸取代，加之香港市場的萎縮，促進了中海承建向內地市場的進軍。

2000年中國海外以中海建築（國內部）為平台，開始在內地從事承建業務，以外資建築企業身份，以單項施工資質的方式承接工程。

2000-2003年期間，獨立承接了廣州新白雲國際機場航站樓工程、機場酒店工程、廣州捷普電子工業廠房、深圳業聚醫療器械廠房，並開始承接中海自身地產業務線的工程，如深圳怡翠山莊等。

2003年4月，中建總公司將中建珠海建築公司劃歸中國海外集團管理，並與中海建築（國內部）合併，更名為"深圳市中海建築工程公司"（2007年納入中國建築國際集團）。擁有了內地的房屋建築工程總承包一級資質和地基及基礎工程專業承包一級資質，標誌着中海集團正式擁有了在內地開展承建業務的平台。

隨後，從2004年開始，承建了廣州琶州香格里拉酒店工程、深圳福田香格里拉酒店及嘉里建設廣場、北京香格里拉飯店三期，向高檔酒店承建領域拓展。同時承建中海地產的住宅工程：怡美山莊、月朗苑等，並向珠江三角洲、環渤海、西南等地區拓展，基本形成了承建業務的全國佈局。

第三步，走向國際市場。中國海外本來就承擔着中國建築工程總公司在海外拓展的使命，但早年曾嘗試拓展北美市場而未果。進入新千年，以石油起家的中東阿拉伯世界，在短短幾十年時間，就冒起了令世人刮目相看的國際性城市——杜拜，作為中東的國際性金融、旅遊中心，每年產生300億-500億美元的承建合約額。作為一個新興的承建市場，中國海外承建線於2004年8月在杜拜成立分公司，並聘請一個在當地有七年多工作生活經歷的英國人任職總經理，陸續取得有關房屋工程施工牌照和一般道路橋樑工程施工牌照。2005年5月，杜拜公司以6.68億港元中標Armada Touwers工程；同月，中國建築（香港）又參與了由亞洲開發銀行參與融資的全長54公里的印度東西橫貫公路76號省道工程招投標，並以6.05億港元一舉中標，這標誌着中國海外承建線的海外經營正式開始。

在大規模擴張的同時，中國海外亦開始在資本市場大展拳腳，將承建業務線從中海發展分拆上市，打造中海系地產旗艦和承建旗艦。

1979年誕生於香港的中國海外，其全稱就是"中國海外建築有限公司"。由於它規模小，最初只是一個小小判頭（包工頭）而已，也無法申領相關高級別施工牌照，於是擬以中國建築工程總公司名義在香港申領五個最高級別的施工牌照C牌，從此就誕生了中國建築工程（香港）有限公司。1992年，為了重組中國海外發展有限公司上市，中國海外建築有限公司承建業務注入了中海發展，於是中國海外集團的承建業務一塊在上市公司，一塊在非上市板塊，為了確保上市公司的經營業績，擁有5C牌照的中國建築（香港）公司每年向上市公司上繳一定的管理費用。

亞洲金融風暴之後，香港中資企業如華潤集團、招商局集團都在探索以上市公司為平台進行專業化經營，以提升上市公司的市場價值。中海發展在經歷全國範圍的地產擴張後，作為中國海外的地產線的上市旗艦，無疑是名副其實的。

而承建線也需要通過資產及業務構架的整合建立一個新的上市平台，推進承建線的專業化經營。於是將中海發展中的承建業務剝離出來，與中國建築工程（香港）公司兩塊業務整合到一起，註冊成立中國建築國際集團有限公司（以下簡稱"中國建築"），於2005年7月8日在香港聯交所主板以介紹形式成功上市（股票代號：3311）。7月14日，中國海外的三億美元七年期債券亦在聯交所正式掛牌交易，交易代碼為2521。

中國建築上市後，中國海外又先後於2006年、2007年將澳門承建業務、內地承建業務注入中國建築，中國建築進一步壯大，截止於2008年底，實現營業額110.21億港元，股東應佔溢利為4.89億港元。[32]

尚未成型的基建實業線

中國海外無疑是香港中資企業裏專業化經營最成功的企業之一。但是大多數企業都很難不跟着市場走，在多元化浪潮中，中國海外當然也相信，不能把雞蛋放在一個籃子裏，何況中國海外涉足的是高風險的行業：地產、建築業。於是，中國海外也走出承建、地產，邁向路橋、電力等基建，以及礦業、IT產業甚至金融等產業。

1990年代，李嘉誠等華資大亨開始在內地大規模投資路橋基建。中信泰富、招商局等中資也在大規模地跟進這一產業領域，路橋基建，投資大，但收益穩定，何況當時大多是由當地政府"固定回報"13%-15%，而且現金流量大，更重要的是資本市場追捧基建概念。

1996年12月，中海發展收購南寧四橋一路，並由南寧市政府承諾"固定回報"。1997年7月，中國海外再次收購柳州六橋一路，以及桂林環城公路與梧州京南水電站，廣西四個項目實際完成的投資10.3億，每年回收的現金流有1.72億元，有力地支持了艱難的歲月。

全球新經濟浪潮與IT產業熱，使香港資本市場追捧網絡概念。2000-2001年，中國海外參與了組建經營中國採購招標網、中國衛星寬頻網絡有限公司。隨着全球科網泡沫的破滅，短期的網絡炒作而沒有業績支撐的，大多是潮來潮去，中國海外也不例外，2001年後，已經沒有人願意談網絡概念了。

2003年，中國海外成立"中國海外實業有限公司"，開始回歸打造基建實業；3月，以4,008萬美元，收購江西南昌大橋56%的權益及22年收費經營權；5月，佔有全國黃金總儲量六分之一的山東萊州金倉礦業股份有限公司正式成立，中國海外投資了7,400萬元控股55%（後以2億元轉讓）；

11月，斥資2.1億元，收購瀋陽皇姑熱電有限公司。2004年8月，收購江蘇黃橋熱電廠；11月，中海實業旗下之中海物流，收購山東萊州港和海廟港100%的權益；12月，收購南京長江二橋公司65%的權益。2008年，中國海外擬投資30億元在珠海建輕軌前山車站和配套設施。經過幾年的擴張，中海實業於2003年、2004年和2005年的淨利潤分別為1.2億港元、2億港元和3億港元。

　　按照中國海外的戰略構想，擬打造地產線、承建線以外的第三條基建實業線，並推進基建板塊的上市。但由於基建業務分散在中海發展和母公司中國海外其他子公司名下，為了推進中海發展地產專業化經營，在2008年，中海發展以兩億港元將旗下南昌大橋業務轉讓予中國建築國際集團，又以13.28億港元將所屬中國海外基建公司所持中國港口投資業務轉讓予母公司中國海外集團。即使如此，中國海外第三條業務線基建線仍未完成整合，現在看來還需假以時日。而且，如圖表8-11所示，中國海外三塊核心業務之外的整合也未完成，企業構架還應當適當"瘦身"，一些非核心業務還需要進一步整合。

再造目標的實現與中海優勢

　　從2001年開始，中國海外開始了第三次戰略調整，[33]通過在內地的大規模的地產投資擴張和全國佈局，建立起中海在中國地產業的領導地位，從而完成了中國海外的一次全新的"再造"。中國海外在香港回歸十週年時將2001年與2006年作一比較，提交了如下的成績單：

　　營業額從114億港元增長到243億港元，增長一倍多；淨利潤從2001年的2.79億港元增長到30.52億港元，增長近十倍；總資產從2001年183億港元增長到459億港元，增長1.7倍。淨資產從2001年的85億港元增長到152億港元，增長約79%。回報率方面，總資產回報率從2001年的3%提升到近7%，股東資金回報率從2001年的7%提升到近22%。以上數字說明，在過去的幾年裏，"中國海外"經過艱苦的戰略調整，集團整體經營上了一個新的台階，已經再造了一個"中國海外"！[34]

到2008年，儘管經歷了全球金融海嘯，但中國海外無論經營規模，還是盈利水準，仍然保持了穩步增長。2007年與2008年，僅上市公司中海發展的淨利潤就分別達到41.80億港元和50.49億港元，[35]分別是2006年中國海外的1.37倍和1.65倍。

2009年6月，在中國海外三十週年慶祝酒會上，該集團的副董事長孔慶平宣佈：截至2008年底，累計承接各類工程816項，合約總額1,658億港元；發展房地產、投資基建及實業239項，計劃投資額2,008億港元；完成營業額2,419億港元；資產總值997億港元，資產淨值318億港元。實現中國海外集團總資產、總市值雙千億港元。[36]

然而，說到中國海外集團，總要牽涉到萬科集團，與後者相比，前者具有什麼樣的特色和優勢呢？

無疑，中國海外集團與萬科集團都是中國綜合實力最強的地產公司，無論是規模、盈利能力、品牌價值，目前都代表了中國地產開發的最高水準，都被評為中國房地產行業領導品牌、中國最受尊敬企業、中國房地產百強企業綜合實力TOP10等。

圖表8-12反映了中海發展與萬科這兩個上市公司2004-2008年的基本資料。

第一，規模性指標，包括營業收入、總資產、銷售面積、銷售金額等。規模可衡量一個企業在市場的佔有率和行業的影響力，規模性指標基本決定了這個企業在行業的領導力和排名地位。

圖表8-11　中國海外集團組織結購

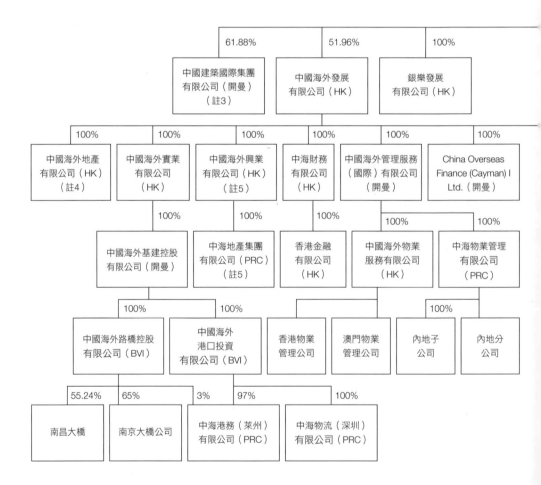

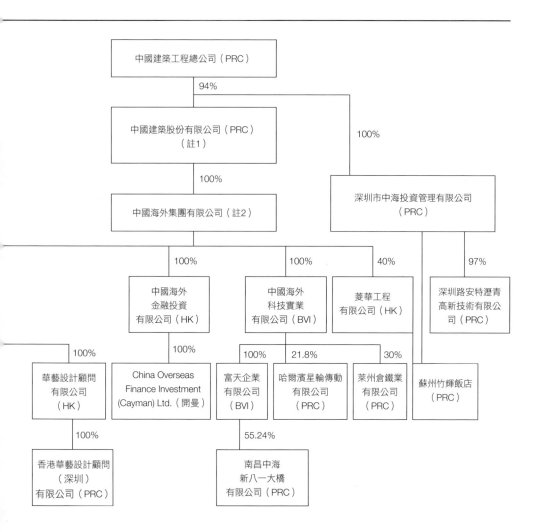

資料來源：中國海外網站。

註1：2009年正申請公司上市，上市之後，持股比例有變化。（本圖表資料截至2009年）

註2：截至2008年6月30日，集團下有大小公司366家；境外（包括港澳）222家、內地144家。

註3：是上市公司，目前於香港、澳門、杜拜、印度、中國內地等地從事房屋、土木、基建、機電
等工程總包、保險及建築。

註4：於香港、澳門從事地產發展，包括持有中海大廈等長線物業。

註5：於中國內地的地產發展包括北京、深圳、南京、長春、西安、蘇州、成都、佛山、中山、上
海、廣州、寧波、重慶、杭州、珠海、天津、大連、瀋陽、青島及濟南。

圖表8-12　中國海外發展與萬科主要財務資料比較表

（中海發展：港元；萬科：人民幣）

科目 \ 年份 公司名稱		2004	2005	2006	2007	2008
營業收入	中海發展	50億	70億	109億	166億	189億
	萬科	76.7億	105.6億	179億	355億	410億
利潤總額	中海發展	14.1億	20.56億	30.59億	66億	86.23億
	萬科	12.60億	19.76億	34.34億	76.42億	63.22億
淨利潤	中海發展	10.74億	15.35億	23.71億	41.80億	50.49億
	萬科	8.78億	13.50億	24.22億	53.18億	46.40億
總資產	中海發展	214.10億	251.40億	358.54億	645.21億	855.76億
	萬科	155.34億	219.92億	499.20億	1,000.09億	1,192.37億
淨資產	中海發展	95.72億	107.80億	148.89億	257.90億	328.84億
	萬科	62.02億	83.10億	149.29億	292.79億	318.92億
股東資金 平均回報率	中海發展	12.06%	14.51%	17.87%	20.03%	16.97%
	萬科	14.16%	16.25%	14.48%	16.55%	12.65%
銷售面積	中海發展	86萬m^2	121萬m^2	172.4萬m^2	216.1萬m^2	270.9萬m^2
	萬科	163.8萬m^2	231.8萬m^2	322.8萬m^2	613.7萬m^2	557萬m^2
銷售金額	中海發展	54億	95億	142億	223億	266億
	萬科	91.6億	139.5億	212.3億	523.6億	478.7億
土地儲備	中海發展	934萬m^2	1,075萬m^2	1,523萬m^2	2,358萬m^2	2,484萬m^2
	萬科	844萬m^2	1,209萬m^2	1,857萬m^2	2,163萬m^2	1,793萬m^2

資料來源：《中海發展年報》、《萬科年報》（2004-2008年）。

　　從總資產規模看，中海發展於2004年的總資產是214.1億港元，萬科是155.34億元人民幣，中海發展高於萬科；從2006年開始，萬科開始發力，超越中海發展，2006年萬科達到499.2億人民幣，中海發展為358.54億港元；2007年，萬科首次突破千億大關，中海發展為645.21億港元；到2008年底，萬科總資產達1,192億元人民幣，中海發展為855.76億港元。按1：0.88元匯率計，萬科是中海發展的1.58倍。

這裏需要說明的是，這只是用中海發展（包括地產、物業和部分基建等業務）與萬科集團比較，中國海外尚有承建線上市公司中國建築國際集團以及非上市板塊等，加起來，中國海外的總資產規模（997億港元）與萬科的差距略小。也就是說，從總資產規模看，萬科是後來居上。

從營業收入、銷售金額來看，萬科與中海發展從50億元到突破100億元，均只用了不到三年時間。從2003年開始，萬科開始超越中海發展，到2008年底，萬科的營業收入為410億元人民幣，是中海發展189億港元的2.47倍；萬科2008年的銷售金額為478.7億元人民幣，是中海發展銷售金額266億港元的2.05倍；萬科2008年的銷售面積為557萬平方公尺，是中海發展銷售面積270.9萬平方公尺的2倍。據萬科2008年年報稱，萬科佔全國商品住宅銷售總額的2.34%，逐漸接近其3%的市場佔有率目標。萬科從市場規模上，已經超越中海，成為中國地產界的“一哥”。

第二，盈利能力指標，包括利潤總額、淨利潤、淨資產回報率等。從利潤總額和淨利潤看，在萬科資產規模大幅超過中海發展時，中海發展近五年的利潤總額和淨利潤與萬科接近；甚至在金融海嘯肆虐的2008年，在萬科的利潤總額和淨利潤都分別比2007年下降17.3%和12.7%的情況下，中海發展的利潤總額和淨利潤反而分別增長了30.7%和20.8%，凸現了中海發展穩定持續的盈利能力和成本控制能力。從上一次亞洲金融風暴中死裏逃生的“中海人”，顯然在大規模擴張的同時更加穩健，注意了風險的控制。在2007年地產高峰期，萬科高價拿下的多塊地王，在2008年地產市場暴跌的形勢下，為此付出了12.3億撥備，並直接影響了9.2億元稅後利潤，這是萬科盈利下降的主要原因。

從這五年淨資產回報率看，前兩年萬科高於中海發展，後三年，中海發展均高於萬科。雖然，金融海嘯導致兩間公司回報率下降，但中海發展在2008年仍比萬科高四個百分點。中海發展以承建出身，成本預算和控制非常到位，應高於萬科。

　　第三，成長性指標，包括銷售收入增長率、房屋銷售面積增長率、土地儲備面積、規劃專案建築面積。從銷售收入增長看，中海發展在2004-2008年的五年中保持了年均50.4%的增長；從銷售面積增長看，中海發展保持了年均41.4%的增長；土地儲備面積看，中海發展保持了年均29.2%的增長。但是，萬科在經歷了幾年的高速增長後，2008年銷售收入、銷售面積、土地儲備面積都分別下調了9.2%、8.6%和17.1%，這也直接導致了萬科當年盈利指標的下調。正是因為中海保持了穩健的擴張和嚴格的成本控制，在金融海嘯肆虐的2008年，當大部分地產公司都停止拿地時，中海發展還新增了279萬平方米的土地儲備，體現了一種反週期擴張能力。

　　綜合以上分析，這五年來，中海地產、萬科地產均已發展成為全國性地產巨頭，成為地產行業領袖。萬科規模更大，但中海的盈利指標、成長性指標比萬科更穩健，尤其是在金融海嘯面前，仍能保持穩步增長，彰顯出中海發展的抗風險能力。

　　業界常用“文科萬科，工科中海”來概括兩者的優勢和特點，這是不無道理的。

　　從兩個公司進入房地產業的時間來說，中國海外進入更早，可以追溯到1981年的開發深圳“海豐苑”；而且，中國海外作為一個傳統建築企業，與房地產的關聯度高，技術支援強，從承建轉向地產，轉型的技術難度小，工程技術始終是中海的強項。萬科王石以貿易起家，憑藉的是敏銳的市場意識；萬科開始做地產是在1980年代後期，1990年代開始“做減法”，專注向地產尤其是住宅地產轉型。因此，市場營銷一向是萬科的強項。

　　中海地產擁有從設計、施工、材料採購、成本預算、營銷到售後服務和物業管理的完整的房地產業鏈，具備人才優勢和資源優勢，可以覆蓋房地產開發全流程。但如果與萬科比較，中海地產的優勢更凸顯在房地產開發流程的中上游階段，主要是施工技術、地盤管理與合約分判以及成本預算控制，而萬科則突出在上游設計與下游營銷服務。

由於中國海外集團背靠中國建築工程總公司，又擁有香港上市公司中國建築國際集團的承建業務線，因此，中海地產與大多數房地產企業的不同之處是，很大程度上，自己拿地、自己開發、自己施工；強大的施工技術資源優勢，則使中海地產的產品質量得到根本保證。中海地產產品也許不一定好看，但一定好用、耐用，中海地產的品牌價值，無疑源於產品質量，這也是"工科中海"的來歷。

由於起家於建築承包企業，因此，地盤管理（專案管理）是中海的又一大優勢，尤其是中海地產發端於香港，很早就借鑒了香港的地盤管理經驗，對地盤管理的全過程如質量交底、工序檢查、隱蔽驗收、檢驗試驗、成品保護、竣工驗收等方面均有嚴格的程序控制與管理；中海特別強調一磚一瓦、一筋一泥、一樁一柱、一樓一區的細節管理，在香港地產專案管理上形成了地盤經理（派出專案經理）與地盤代表（香港當地聘任員工）的雙重管理制度。這一套地盤管理經驗被概括為"過程精品，樓樓精品"理念。

由於起家於承建商，這種被香港習慣稱為"判頭"（包工頭）的身份，在長期磨煉中形成中海的另一大優勢——合約分判。中海作為承建商，通常是總包身份，如何選擇分包商，如何實行邀標（邀請投標單位）、議標（價格談判）、定標"三權分立"，如何進行材料及其樣板選型、部品選購、製作供應商名錄以及實行集團式採購及其工程量清單及成本預算，中海都形成自己的專業優勢和實踐經驗，這一優勢確保了中海地產在產品質量和成本控制處於行業領先地位。

萬科的產品設計往往充滿了創意和文化底蘊，加上營銷包裝、知名度很高，而且在流程管控、標準化與住宅工業化上有超前探索，也體現了引領行業發展方向的領袖價值；而中海地產則往往樸實無華，質量至上，經久耐用。中海施工技術、地盤管理與合約分判的幾大優勢，使包括萬科

"海盜行動"在內的挖牆角行動，往往針對的就是中海地產人才，特別是地盤經理（專案管理）、預算員等專業人才。

中國海外的企業文化源於中國建築工程總公司，後者的基建工程兵隊伍為中國海外帶來了強烈的軍營文化特色，吃苦奉獻、服從鐵的紀律曾經是中國海外"鐵軍"早期在香港立足的精神資源，加之大量的工民建、土木工程等工科專業的科班工程技術和管理人才優勢，形成了中國海外低調內斂、嚴謹樸實、克勤克儉的文化風格和品質，這與激情、張揚、浪漫而靈動的萬科文化，構成了中國地產界互補又相容的兩種企業文化景觀。

2007年底，中海發展躋身香港恒生指數成份股行列，成為唯一的中資地產藍籌股和紫籌股；同年，中國海外的母公司中國建築工程總公司進入《財富》雜誌評選的世界五百強。

六　中國最大的航運鉅子：中遠系

從上世紀六七十年代開始，當一些世界著名的航運鉅子如包玉剛、董浩雲家族面對世界航運市場的巨大週期性風險紛紛選擇登陸上岸時，中遠開始啟航遠洋，並填補了包氏、董氏退出的空間，撐起了香港航運業的一片天空。中遠踏遍五大洲、四大洋，21世紀初抓住新世紀週期性機遇，迅速崛起，發展成為中國最大、世界上僅次於馬士基的全球第二大航運企業集團，成為中國航行於世界的一塊"移動的國土"。

再造的起點："兩個轉變"的提出

1998年11月，亞洲金融風暴尚未過去，香港中資信貸危機正在爆發，有過三十年以上航運生涯的魏家福接過了中國遠洋運輸（集團）總公司的帥印，成為了中遠集團的掌門人。

在香港中資紅籌企業熱潮中，中遠集團按照"下海登陸上天"戰略，經過了一輪多元化擴張後，在亞洲金融風暴香港中資企業信貸危機中，也遭遇了資產大幅縮水、面臨巨大還貸壓力的困境。

為此，中遠集團於1999年，聘請國務院發展研究中心一批專家經過長達八個月的調研，形成了一個新的戰略報告，濃縮為兩句話就是：從全球航運承運人向以航運為依託的全球物流經營人轉變，從跨國經營向跨國公司轉變。這就是"兩個轉變"的戰略。

中遠集團是從計劃經濟時代開始遠洋運輸的，幾十年來按"全球航運承運人"定位，即按照"貸款買船，盈利還貸，滾動發展"的思路發展。但是，從全球各大航運公司的業務和資本結構的研究中發現，如果70%的資本通過買船投在航運業的中游開展海運，回報率只有6%；而如果將資本投在航運產業鏈的兩端，如集裝箱生產或倉庫、碼頭的航運業上下游產業領域，回報率可高達25%以上。也就是說，中遠集團拿着6%的回報率為別人服務，而別人卻拿走了25%以上的回報率。

所以中遠集團不能僅做單純的"鈎對鈎"的傳統航運承運人。即傳統的航運是從裝貨港出貨，吊機的鈎子將貨物從碼頭吊起來裝到船上，到卸貨港鈎子從船上將貨物吊起來放到岸上，即完成了遠洋運輸的流程，而這一段流程恰恰是投資最大（買船）、風險最大（海上風險等因素）而回報率最低的。

必須向以"門對門"的全球物流經營人轉變。也就是說，必須負責貨物從"出廠門"到"進家門"的全流程供應鏈管理與服務，包括貨物出廠後的汽車運輸、火車運輸、內河運輸等多式聯運，以及享有保管等倉儲服務，並辦好報關等一切手續，一直送到客戶家裏。全流程供應鏈管理與服務將傳統的海運優勢與物流運輸優勢結合，搶佔了"高利潤區"。

"全球物流經營人"的提出，意味着中遠集團已經開始修正過去那種無限多元的"下海登陸上天"戰略，開始集中發展航運和物流主業，並向縱橫兩軸延伸，實現 "適度相關多元化"：在縱軸上，從航運向上下游兩端延伸，提升全球範圍的流程供應鏈整合競爭力；橫軸上，提升與航運相關的集裝箱、乾散貨、油輪和特種運輸等幾大船隊的綜合競爭力。魏家福將這一戰略轉變稱為 "行業的系統集成者" 定位。

另一個戰略目標就是，實現從跨國經營到世界級跨國公司的轉變，進入世界五百強。

中遠集團從誕生那天起，就開始了遠洋運輸和跨國經營，但這並不意味着已經成為跨國公司。按照魏家福的理解，跨國公司需要具備三個硬指標：主營業務收入的一半要來自海外；企業的純利潤的一半要來自海外；人員構成的一半要來自海外。

根據 "兩個轉變" 的戰略，按照 "適度相關多元化" 的產業發展思路，從1998年至2000年，中遠集團開始了對產業格局的調整和資產及管理架構的重組。

在產業調整上，強調鞏固航運業，調整陸上產業，發展物流產業，對現有產業進行梳理，打造 "一主（運輸業）、兩重（航運業和物流業）、五支柱（貿易、工業、上市公司、金融、IT產業）" 的產業發展格局，逐步淡出房地產、旅遊等非核心、非相關業務。

資源分散、經營分散、管理分散的歷史痼疾，導致中遠的資金回報率低於同行平均水準，於是中遠集團開始了新的資產管理重組和管理架構的重組，以整合資源，實現資源的優化配置。

以 "做強班輪，壯大物流" 為目標，中遠對班輪和物流業務單元進行了重組，如將原來的班輪業務分散經營、各自為政改革為全球營銷一體化。中遠集團在全球擁有近千家成員單位、八萬多名員工，僅全資船公司在中國本土就分散在廣州、上海、天津、青島、大連、廈門、香港等地，於是先後整合成立了集裝箱、乾散貨、油輪和雜貨特種船等四家專業化船隊，形成船隊專業化、規模化經營格局。

　　航運主業的重組，體現為對中遠香港航運公司與深圳遠洋運輸公司的"港深一體化"重組，並以深圳遠洋公司為平台，組建中遠沿海運輸船隊，挺進中國沿海運輸市場；2003年，船隊抓住"北煤南運"機遇，迅速發展為中國第二大沿海運輸船隊。推進集裝箱海外網絡的一體化重組，推進海外機構的整合，進行全球化佈局。開展海外區域公司和內地專業公司的條塊"矩陣管理"改革，擴大海外經營網絡，以日本、韓國、新加坡、北美、歐洲、澳洲、南非和西亞八大區域為輻射點，以船舶航線為紐帶，確立樞紐港戰略，建立區域公司和分支機構，形成遍及世界160個國家和地區的一千三百多個港口的跨國經營網絡。運用IRIS-2集裝箱運輸系統、SAP財務資訊系統和全球航海智慧系統，打造"數碼化中遠"，實現全球公司資訊化管理。同時引入美國通用電氣的六西格瑪先進管理經驗，以全球最大的馬士基海陸公司為標桿，實行對標管理，採取船舶大型化和規模化，確立樞紐港戰略等重大措施。

5：4：1戰略：再造"資本中遠"

　　航運業是資本密集型行業，中遠集團要做強做大，必須實現從管理國有企業到經營國有資本、從擁有國有資產到控制國有資產的巨大轉變。逐步實現中遠集團的5：4：1的資本結構，即企業發展資金50%來自資本市場，40%來自銀行，10%來自自身積累的合理資金來源結構的目標。

　　中遠集團實現控制、放大資產經營，主要循三種基本路徑：股權性控制與放大；債務性控制與放大；非股權性、非債務性控制與放大。[37]

1. 股權性融資：海內外上市

早在20世紀90年代，中遠集團就開始了資本運作。

1993年，中遠集團通過收購當地一家上市公司，實現中遠新加坡船隊的上市。2004年，又將中遠船務注入中遠投資（新加坡）公司（COSC.

圖98　珠江三角洲的大型集裝箱碼頭

圖99　中遠大廈

SI），使之股權多元化；同年3月1日，中遠投資成為新加坡海峽時報指數成份股，是中遠集團旗下從事航運、修船業務的新加坡公眾上市公司。

1994年，中遠太平洋（股票代號：1199）在香港上市。2003年6月9日，中遠太平洋躋身香港恒生指數成份股，是中遠旗下從事集裝箱租賃、集裝箱碼頭經營、綜合物流及集裝箱製造的香港公眾上市公司。

1999年12月，廣州遠洋運輸公司發起聯合廣州遠洋海運服務公司、廣州外輪代理和廣州中遠國際貨運等公司，共同成立了中遠航運股份有限公司。2002年，中遠集團再次抓住內地資本市場機遇，將爭取到的上市指標分配給廣州遠洋運輸公司，並於2002年4月，實現中遠航運股份有限公司（股票代號：600428）在上海證券交易所成功上市，使之成為中遠旗下從事專業化特種雜貨遠洋運輸的公眾上市公司。

2004年作為實現“資本中遠”的關鍵步驟，開始打造中遠集團的上市旗艦，成立了中國遠洋控股股份有限公司（以下簡稱“中國遠洋”），並將中遠集團所屬專門從事海上集裝箱運輸的核心企業中遠集裝箱運輸有限公司（中遠集運）注入。中國遠洋並將中遠香港集團持有的藍籌股中遠太平洋53%的股權轉讓予中國遠洋，於2005年6月在香港聯交所實現H股成功上市。2007年上半年，中國遠洋成功回歸A股市場，在上海證券交易所實現上市。旋即於下半年，中遠集團將旗下四家散貨船隊（中遠散運、青島遠洋、中遠香港航運、深圳遠洋）的資產注入中國遠洋。中國遠洋（香港股票代號：1919、上海股票代號：601919）成為中遠集團旗下唯一控股的從事集裝箱運輸、碼頭、租賃、物流以及貨運代理和船務代理服務的綜合航運概念的A＋H上市旗艦。

此外，還有1992年在香港上市，並於1997年為中遠香港集團收購的中遠國際控股有限公司（股票代號：0517），該公司成為中遠旗下從事房地產投資與開發、船舶服務、樓宇建造及土木工程、基建投資等多元業務的香港上市公司。加上參股16.55%的世界第一大集裝箱製造企業中國國際海運集裝箱（集團）股份有限公司，以及參股20.72%的遠洋地產（股票代號：3377）以及參股6.44%的招商銀行，中遠系共有八家控股和參股的海內外上市公司（如圖表8-13）。

2. 債務性融資：發行商業票據和資產證券化

中遠集團於1995年3月21日在美國成功發行了第一筆商業票據。此後，中遠連續七年在國際金融市場上成功發行商業票據。此外，1997年和1999年中遠先後以在北美地區及歐、亞、澳三地的應收運費為基礎，在國際資本市場上進行了兩次資產證券化融資（債務性融資），累計共籌資5.35億美元，為推進國際化戰略、提高國際競爭力提供了資金來源。

3. 非股權性、非債務性融資：船舶融資租賃

幾十年來，中遠沿襲着"貸款買船，盈利還貸，滾動發展"的傳統思路進行買船經營，從而導致債務太重、財務費用太高。為解決歷史形成的船隊資產負債率高等問題，1999年，中遠借鑒國際租船經營的經驗，提出了"從擁有向控制轉變"的策略調整，通過在英國的獨資公司與歐洲財團合作進行船舶融資租賃，在不增加中遠負債的前提下，有效增加了運力，降低了船隊運營成本。從1992年開始以來到2004年，中遠通過境外船舶融資、租賃，累計增加運力1,400萬載重噸，而買船擁有2,100萬載重噸，在主營收入中，租船經營收入佔了49%。[38] 按照中遠的構想，未來將要把租船比例提高至總運能的三分之二，且兼具船東、租家和經紀人三種角色，既經營自有船舶，又經營租入船舶。

正是通過開闢資本市場海內外上市及股權性融資、債務性融資和船舶融資租賃等新的融資管道，中遠改變了過去靠銀行貸款的單一融資管道，悄然發生了資本結構的深刻變化，即正在逐步朝着企業發展資金50%來自資本市場、40%來自銀行、10%來自自身積累的5：4：1目標邁進。

圖表8-13 中遠集團上市公司一覽表（截至2007年12月31日）

公司名稱	上市地代碼	總市值	持股比例（%）	持股比計算市值折合人民幣（億元）	淨資產收益率（%）	分配股息	末期每股派息	每股基本盈利
中國遠洋	1919.HK	556億港元	53.57	279	35.34	180,893萬元人民幣	0.18元人民幣	2.05元人民幣
	601919.SS	3,257億人民幣		1,745				
中遠太平洋	1199.HK	466億港元	50.97	222	15.61	21,122萬美元	0.09406美元	0.1314美元
中遠國際	0517.HK	113億港元	56.55	59	72.5	9,312萬港元	0.063港元	1.7595港元
中遠投資	COSC.SI	129億新元	53.39	349	36.73	15,664萬新元	0.07新元	0.159新元
中遠航運	600428.SS	255億人民幣	50.13	128	32.17	45,864萬元人民幣	0.70元人民幣	1.64元人民幣
中集集團	000039.SZ	689億人民幣	16.55	114	19.04	133,120萬元人民幣	0.50元人民幣	1.19元人民幣
招商銀行	600036.SS	4,772億人民幣	6.44	307	22.42	411,800萬元人民幣	0.28元人民幣	1.04元人民幣
	3968.HK	848億港元		51				
遠洋地產	3377.HK	287億人民幣	20.72	56	10.62	50,291萬元人民幣	0.12元人民幣	0.512元人民幣

資料來源：《中遠集團2007年可持續發展報告》。

再造目標的實現：世界五百強

正如本章開篇所論，進入21世紀，尤其是中國加入WTO以後，中國經濟進入一個"井噴期"和"黃金機遇期"，中國經濟已經成為"全球經濟增長的發動機"，而外貿又成為拉動中國經濟增長的重要發動機，中國經濟總量和進出口貿易總額於2007年均已躍上世界第三的地位。

據稱，在中國GDP增長中，由外貿帶動的已佔到46%，而對外貿易額的85%又是通過海運完成的。正是在這種大背景下，作為中國最大的航運企業集團，中遠乘上了中國經濟高速增長的快車，大力發展航運及其關聯產業，一舉躍入世界五百強行列。

中遠集團的核心產業是傳統的航運業。中遠集團的十年（1998-2008年），各項經營指標均已躍上了新的台階：

截至2008年6月底，中遠集團擁有和控制着841艘各類現代化商船，共計5,300多萬載重噸，比1998年底的1,635萬載重噸，增長了224%；年海運量達4.1億噸，比1998年1.17億噸增長了250%；遠洋航線覆蓋全球一百六十多個國家和地區的一千五百多個港口，船隊規模穩居中國第一、世界第二。其中集裝箱船隊達到144艘，43.5萬標箱，規模在中國排名第一、世界排名第六；乾散貨船隊達到522艘，3,910萬載重噸，排名世界第一；專業雜貨船和裝載超大超重貨物的特種運輸船，綜合實力居世界前列；油輪船隊控制十餘艘30萬噸超級油輪，規模雖然在招商局之後，但也是當今最先進的現代化運輸船隊（圖表8-14）。[39]

圖表8-14　中遠集團自有船舶、租入船舶及總控制船舶規模增長一覽表

（2004-2007年）

自有船舶規模

船種	指標	2004年	2005年	2006年	2007年
集裝箱船	艘數	86	87	86	85
	箱位（萬TEU）	18.3	18.4	18.2	19.9
乾散貨船	艘數	207	208	228	217
	載重噸（萬噸）	1,198	1,256	1,431	1,380
油輪	艘數	14	17	28	27
	載重噸（萬噸）	108	205	340	338
其他液體散貨船	艘數	10	8	16	19
	載重噸（萬噸）	4	4	5.9	8.63
雜貨船	艘數	92	94	97	94
	載重噸（萬噸）	152	157	170	164.92
其他船舶	艘數	11	11	19	18
	載重噸（萬噸）	13	13	20	20.73
自有船舶合計	艘數	420	425	474	460
	載重噸（萬噸）	1,748	1,910	2,237	2,198

以上均係剔除代管、合營企業後的統計數字。

租入船舶規模

船種	指標	2004年	2005年	2006年	2007年
集裝箱船	艘數	17	19	54	59
	箱位（萬TEU）	68,869	74,057	217,452	236,023
乾散貨船	艘數	156	130	179	305
	載重噸（萬噸）	1,419	1,296	1,641	2,530
油輪	艘數	0	0	2	5
	載重噸（萬噸）	0	0	58	141
其他液體散貨船	艘數	0	0	1	0
	載重噸（萬噸）	0	0	0.7	0
雜貨船	艘數	0	1	3	3
	載重噸（萬噸）	0	2	6	6

（續）

船種	指標	2004年	2005年	2006年	2007年
其他船舶	艘數	0	0	2	9
	載重噸（萬噸）	0	0	1.7	11
租入船舶合計	艘數	173	150	241	381
	載重噸（萬噸）	1,518	1,396	1,982	2,987

總控制船舶規模

船種	指標	2004年	2005年	2006年	2007年
集裝箱船	艘數	103	106	140	144
	箱位（萬TEU）	25.2	25.8	39.9	43.5
乾散貨船	艘數	363	338	407	522
	載重噸（萬噸）	2,617	2,552	3,072	3,910
油輪	艘數	14	17	30	32
	載重噸（萬噸）	108	205	398	479
其他液體散貨船	艘數	10	8	17	19
	載重噸（萬噸）	4	4	6.6	8.6
雜貨船	艘數	92	95	100	97
	載重噸（萬噸）	152	159	176	171
其他船舶	艘數	11	11	21	27
	載重噸（萬噸）	13	13	22	31
總控制船舶合計	艘數	593	575	715	841
	載重噸（萬噸）	3,266	3,306	4,219	5,185

資料來源：《中遠集團2007年可持續發展報告》。

　　另外，中遠集團於2007年實現了理想的財務指標：主營業務收入達1,585億元人民幣，比1998年的325億元增長了約388%；利潤總額達340億元，比1998年增長了六十多倍；總資產2007年達2,132.48億元，淨資產達1,272.56億元。特別是自2002年以來，中遠集團主營收入連續六年保持了年均10%以上的增長率，利潤總額在2002年僅9.63億元，2004年開始突破百億，2007年比上年增長了126.41%（圖表8-15）。

圖表8-15　中遠集團主要財務指標（2002-2007年）

指標名稱 ＼ 年份	2002	2003	2004	2005	2006	2007
營業收入（萬元）	5,924,335	7,584,285	9,347,026	11,228,824	12,288,250	15,851,351
實現利潤（萬元）	96,269	189,481	1,217,889	2,007,100	1,504,100	3,405,542
納稅總額（萬元）	106,064	181,792	327,812	578,271	523,653	565,959

資料來源：《中遠集團2007年可持續發展報告》。

　　中遠集團於2006年度以154.135億美元（1,228.825億人民幣）的銷售收入，首次躋身《財富》世界五百強，排名第四百八十八位；2007年度蟬聯世界五百強，排名第四百零五位。而且中遠的海外資產和收入均已達總資產和收入總額的50%，外籍員工也已達到四千餘名。

　　此外，中遠集團在物流、港口碼頭、修造船業等相關產業也獲得了較快發展。

　　2002年才成立的中國遠洋物流公司，五年後即2007年，主營收入達120億元，無論規模和實力已居中國領先地位，在汽車物流、家電物流、化工物流、電力物流、會展物流、融資物流等六大領域為客戶提供高附加值服務，連續四年蟬聯"中國物流百強企業"第一名。

　　中遠集團向航運業價值鏈中下游延伸，加大在港口和碼頭投資。到2008年底，在全球持有權益的碼頭合資公司達28家，總泊位數達146個（低於同期的招商局二百二十餘個）。在中國香港和內地的碼頭主要有：香港中遠─國際貨櫃碼頭（控股50%）、香港屯門內河碼頭（10%）、上海集裝箱碼頭（10%）、青島遠洋國際集裝箱碼頭（50%）、張家港永嘉集裝箱碼頭（51%）、鹽田國際集裝箱碼頭（5%）、大連港集裝箱碼頭公司（8%）。還進入了國際碼頭市場，在比利時安特衛特港之英國碼頭公司（25%）、意大利的那波里港、美國長灘和新加坡港均擁有自己的碼頭。2008年，中遠太平洋還獲得了希臘比雷埃夫斯港口的三十五年特許經營

圖100　2008年12月8日，高雄港舉行了兩岸直航儀式，這同時是中遠"大洋洲輪"暨"遠河輪"的首航儀式。

權，連續多年穩居第五大集裝箱碼頭經營商地位。

中遠集團在向航運業價值鏈的中下游延伸中，修造船業也成為重要投資經營部分。在大連、舟山、南通、廣東、上海、連雲港等地擁有多家內地領先、國際上享有較高知名度的大型船舶企業及多家船舶配套企業，如中遠船務工程集團、南通中遠川崎船舶工程有限公司等，從事大型船舶和海洋工程建造、改裝及修理，擁有含30萬噸級、50萬噸級的各類船塢，從生產設備裝配水準到生產管理水平均居內地領先地位。2007年修造船營業額達148.97億元。

七　邁向金融控股集團：光大集團

1999年7月，原中國人民銀行副行長劉明康調任光大集團董事長，不到一年，劉明康旋任中國銀行董事長、行長。2000年6月，原交通銀行行長王明權接任光大集團董事長。從劉明康開始，光大集團就開始了漫長的重組之路，重組的方向就是：邁向規範的金融控股集團。

當時的工作思路被概括為"一二三四"：

一個目標：將光大集團建設成為規範化的金融控股集團。

兩手抓：一手抓金融業的發展，一手抓實業企業的調整。

三個轉變：發展方式由過去的"齊頭並進"，逐步轉移到以發展金融業務為重點上來；管理體制由過去的"多個法人經營、一個法人負責"，轉到"集團管理，分業經營"上來；集團職能由過去的"重投資，輕管理"，轉到着重加強對所屬企業的管理上來。

四項主要工作：金融業務，力爭發展速度和質量超過金融同業平均水準；實業調整取得突破性進展；進一步規範內部管理體制，建立現代企業制度；主要金融企業力爭上市。藉此，建設規範化金融控股集團。

歷史的"遺產"

由於各方面的原因,光大集團首先需要面對的是歷史積澱下來的各類分散的不良或低效資產。

20世紀90年代,紅籌企業在香港曾經經歷了大紅大紫的歲月,曾經是香港資本市場的寵兒,甚至紅籌企業的掌門人也被媒體渲染成八大、十大"紅籌企業大班",一如明星一般。這個勢頭一直延續到亞洲金融風暴衝擊香港。

於是,一個關於"染紅"概念的炒作題材在香港資本市場普遍流行,許多中資紅籌企業都參與了"染紅"行動,只不過光大成為"染紅"的急先鋒。

將大量資金或資產以佔股在20%以下,分散投資或置換到各類香港上市公司中,無疑是不符合常理的,這種撒胡椒粉式的投資等於是將自己的資金或資產給別人玩。

這類投資只有在一種情況下是合理的:假如紅籌企業熱還能維持一年以上,哪怕半年,隨着"染紅效應"的彰顯,染者與被染者雙方股票價格狂漲,然後再拋售或進行批股等方式的資本運作,資本收益將會被成倍放大。

無奈事與願違,在一片大好形勢下,誰也沒料到亞洲金融風暴席捲而來,短時間摧枯拉朽,股市一片盡墨,"染紅效應"面目全非。大量"染紅"而來的投資項目套在手裏。這就是"染紅"的遺產,加上歷年留下的各類低效無效投資,正等待後來者處理。

退出與套現:非金融產業

1940年5月,在德軍大規模機械化坦克部隊的碾壓下,英法聯軍被擠迫在法國靠近英吉利海峽的港口城市敦克爾刻。英法聯軍用九天時間，將33萬精銳部隊渡海撤退至英倫本土，正是這次看似失敗的大撤退，為後來諾曼地登陸戰略大反攻保存了大量的有生力量。可以說，撤退是進攻的開始。

進入21世紀，面對着沉澱的一批低效不良資產，面對着分散零星的非金融產業，光大選擇了一種敦克爾刻式戰略性退出和套現。

劉明康上任以後，就明確指出：金融是光大要走的方向。金融的重點是銀行、證券、保險、證券投資，而貿易、實業投資等，光大並不具備良好的專業管理水準和專業經驗，因此，必須通過合資或併購等來消化非主業資產，爭取兩到三年實現收縮和退出，[40]並籌備成立盡職調查小組、風險評估委員會和後評價小組等三個獨立小組，加大對投資管控和公司治理的力度。

王明權上任後繼續推進了這一思路的實施。

光大系曾經擁有光大控股、光大國際、光大科技、香港建設和在新加坡上市的光大亞太這五家上市公司。壯士斷臂，經過戰略性退出，五去其三，最後保留兩家：光大控股與光大國際。

光大科技主營木材和鐘錶製造，"依波錶"是該公司的主打產品。2004年5月，光大集團以2.1億港元將光大科技轉讓給香港冠城集團董事長韓國龍旗下的信景國際公司。

1993年8月，光大集團收購新加坡上市公司高登控股有限公司30%的權益，1997年將其改名為"中國光大亞太有限公司"。光大亞太通過收購光大集團持有的深圳海星港口發展有限公司33%的股權，經營深圳媽灣港四個泊位。2001年3月，光大集團以2.28億港元的價格將持有的光大亞太23.98%的權益轉讓予招商局，招商局成為最大股東，將之改名為"招商局亞太"。

香港建設有限公司原名"熊谷組（香港）有限公司"，1996年熊谷組老闆于元平（鏡波）因退休擬出讓該公司，1997年光大集團在"染紅"高潮中通過光大國際收購熊谷組，1999年將其改名為"香港建設有限公司"，香港建設當年虧損12.13億港元，後又開始了長達五年的虧損。2001年6月，光大集團以1.89億港元價格向上海建工集團出售香港建設22.45%的權益。

隨後，香港建設向上海建工定向增發3,500萬新股，每股作價1.12港元；同時，巴黎百富勤以主承銷商的身份，將香港建設以1.12港元的價格向公眾配售6,500萬新股。在增發了　億股新股後，上海建工持有香港建設24.51%權益，而光大國際仍持有香港建設10.20%的權益。

上海建工共計以2.3億港元代價，成為香港建設第一大股東。

由於香港建設高達19億港元的債務和連年的虧損，2003年7月，上海建工也尋求股權出讓。

2003年12月，一家註冊在BVI的控股公司創達集團，與滙豐銀行等11家香港建設的債權銀行簽署債務轉讓及交換協議，出身於印尼富豪家族的創達集團董事長、年僅33歲的黃剛，成為香港建設的最大債權人，他開始重組香港建設。

就這樣，曾經名噪一時，開發建設過深圳及廣州的地標建築——地王大廈、中信廣場的熊谷組，在光大接手成為香港建設後，又被多次易手，最後花落一位印尼華人富豪後裔手中。

港基國際銀行前身是新鴻基銀行，阿拉伯銀行集團於1985年和1990年分別收購其75%和25%的股權，易名為"港基國際銀行"。1997年，光大控股收購其20%的股權。2002年，港基銀行盈利下降18%。2004年3月8日，光大控股以8.63億港元，將持有其20%的權益悉數出讓給蔡萬才家族所有的台灣第一大私營銀行富邦金融控股有限公司。

深圳南油集團是由深圳市投資管理公司、中國南海石油服務總公司與光大集團三方共同投資，於1984年組建的大型中外合資企業，光大投入

2,000萬元人民幣，佔股32.5%。南油集團雖然擁有南頭半島23平方公里土地開發經營權，無奈由於過度舉債、盲目投資和管理失控，最終幾近資不抵債而瀕臨破產。2000年7月，光大將其持有南油集團32.5%的股權轉讓給深圳市投資管理公司。後來招商局以增資控股南油集團76%的股權，全面重組南油集團。

2006年，光大出售深圳媽灣電力15%的權益，標誌着光大徹底告別了深圳南山及西部港區的全部業務。

早在1996年，中國光大信託投資公司因不能到期支付債務，就已被中國人民銀行將50億元人民幣債權轉為股權，而處於半停業狀態。

進入新世紀，光大集團經過多次討論，決定提請央行撤銷光大信託。2002年1月，中國人民銀行正式發佈公告，撤銷光大信託，並組織成立清算組，對分佈在全國十多個省區總計14.68億元的剩餘資產進行清理和處置，並於2006年1月進行打包整體掛牌轉讓。光大徹底退出信託產業。

據稱，光大除投資上市公司外，還在內地和港澳以及新加坡、南非、柬埔寨、泰國、美國等八個國家或地區的三十多處投資了九十餘項目，涉及資金總額65.9億港元，涵蓋了十幾個行業，包括工業投資、房地產、基建、基金股票、借貸等。通過變賣、套現等方式，光大處置項目達五十餘個，回收現金達22億港元，光大的資產結構逐漸清晰、合理。

進取與轉型：光大控股與光大國際

在金融和環保領域，光大集團分別以光大控股與光大國際為載體，採取了進取與擴張之勢。

光大控股是光大集團在香港的上市旗艦，其方向是打造為光大集團的金融旗艦。

1997年，光大控股以24億港元通過收購光大銀行20%的權益，成為首

圖101 1997年，光大控股收購了光大銀行20％的權益，成為首間收購內地商業銀行的香港上市公司。

間收購內地商業銀行的香港上市公司。

1998年，光大控股向光大集團收購了光大金融控股有限公司，從而開始了金融擴張之路。

1999年，光大控股又收購了光大證券有限責任公司49%的權益。2000年11月，投資4,000萬港元與英國標準人壽保險公司及澳洲興業保險集團公司在香港成立了合資人壽保險公司——標準人壽（亞洲）有限公司。光大控股開始向一個包括商業銀行、投資銀行、證券、保險的金融全能化公司方向發展；2000年，光大控股業績大幅提升，純利潤達12.9億港元。

然而好景不長。1999年，總資產不到600億元人民幣的光大銀行接手同樣約600億元人民幣的中國投資銀行，為光大控股的業績下滑埋下了禍根。

當時，中國投資銀行瀕臨倒閉。光大銀行收購後，雖然資產規模成倍增長，但其不良貸款比率從原來的不足10%竄升至39%。2000年，雖然財政部同意將原中國投資銀行承辦的世界銀行貸款共計8.53億美元（70億人民幣）作為轉貸款放在表外核算，使光大銀行不良資產相應減少，但不良貸款還是拖累了光大銀行的上市，也拖累了光大控股的業績。

2001年4月，澳洲合作夥伴破產，光大控股將標準人壽的股權從20%增持至35%，導致股價下滑，終致於2002年退出該項目。這期間，光大控股還進行了一些零星證券投資。

2002年3月-4月，光大控股因光大銀行問題發出盈利預警，光大控股股價開始持續滑坡，最低跌至兩港元以下。

2003年，光大控股保薦福建紫金礦業在香港上市，並與美國海基資產管理公司合作成立"光大海基資產管理有限公司"；2005年，成立對沖基金（中國龍騰基金）；2007年，成立直接投資基金和北角財富管理中心。

至此，光大控股已發展成為包括商業銀行、投資銀行、資產管理、產業投資、證券、保險及經紀業務等方面的多元化金融控股企業。2007年，

光大控股各項業績指標再創歷史新高：營業額45.84億港元，稅後盈利達
52.65億港元，總資產202.86億港元，淨資產163.59億港元。[41] 2008年各項
指標在金融海嘯影響下，雖有所下調，但仍不低於2006年的水準。

　　光大國際有限公司原先定位於基建和物業兩大業務，1999年後開始了
重大調整，先後出讓了香港建設、光大木材兩大虧損業務，解決了上海嘉
里不夜城、光閩路橋等歷史遺留問題。2006年出售香港力寶中心的投資物
業和媽灣電廠股份，並成功向獨立投資者配售5.1億股公司股份，引入策略
投資者。

　　在退出舊的業務的同時，從2002年開始，光大國際向環保產業進軍，
2003年成立光大環保工程技術（深圳）有限公司，先後以BOT或TOT方式
在長三角地區獲得蘇州、宜興、江陰、常州等地垃圾焚燒發電項目，以及
沼氣發電和固廢填埋等項目；與蘇州市政府成立光大環保產業園；在環渤
海地區獲得青島、淄博及濟南等地污水處理項目，總投資超過40億元，實
現固體廢棄物年處理量100萬噸、污水日處理量100萬噸的“雙百”目標。
2008年，光大國際實現盈利3.9億港元。[42]

再造光大與光大銀行重組上市

　　2007年6月，唐雙寧接任光大集團董事長，提出了再造光大的重組方
案，並報經國務院批准。

　　新重組方案被唐雙寧概括為“四個戰場”：

　　第一個戰場是銀行的戰場。在光大銀行這個戰場，重點打好三大戰
役：改革方案的推出、匯金公司注資及公開上市。

　　第二個戰場是光大實業部分。實業部分子公司龐雜，將通過整合實業
集團的方式來解決實業部分。2007年11月，中國光大實業（集團）有限責
任公司成立。

第三個戰場是光大金融控股集團。組建中國光大金融控股集團公司，使光大集團成為中國第一家真正擁有金融控股牌照的企業，統領光大銀行、光大證券、光大永明保險、香港光大控股及其他金融機構。

第四個戰場是在香港的企業。

而在這四個戰場中，光大銀行是重中之重。

實現光大銀行的改革重組和上市，對再造光大起着舉足輕重的作用。因為在光大集團近萬億總資產中，光大銀行佔了八千五百餘億元，接近90%的光大集團資產均在光大銀行。

但是光大銀行上市之路難艱而又曲折，可謂山重水復。

光大早在2000年就在爭取光大銀行盡快上市，但光大銀行接手瀕臨破產的600億元資產的中國投資銀行後，近三百億元的不良資產，一下將光大銀行的不良貸款比率從10%提升至39%，隨後光大連續六年提取巨額撥備降低不良貸款率。2005年年報顯示，光大銀行不良貸款餘額291億元人民幣，核心資本為–30.42億元，當年未彌補虧損達139億元，資本充足率只有2%，遠低於8%的要求。

解決資本充足率問題的途徑，通常是通過國家注資、引入戰略投資者等途徑來解決，因此爭取匯金公司注資就成為光大銀行上市的關鍵。

中央匯金投資有限責任公司是由國家財政部、國家外匯管理局等於2003年12月成立，代表國家對國有大型金融企業行使出資人的權利並履行出資人的義務，運營外匯儲備並實現保值增值。此前已通過大規模注資工、交、中、建等國有商業銀行推進其成功上市。2007年11月，中央匯金公司向光大銀行注資200億元人民幣等值美元全部到位，按每股1元價格持有光大銀行200億股約70.88%的權益，這標誌着備受矚目的光大銀行改革重組工作取得重大實質性突破。

隨後，光大開始了緊鑼密鼓的上市籌備工作。

截至2008年11月30日，中國光大銀行已完成上市前的十項準備工作，包括發行60億元次級債；批量處置142億元不良資產並爭取優惠稅收政策；彌補了33.85億元歷史累計虧損；解決多年形成的巨額關聯交易；清理多年形成的包括接收原投資銀行的自辦經濟實體及對外投資；基本完成國有股權確權；基本完成自有及租賃房產確權；基本完成資產評估及財務審計；進行上市輔導、戰略修訂及完善公司治理結構；初步完成招股說明書等上市文件的準備等。

而經過財務重組的光大銀行，各項指標已進入良性狀態：到2008年底，中國光大銀行總資產為8,430億元人民幣，其中貸款餘額達4,689億元，各項負債為8,097億元，其中一般存款餘額為6,191億元，資本充足率達9.31%，實現淨利潤73.2億元。

然而好事多磨，突如其來的全球金融海嘯，打亂了光大銀行的上市節奏，直到2013年光大銀行方得以在香港聯交所主板成功上市。

光大證券的上市也遭遇了同樣的問題。

光大證券股份有限公司成立於1996年，由光大集團持有40.92%的權益，光大控股持有39.31%的股份，預計上市發行以後，二者合計仍可持光大證券股份達68.02%，佔絕對控股地位。除了開展證券承銷、證券經紀、資產管理、證券投資、基金管理、財務顧問、投資諮詢等傳統業務外，光大證券還全方位開發集合理財、權證、資產證券化、融資融券、股指期貨等創新業務，到2008年末，總資產達332億元人民幣，全年實現營業收入36.9億元，淨利潤14.5億元。

從2007年開始，光大證券已先後完成增資擴股的工商變更登記、上市輔導期和首次公開發行的中國證監會審核通過、拿到了IPO的通行證。

然而，金融海嘯推遲了光大證券的上市步伐，直到2009年8月，光大證券終於實現上市。

據光大集團網站公佈，至2008年底，光大集團總資產近萬億，年度利潤近百億，員工總數近兩萬人。光大正在向規範化的金融控股集團邁進。

八　邁向保險控股集團：中國太平保險

從1984年成立的中國保險港澳管理處，轉型為1992年香港中國保險（集團）有限公司，以下簡稱（"中保集團"），這是中保集團走出政企合一的管理模式的第一步。

然而，與前香港中銀集團成立時一樣，中保集團是以控股的形式管理着13間成員公司，當時的問題是：機構林立，架構重疊；同一地區同業經營，形成內耗；業務結構不合理，以勞工險、汽車險為主的財產險比例過高，導致多年較大的承保虧損；資源分散、資本實力較弱，商號不一，形不成統一對外的品牌效應。特別是在亞洲金融風暴中，資產縮水，經營業績大幅下滑，出現較大虧損。

而近些年來，中國內地金融保險領域正在經歷前所未有的變革和調整。1999年11月，中國保監會成立，2001年底中國加入WTO，保險市場將向外資開放。面對這樣的大變革背景，中保集團通過重組、上市和開拓內地市場，變革舊體制，在發展中解決問題，向保險控股集團邁進。

重組之路：中國太平保險集團之誕生

1998年，中國人民保險（集團）公司撤銷，其海外經營機構劃歸中保集團，中國保險股份有限公司與香港中國保險（集團）有限公司實行"一套班子，兩塊牌子"的管理模式。2000年1月，楊超接替王憲章，任職香港中保集團董事長。2002年8月，中國保險股份有限公司正式更名為中國保險（控股）有限公司，成為唯一一家總部設在香港的中資保險企業，香港中保集團名稱不變。

2000年，重組香港財產險資源，將中國保險香港分公司與太平保險香港分公司併入香港民安保險有限公司，使香港民安成為香港最大的財產險公司之一。[43] 並在香港設立了第一家以境外開放式基金運作的中資保險資產管理公司——中保集團資產管理有限公司。

2001年重組合併海外分支機構,將太平保險新加坡分公司併入中國保險新加坡分公司,清理關閉了中保德國、中美保險、中保盧森堡等高風險、無效益的企業,保留中保英國公司作為歐洲的代表機構;從而優化境外資本、技術、人才與保險資源的配置,消除內耗,實現規模效益。

中國保險(控股)有限公司旗下共有二十餘間公司,商號繁多,標識各異,品牌模糊,選擇一個有實力的商號來建立統一的品牌形象,關係到集團整體綜合實力的提升。

2008年8月,原中保集團副董事長林帆接替馮曉增(2005年5月開始任董事長)任職中保集團董事長,原副總經理宋曙光出任總經理。新班子上任後,開始着手整合全集團品牌工作。

"太平"品牌是中國保險業中歷史最為悠久的民族品牌,從1929年太平水火保險公司成立,至今具有九十多年的歷史。在舊中國高峰時期,曾經擁有海內外分支機構達九百九十餘家,成為民族保險界之翹楚。

1951年,上海15家私營保險公司合併,由中國人民保險公司參股,以太平人壽為骨幹組成公私合營太平保險公司。1956年,太平保險遷冊北京,成為中國人民保險公司的附屬公司,並移師海外,發展海外業務。

2001年,太平保險回歸內地並開展業務,太平人壽、太平養老保險公司迅速發展成為行業中大中型企業,並成為中保旗下業務和盈利的主要貢獻者。"太平"這個傳統民族品牌被注入了新的時代內涵。

2009年6月29日,經國家財政部、中國保監會批准,國家工商總局核准,中國保險(控股)有限公司正式更名為"中國太平保險集團公司",香港中國保險(集團)有限公司更名為"中國太平保險集團(香港)有限公司"。

挺進內地市場

從中華人民共和國成立以後，按照國家政策的區域分工要求，香港中保及其旗下公司的業務重心是香港及海外市場。

然而，隨着中國內地保險業的改革，特別是2001年底中國加入WTO，內地保險市場將向外資開放，因此，如能搶在外資保險企業大規模進入內地市場之前，搶灘登陸，佔領市場，香港中保集團將迎來新的發展機遇。

2001年11月30日與12月20日，經中國保監會批准，中保集團旗下太平人壽保險有限公司與太平保險有限公司先後開業，全面恢復中斷近五十年的內地保險業務。同時，通過中保集團旗下香港上市公司中保國際控股有限公司，成功引入富通國際與工銀（亞洲）等境外策略投資者，完成了國有控股保險公司的股權改造。經過幾年發展，太平人壽迅速跨入全國大中型壽險公司行列，2007-2009年連續三年躋身"中國企業五百強"和"中國服務業企業五百強"。

2003年，中保集團將香港民安深圳分公司改組為民安保險中國有限公司，進軍內地市場。2006年，中國保監會批覆確認香港民安及民安中國均為中資保險公司性質，隨後，民安中國迅速擴張，在深圳、海口、廣東和北京等地設立六家分公司。

2005年，太平養老保險股份有限公司在上海成立，獲受託人與資產管理人兩項資格，成為中國保監會批准的第一批企業年金試點單位，切下了中國企業年金市場的一塊"蛋糕"。

2006年，借助於香港積累的資產管理經驗，太平資產管理有限公司在上海成立，統一管理中保集團所屬內地公司可運用保險資金。2009年，太平共用金融服務（上海）有限公司成立。

中保集團突破區域分工的限制，大步進入內地市場，實現戰略重心的轉移，成為中保走出亞洲金融風暴與廣信危機後的關鍵一步。

從上市到"私有化"

2000年2月，中保集團重組旗下中國國際再保險有限公司與華夏保險顧問有限公司，成立中保國際控股有限公司（以下簡稱"中保國際"，股票代號：0966）；同年6月，中保國際實現在香港聯交所掛牌上市，成為中國保險業首家上市公司，從而打造了中保集團的國際資本運作平台。

2003年，中保國際成功發行1.75億美元十年期國際優先債券，開創了中國保險業發債先河。中保國際的主要業務有全球性再保險業務，由中國國際再保險公司經營；壽險業務由太平人壽經營；財產險由太平保險經營；其他業務由中保集團資產管理公司和華廈再保險公司經營。中保國際上市後，股價一路上升，雖然經歷了2008年金融海嘯的大調整，但至2009年5月底，市值達206億港元，在香港紅籌市值中排名第二十二位。

2006年9月，中保旗下香港民安保險有限公司重組成立民安（控股）有限公司，主要股東包括香港中保集團、長江實業集團與中保國際等，並於同年12月在香港聯交所掛牌上市，成為中保旗下的第二家紅籌上市公司（以下簡稱"民安控股"，股票代號：1389）。

鑒於中保國際2008年受全球金融海嘯影響而虧損，而民安控股財務狀況較好，但流動性低，為了整合資源，進一步將中保國際做大做強，中保國際與民安控股兩家上市公司於2009年5月25日聯合發佈公告，稱中保國際計劃收購民安控股47.8%的股權，擬以非現金方式，用每十股民安股份換一股中保國際新股，涉及1.39億股中保國際股份。收購完成後，中保國際持有民安控股股份增至51.34%，隨後啟動"私有化"全面要約收購。2009年底民安控股正式摘牌退市。

2009年1月，中保集團提出了將把中保打造成國內領先、國際一流的跨國綜合金融保險集團，並提出了圍繞這一目標的"五大改革"舉措：成立中保集團共用服務中心，推進共用服務集中；啟動國內產險銷售體制改

革；進行太平團險整合；推進境內投資平台整合；整合稽核資源，建立集
團統一的稽核中心。

據統計，到2008年底，中保集團實現保費收入272億元，總資產達839
億元，管理資產達1,019億元，邁入大型中資保險集團行列。[44]

九　地方軍團的再造：北控、上實、粵海、深業

1997年，是香港中資紅籌企業發展的界標。

一部分企業被亞洲金融風暴徹底吞噬，從此在香港中資紅籌企業版圖
上消失；大部分遭遇重創，通過資產債務重組、"瘦身"戰略逐步走出困
境；只有小部分財務狀況健康、現金充足的企業，在經濟低潮中北上內
地，開始低成本擴張，並在幾年時間內完成全國的佈局。

在這場風暴中，地方"窗口公司"無疑是一個重災區。經歷了這場風
暴和廣信破產及中資企業信貸危機以後，香港中資企業及紅籌企業兩大系
統中，代表地方"窗口公司"的地方軍團與代表中央企業的國家軍團迅速
拉開差距。到目前，整體實力上的差距之大——盈利能力、資產規模、市
場佔有率，都已經不在一個檔次。主要反映在：

第一，央企資產規模、市值在千億以上已經成為一個群體，中國移
動甚至已經突破萬億市值；而截至2009年，地方軍團尚沒有一個資產、
市值上千億的企業。這是21世紀初的現象。在1997年，上實控股、北京
控股、粵海投資等三家地方紅籌企業的市值都能進紅籌企業股的市值排
行榜前十位（參見本書第五章圖表5-11），截至2009年，市值最大的地方
紅籌企業——北京控股接近前十位（參見附錄一），也就是說，截至2009
年紅籌股企業市值排行榜的前十名幾乎全是中央企業。

第二，進入香港藍籌股，是一個上市公司整體實力的象徵。在1990年
代，地方紅籌企業曾有粵海、上實控股兩家企業進入藍籌；央企紅籌企業

也只有中信泰富、華潤創業和中國移動這三家，幾乎平分秋色。進入21世紀後，粵海、上實控股先後被剔出藍籌；駿威汽車短進短出後，從此再也沒有地方紅籌企業躋身藍籌，而截至2009年，紅籌央企已有九隻藍籌股，顯示出紅籌央企的絕對實力。

央企享有政策和資源上的雙重優勢，特別是在與各級政府的溝通上，享有各種資訊、政策和資源上的優勢，加之又具有全國視野的大局觀念，是以21世紀初在分享中國經濟快速增長的成果上佔得先機。而地方"窗口公司"本來早期起步就是靠貿易起家，底子薄、資源少、實力弱，亞洲金融風暴幾乎使整個貿易企業盡數沉沒，通過重組，求生存已成為大多數地方窗口公司的使命，加之受行政區域的觀念限制，以及上世紀八九十年代擴張失誤的教訓，地方"窗口公司"在新世紀大多沒有走出本地區進行全國佈局擴張，這導致地方軍團喪失了一輪黃金機遇期提供的機會。

但是，有幾個剛剛上市並通過資本市場獲得較大融資量、且保留較多現金結餘、淨負債率較低的地方紅籌企業，如北京控股、上實控股與深業控股，雖然其母公司也遭遇了金融風暴和信貸危機的衝擊，但能較快走出困境，完成了新世紀初期的公司再造，保持了較快的發展速度和較好的經營業績。

北控：在擴張和重組中再造

北京控股有限公司（以下簡稱"北控"）是亞洲金融風暴中少數幾個財務健康的紅籌企業之一，當時它剛從上市中集資，並獲得較好的資本收益，僅僅七天凍結存款的利息收益就達兩億港元；而從資本市場的融資款還沒來得及進行投資，金融風暴就來了，這相對那些早幾年上市已經進行大規模投資的紅籌企業，遲來的上市也許是一種幸運。當時，北控手頭握有24.29億港元的現金結餘，淨負債率只有4%，近乎零負債，但在金融風暴中，其母公司京泰集團負債數十億港元，受到較大的衝擊。

當大多數企業正在大規模收縮和“瘦身”的時候，北控卻開始大規模地擴張。

北控上市的八大業務中，包含有高速公路（首都高速公路）、乳製品及食品（三元食品及北京麥當勞）、旅遊（八達嶺旅遊與北京龍慶峽旅遊）、啤酒（燕京啤酒）、零售（王府井百貨）、西餐食品（新景食品）、通訊（北京國際交換系統公司）、酒店（北京建國飯店）。時任北京控股主席的胡昭廣，提出將北京控股“做大做強”，於是通過借助燕啤、王府井百貨等知名品牌優勢，開始了一系列擴張性投資：

從1997年到2002年這五年間，北控共計投資45個項目，投資總額達51.05億港元。[45]

從1999年開始，燕京啤酒（以下簡稱“燕啤”）第一次走出北京，開始向全國擴張，用了五年時間，將燕啤生產線擴展至江西、湖南、湖北、內蒙、山東、廣西和福建等地，一共收購了16家大小不一的啤酒廠，收購總金額達14.7億港元，佔這五年北京控股總投資額的29%。收購後，通過技術改造，使每個廠家年生產量達到10萬噸以上的規模。經過這一輪擴張，燕啤成為與青島啤酒、雪花啤酒並列的中國三大啤酒品牌之一。

隨後，北控又推進王府井百貨的擴張。王府井百貨是北京的老字號品牌，利用其在全國零售業享有較高的品牌號召力，從1997年的11家分店開始，迅速擴張至2002年的39家分店。2000年，王府井百貨又與東安集團合併，建立王府井東安集團，通過“強強聯手”形成規模和品牌的優勢。

與此同時，北控於2003年將旗下三元食品股份有限公司在上海證交所分拆上市，並與李嘉誠的和黃集團和首都旅遊集團合作，組成北京旅遊發展有限公司。

北控還於2000年與八達嶺旅遊發展總公司簽訂協議，投資建設八達嶺磁懸浮列車項目。

　　由於大規模擴張的行業都屬於競爭性行業，本來利潤率就不高，加之在規模擴張的同時，相應的成本管控沒有跟上等，擴張後的北控邊際利潤率、資產回報率都有較大幅度的下滑。[46]

　　2003年5月，衣錫群接任北控董事局主席，開始了"新國企"之路的探索。

　　"新國企"之路確立了"以城市能源服務為核心的綜合性公用事業公司"的市場定位和打造"北京市政府對基礎設施以及公用事業從事經營管理的主導企業及海外資本市場投、融資平台"的總體戰略目標，並啟動京泰實業（集團）有限公司（以下簡稱"京泰"）與北京燃氣集團的聯合重組，大規模退出非主營業務，用三年左右時間，初步實現從綜合性多元化企業向專業化公用事業公司的戰略轉型。

　　這次重組突出強調了優勢互補：京泰擁有多家境內外上市公司，擁有境內外多管道融資優勢，而北京燃氣集團則擁有公用事業領域內的特殊資源。通過重組，實現一舉三贏的目標：化解京泰集團經營虧損及歷史遺留問題，提升北京燃氣集團的資產價值溢價和解決資金瓶頸，強化北控以公用事業燃氣、自來水作為核心產業，形成穩定、持續的盈利能力和可觀的現金流量，來提升上市公司的市場價值。

　　2005年1月，京泰與北京市燃氣集團正式合組為北京控股集團有限公司。

　　北京燃氣集團是當時內地最大的從事燃氣供應的企業，擁有內地規模最大的燃氣輸配管網，擁有燃氣用戶362萬戶，天然氣銷售量達19億立方米，加上早前收購的北京最大的地表水廠北京自來水公司第九水廠，北京控股集團成為北京基礎設施建設和公用事業建設的主導企業。

　　由於北京燃氣的加盟，北控的資產規模、盈利能力大幅度提升，融資能力也得到增強，北京銀行當即提供了80億元人民幣的授信額度。

　　北控重組三年來，北京燃氣除了深化北京市區天然氣市場外，還積極開拓北京郊縣10個衛星新城和41個重點鎮，全面進入郊區市場，天然氣運行管道總長度達7,758公里，已覆蓋北京城區和遠郊區縣，2008年還以7,980萬元人民幣收購山東中原燃氣公司60%的股權，從而獲得山東榮成市、乳山市等地的管道燃氣特許經營權。此外，更延伸到燃氣產業鏈上游，透過佔有40%股權的中石油北京天然氣管道有限公司，完成了陝京一二線輸氣管道工程等。截至2009年，天然氣業務已在北京控股的股東應佔溢利中佔了70.5%的比例，成為公司的主要盈利來源。

在強化核心產業的同時，北京控股先後轉讓了北京國際交換系統公司40%的股權、磁懸浮63.75%的股權等非核心業務。

到2008年底，北京控股的營業收入達到197億港元，股東應佔溢利為22.82億港元，總資產達516.97億港元，淨資產達363.1億港元。[47] 到2009年5月31日，北京控股的市值達399億港元，列中資紅籌企業的市值排行榜第十一名，是市值最大的地方紅籌企業（參見附錄一）。

"集成商"：上實再造

1996年，上海實業集團實現上實控股成功上市，隨後通過一系列併購，形成了消費品、醫藥、生物科技、汽車零部件、基建和商業零售幾大產業。在市場的熱捧下，上實控股的股價一路飆升，從上市之初的9.15港元，升至高峰期的57.5港元，1998年進入藍籌股行列。

上實控股也是亞洲金融風暴中少數幾個財務健康的中資紅籌企業之一，淨負債竟為零，但母公司上海實業集團仍在廣信危機與中資信貸危機中受到較大衝擊，面對外資銀行對中資企業的大規模抽資潮，上實集團也在這次衝擊中艱難地償還了五億美元的銀行貸款。[48]

但是，上海實業集團很快就渡過這次中資信貸危機，開始了產業轉型和擴張，並開始向"集成商"轉變。

所謂"集成"，是以系統論和協同論為指導，最大限度地提高系統的有機構成和效率，增強系統的完整性和靈活性，優化資源配置，實現集成效益。它包括了投資主體、經營資源、綜合功能、經營方式和投資方式等五個方面的集成。大概從1990年代後期開始，上海實業集團就開始提出"集成商"戰略。

醫藥生物科技產業：資源集成整合與行業領先

進入科技產業領域，國有企業鮮有成功者，香港中資企業僅僅在網絡科技熱時曇花一現。但在醫藥生物科技領域，與華潤集團一樣，上海實業集團通過併購、上市、私有化等資本運作方式，不僅進入了這個產業，而且通過集成整合，做到了行業領先。

早在上市前，上海實業集團已經收購了上海三維製藥有限公司和上海家化這兩家醫藥企業；1998年收購了杭州正大青春寶藥業有限公司55%的權益。上海三維製藥有限公司側重西藥生產，並開始研製治癌藥物；青春寶側重以中藥為基礎的保健品；上海家化則側重個人護理用品及化妝品的製造、分銷和零售。

1999年，新經濟浪潮席捲全球，香港創業板在一片網絡熱中正式推出，當時，香港特區政府也正在實施發展資訊科技和實施"中藥港"戰略。上海實業控股聞風而動，將上述幾家製藥企業包裝成上海實業醫藥科技（集團）有限公司（以下簡稱"上實醫藥"），於當年12月推上香港創業板上市，公開招股超額認購495倍，集資4.04億港元。這是香港中資在創業板上市的第一隻紅籌企業股。隨後又收購上海資訊投資股份有限公司20%的股權。正式向醫藥科技與資訊科技領域進軍。2001年3月，上實醫藥分拆上海家化在上海以A股掛牌上市。

早在1997年6月，上海實業集團就收購了A股上市公司上海實業聯合投資有限公司（以下簡稱"上實聯合"），並通過資產重組，實現其向醫藥產業轉型。於是，上海實業集團與上實控股就形成了在A股市場與香港創業板各有一塊醫藥資產和一個上市平台。

　　網絡泡沫破滅後，香港創業板股價一瀉千里，在創業板上市的優質股紛紛出逃，或轉主板，或通過"私有化"退市。

　　2003年5月，上實控股啟動醫藥產業的重組，宣佈上實醫藥"私有化"，從創業板退市；同時母公司上海實業集團收購上實聯合，經過整合，於2005年2月構建成統一的醫藥投資、經營和管控平台。2006年11月，上實聯合更名為"上實醫藥"。

　　經過重組，到2006年，上實系醫藥板塊從最初一家醫藥控股企業發展到23家控股醫藥企業，包括中藥企業：青春寶、胡慶餘堂、廈門中藥廠、遼寧好護士、聯合製藥等；生物化學製藥企業：三維生物、廣東天普、康泰生物、常州藥業、蒙欣藥業、艾克製藥、長城藥業等；醫療器械企業：醫械股份、微創醫療器械、珠海友通等。醫藥業務初步形成了研發、生產、營銷、服務的產業鏈。

　　與此同時，上實醫藥生產基地從上海一個基地拓展到全國11個省市；產品從最初的單一原料藥發展到一批具有"大病種、大品種、大份額"的有優勢的產品群，而且相繼取得115項國家、國際專利。2005年，上實醫藥的三個治療癌症或心肌梗塞的藥物成為國家一類新藥：安柯瑞（H101）、凱力康、TNF。

　　隨後，更大範圍的重組機會在等待着上實集團。

　　2008年7月1日，上海市國資委宣佈，將上海醫藥集團（簡稱"上藥集團"）60%的股權劃歸上實集團（另外40%的股權屬於華源集團），由上實集團主持對上藥集團的重組。

　　上藥集團是上海市的老牌醫藥國企，截至2009年，其淨資產約38億元人民幣，60%的權益約為23億元人民幣。近年不算理想的業績一直困擾着上藥集團；2002-2006年，上藥集團發展速度遠低於內地同行平均水準。旗下擁有兩家上市公司上海醫藥有限公司與中西藥業有限公司，分屬醫藥流通與醫藥工業兩大板塊。引進上實股東，意在借助其境內外融資平台，將其做大做強。

2009年6月18日，上實系旗下的上實醫藥、上海醫藥和中西藥業等三家上市公司同時發佈重組公告並停牌五天。之後，這三家公司再次同時公告稱，鑒於與各自公司相關的醫藥資產重組方案尚在討論中，三家股票將從6月25日起繼續停牌30天。

2009年6月28日，上實控股宣佈，以6,610.95萬美元的價格出售旗下上實醫藥健康產品有限公司及其持有的微創醫藥器械公司68%的股份，接手者為上海張江高科技園區開發有限公司；此前，即2009年初，上實醫藥以5.36億元人民幣將聯華超級市場的股權轉讓，剝離非主業資產。

據稱，此次重組將按照醫藥製造與醫藥商業分開的原則，將上藥集團與上實集團的醫藥製造資產整合到上實醫藥，而醫藥分銷零售資產則整合到上海醫藥，中西藥業將成為一個淨殼引入戰略投資者。

經過這一輪的集成整合，上海實業集團已成為中國最大的醫藥集團之一。

基建、水務市場的擴張與集成

在內地投資路橋基建以獲得穩定的回報和現金流，香港華資財團是先行者。

1980年代末，內地開始高速公路建設，以改善投資環境推進招商引資。路橋建設需要大量的資金，而香港華資財團雖然資金雄厚，但出於對投資風險的考慮，就設計出一種"雙贏"方式：由投資方出錢建設，由路橋建設所在的地方政府作出在一個投資經營期（通常是25-30年）的每年固定收益的保證，通常是保證投資方在建設期或經營期獲得每年按投資額的13%-15%的收益，經營期滿後歸還給當地政府。這既是一種BOT方式（投資—經營—轉讓），更是一種固定回報方式；1990年代，中資紅籌企業也大多採用這種方式回內地投資。

上實控股上市以後，於1996-1997年，先後以固定回報的方式獲得了上海市延安高架路、內環線與南北高架路的部分股權，這為上市公司提供了穩定而較高的收益和現金流。

從1990年代末期以後，中央政府開始意識到固定回報其實是一種變相外債，尤其是內地中西部地區由於一些高速公路車流量不大，在經營虧損的同時卻要每年保證外商盈利，風險極大。亞洲金融風暴以後，廣信危機爆發，中央政府開始要求各地在清理外債時要一併清理這種變相外債，以防範金融風險。2002年9月，上實控股被迫放棄這三條有固定回報的公路股權，雖然獲得項目投資賬面價7.02億美元及人民幣3億元的稅後補償款，但卻導致上實損失了盈利的半壁江山（每年7億港元），這被蔡來興視為"第二次嚴峻的考驗"。

於是，上海實業集團開始了基建業務的重建，更大規模進行基建公用事業業務的擴張。2003年，以人民幣20億元總代價收購了滬寧高速公路（上海段）的經營權，將回報與車輛通行使用率掛鈎，並獲得"五免五減半"的稅務優惠政策。2004年，又以人民幣2.83億元收購了浙江金華市甬金高速公路30%的股權。

與此同時，於2003年底與中國環境保護公司合資成立中環保水務投資有限公司（以下簡稱"中環保水務"），進入中國水務市場；2004年分別在湘潭、蚌埠、廈門、重慶、湖州獲得六個供水及污水處理項目，投資金額達人民幣14.35億元，形成日供水能力207萬噸、污水處理能力70萬噸的規模。[49]

同年，還投資參股了上海外高橋集裝箱一期碼頭10%的股權。

隨後幾年，上實繼續向全國水務市場擴張，並進行水務資源集成整合。到2008年底，中環保水務資產規模達52億人民幣，在全國9個城市擁有14個水務項目、19個供水廠、17間污水廠、2座水庫及1,841.27公里的管網，服務人口幾千萬，成為中國水務十大影響力企業之一。但是，水務項目投資規模大、收益並不高，年淨利潤為5,328萬港元。

2008年，收購了滬杭高速公路（上海段）100%的股權後，基建盈利大幅攀升，比2007年上升了223.7%，基建盈利達到8.29億港元，佔上實控股淨利潤的37.2%，[50] 成為名副其實的支柱產業。

地產：向區域開發集成商轉型

從1998年中國住房貨幣化改革開始，房地產已經成為中國最具成長性的行業。

上實集團早年並沒有房地產的業務基礎。1998年，上海市政府將崇明島一塊84.68平方公里的土地交給上實集團開發建設，這就是後來的崇明東灘現代園區。上實集團一起步，就玩起了成片區域的一級開發，這對尚未涉足過大規模房地產開發的上實來說，無疑是一個大挑戰。

2002年9月，上實集團收購了在上海的A股上市公司浦東不銹薄板股份有限公司73.28%的股權，2003年2月將其改名為"上海實業發展股份有限公司"（以下簡稱"上實發展"）。

通過資產置換，上實集團將上實系旗下的上海崇明東灘投資開發有限公司等五家地產企業整合到"上實發展"，形成了上實地產板塊，以打造地產上市平台，並向"區域集成商"轉變。

崇明東灘為打造"區域集成商"提供了一個大平台。2000年前，上實先是委託中國國際工程諮詢公司，按照"國際一流園區"編製園區規劃。2003-2005年初步形成了區域集成：東區國際濕地公園、地質展示館，南區生態示範新城鎮，中區新能源公園、科教園區，北區休閒農莊、風力發電等。2005年11月，又與英國著名設計公司奧雅納公司簽訂新的合作協定，引入新的設計理念。

隨後，上實地產在住宅地產、商業地產和旅遊地產等業態方面多元化拓展，並在上海、天津、重慶、成都、濟南、青島、鄭州、泉州等城市儲備了大片土地，已經開發和正在開發了"海上海"、"海東海"、"海南海"等項目，且實行成片拿地、一級開發，然後在全國大規模複製"東灘生態城"模式。據稱，上實集團土地儲備達500平方公里，成為中國最大的地主。

2007年，上實控股以增資方式向上海城開集團注資21.3億港元，持有上海城開40%權益，隨後又增持至59%權益，從而擁有其上海萬源城和徐家匯中心等優質項目，進一步作大了上實地產。

除此之外，2004年，上實發展、上實集團、上海錦江集團、百聯集團等滬上財團以集成商上海海外聯合投資股份有限公司名義，赴俄羅斯聖彼德堡進行佔地2.08平方公里"波羅的海新城"的投資開發。這是一個集商貿、旅遊、休閒為一體的多功能社區，項目總投資超過100億元。

2006年，上實地產首次參與中國房地產百強企業評比就獲得"成長性TOP 10"的專項第一名，以超大規模的土地儲備和良好的成長性而為同行關注。

由於上實還承擔着管理上海市海外公司的任務，因此"國際經貿"仍是上實的一個重要業務板塊。1990年代以來，一大批香港中資陸續退出國際貿易業務而進行新的轉型，香港最大的中資貿易公司華潤從1980年代開始就在轉型，也早已不再以貿易為核心產業，但上實仍將國際經貿作為一個重點產業，這可能有其歷史與現實原因。上實在全球設立所謂"九大海外地區總部"和"五大境外集團"。"波羅的海明珠"既是房地產項目，又是一個國際經貿項目；雖然在設計創意上，已經超越了過去在海外建立的眾多的"中國城"模式而成為歐洲城,但上百億的投資,能否取得好於"中國城"的收益,還需要時間的驗證。

上海實業在打造醫藥、基建和國際經貿幾大產業的同時,先後將物流、國際集裝箱碼頭、上海家化、東方商廈、汽車零部件、聯華超級市場等非核心產業退出;對於效益較差的甬金高速公路、中芯國際和光明乳業,或者退出,或者減持。

2004年,上實控股被剔除出香港藍籌股。從此以後,地方紅籌企業再也沒有進入藍籌的企業,央企行業巨頭填補了這個空間。

但是,上實集團從上實控股於1996年上市以來,總資產翻了八倍,截至2008年達到五百多億港元,十億港元以上的融資達26次,融資規模達300億港元。[51]上市旗艦上實控股2008年的主要資料顯示:營業額127億港元,股東應佔溢利21億港元,總資產516.5億港元,淨資產234億港元。[52]上實系擁有控股與參股上市公司有上實控股、上實發展、上實醫藥、上海醫藥、中芯國際等。

2008年5月,執掌上海實業十二年的蔡來興董事長正式榮休,原上海市高級人民法院院長滕一龍先生接任上實集團董事長;2013年,滕一龍榮休,王偉繼任董事長。

新粵海:從重組到再造

1999年12月,廣東控股有限公司在香港註冊成立,它控股和管理原粵海集團、南粵集團在境外的全部資產,以及原東深供水局的供水資產。

2000年,原廣東省省長助理武捷思在廣信破產與粵海重組兩大任務基本完成以後,臨危受命,接任粵海更名後的廣東控股有限公司董事長,李文岳任董事總經理,開始了更大規模的重組之路。

此前的粵海重組,僅限於債務重組。債務重組只是通過注入優質供水資產發行債券、新股和削債等方式來解決支付危機，但是粵海每天還在發生虧損，2000年已虧損24.51億港元，如果沒有進一步的變革措施，粵海仍將陷入更深的危機。

廣東控股有限公司（2006年7月更名為"粵海控股集團有限公司"）成立以後，按照"業績至上，效益至上"和"五該"即"該關的企業一定要關"、"該裁的人員一定要裁"、"該撤的管理者一定要撤"、"該管理的事一定要管住"、"該給的待遇盡量給足"的經營理念，[53]開始對組織構架、管理構架、業務體系獎懲制度、財務控制和監控機制進行一系列重組和變革：

在重組變革前，舊粵海通過多元化擴張共有九代同堂的652家公司，業務範圍分散在大多互不相關的22個行業。新粵海以鐵腕治企，通過合併同類業務的企業、將擬出售的業務與不良資產集中、將毛虧企業（指不計算折舊和借入資金利息仍然處於虧損狀態的企業）破產或停業等方式，使企業數減至112家；將非核心業務航空配件、建材、電子、金融、保險、食品加工、超市、貿易、旅遊和運輸行業淘汰，保留基建、啤酒、麥芽、購物中心、工業區、地鐵、地板、中纖板、酒店、地產和製革等11個行業。在關閉虧損企業和業務的同時，裁減了1.42萬員工。[54]通過建立統一的財務資訊系統和監控體系等一系列制度建設，新粵海達到了抽水減肥的效果，成功實現從"還債求生存"向"經營謀發展"的戰略轉型。到2005年12月，新粵海總資產達396億港元，淨資產119億港元，營業額91億港元，稅後利潤21億港元，[55]基本恢復到香港回歸前的水準。

2005年5月，武捷思悄然下海，李文岳一身而三任，接任董事長、總經理和黨委書記，繼續控制風險，穩健發展。2010年，李文岳"因年齡因素"，不再在粵海擔任職務，而由李小峰繼任董事長。

經過進一步重組瘦身，新粵海形成了以供水為主業，包括公用事業（水和電能源）、基礎設施（路橋）和實業投資三大板塊及七項主要業務的有限多元化的產業結構。

供水業務以粵港供水為依託，通過全資附屬的中國城市供水投資控股有限公司，投資開發內地城市自來水及原水的生產和供應，並向集原水調運、自來水供應和水電站經營一體化方向發展。

啤酒業務全力打造金威啤酒品牌，在深圳啤酒市場的佔有率達70%，並擴張到汕頭、東莞、天津、西安、成都、佛山等地，形成八大生產基地、160萬噸產能，其綜合實力和盈利能力躍居全國行業前列。其中，七大麥芽生產基地擁有80萬噸產能，麥芽產銷量穩居全國第一。

廣南行一直為香港居民供應各類鮮活食品，承擔了香港市場85%的活雞與15%的生豬的代理進口與經銷。其他業務如馬口鐵、酒店與地產業務也呈現良好的發展態勢。

經過近十年的重組，粵海的資產負債率從2000年的67.85%降至2007年的46.78%，而稅前溢利則從虧損24.5億港元，增長到33.83億港元。[56]上市旗艦粵海投資到2008年資產總值達到312.45億港元，淨資產為174.82億港元，負債率為44%，營業額75.9億港元，年度溢利19.95億港元。[57]在金融海嘯形勢下，其主要指標比上年持平或略有增長。歷盡劫波之後的新粵海經受住了新的金融危機的考驗，邁向新的征程。

深業集團：從"瘦身"到再造

1997年3月7日，深業集團重組深業控股有限公司（2000年更名為"深圳控股有限公司"），實現在香港上市，發行價1.85港元。在紅籌企業熱潮中，股價一路上揚，不到半年，最高衝至12港元，市值突破百億港元大關。

深業集團為了推進深業控股的上市，將優質資產包裝到上市公司，而將公司成立以來積累下來的不良資產和大量低效、虧損的貿易類、加工工業類企業留在母公司，如同當時的招商局、粵海等中資企業一樣。據統計，深業集團所屬的二三級企業甚至四五級企業，可謂層出不窮，包括正常經營、待清理和空殼公司共有263間。而且，在上世紀八九十年代"放權"經營大潮影響下，集團企業內部，子公司投資經營，母公司貸款或擔保；子公司虧損，母公司買單等等現象，成為當時集團企業母子公司關係的常態。

　　1998年10月，廣信粵海危機爆發，衝擊了近二千家香港中資企業，導致中資信貸危機爆發。

"瘦身"：變革從危機開始

　　當時，深業集團旗下一家經營不銹鋼材的貿易公司，因採用賒賬經營，僅收一點定金，就將貨交出，結果1.3億港元貨款收不回，導致銀行追討逾期欠款。與此同時，一批日資銀行和外資銀行開始收回短拆額度。1999年，深業集團面臨着舊債要提前償還、新的貸款又被大幅壓縮的雙重擠壓，導致多達7億港元的現金流缺口。而且，當時一些中資企業準備動用上市公司現金"削肉救母"行動也因涉及關聯交易被聯交所叫停。因此，面對深業控股的充裕的現金結餘，母公司只有通過注資的方式才能套出。而此時，母公司除了大量不良或低效資產，已無資可注。

　　從紅籌狂飆突然轉入金融風暴和信貸危機，應對這種過山車式變化，既需要理性和智慧，也需要心理承受力。

　　於是，一份《關於廣信與中資信貸危機對深業現金流影響的緊急報告》送到了深圳市政府。隨後，深圳市政府將一個淨資產超過5億元人民幣的房地產企業鵬基工業發展總公司劃到深業集團名下，又將深業原來1億元人民幣財政借款轉注資，加之財政另出資2,000萬美元交給深業集團在香港設立科技風險基金，這一切為深業集團降低負債率化解信貸危機提供了強大的支援。

隨後，深業集團將其持有的深圳國信證券公司29%的股權以3.6億人民幣轉讓予深圳機場集團，將持有香港上市公司創科企業（股票代號：0669）股權售出套現1.5億港元。一場信貸危機暫時化解。

偉大的變革往往從危機中開始。

雖然信貸危機暫時脫險，但是，一大堆貿易類、加工工業類企業除了能為集團增加一些營業額，影響深業在銀行的信貸額度外，更多的是帶來了虧損和無盡的潛在風險。

在一般情況下，關閉企業將會遇到極大阻力和風險。但是從這場危機開始，深業集團"壯士斷臂"，義無反顧地退出一般貿易業務，關閉了一批在港貿易公司，從而消除賒賬經營、代開信用證等方式帶來的經營風險和信貸風險。

"瘦身"和收縮延伸到了各個方面：位居九龍尖東一層一萬多平方呎的寫字樓縮小一半，另一半用來出租；公司在紅磡黃埔花園的29套公寓全部出售，內派員工退居自有招待所；總部職能部門最低潮時縮至三個部門——總裁辦、人事部和財務部；派駐香港滿五年的內派員工一刀切回深圳工作，減薪更是讓每個員工體驗到金融危機的殘酷。

到1999年底，深業集團已基本走出了信貸危機。2000年4月，在深業集團奮鬥十年、年屆61歲的深圳市政協副主席、深業集團董事長許揚離開了深業，任深圳市政協專職副主席。原深圳市政府秘書長宋枝旺接任深業集團董事長。

此時，內地國有企業改革的號角已經吹響：國有經濟明確可以"有進有退，有所為有所不為"，在競爭性領域的退出已得到政策的鼓勵，產權主體多元化與"抓大放小"已經開始進入操作階段，經營者收購（MBO）在當時成為"放小"的一種主要形式。

深業集團在21世紀的最初三年通過關閉、轉讓、合併、重組、經營者收購等形式，更大規模地清理了工貿類企業，其企業版圖由此而變：百餘家二三級甚至四五級的"子孫" 企業、"重孫"企業彷彿人間蒸發，只剩下幾個較大規模、盈利能力較強的從事房地產、運輸、物流的二級企業集團。

這樣，經過五年時間，通過兩屆領導班子的共同努力，在深業集團歷史上存在了長達二十年的貿易類企業基本退出了歷史舞台。

隨後，為了強化總部權威，提高對所屬企業特別是對旗下幾個規模較大的二級集團的管控能力，深業集團開始了"削藩"行動，即通過"換位子"調整高管等方式，使原來鬆散型的母子公司關係，逐漸向緊密型關係轉變。

從"瘦身"到"削藩"的五年調整，為後來的再造深業基本清理了道路。

"再造深業"之路

2003年4月，年近六旬的宋枝旺榮升為深圳市人民代表大會常務委員會副主任，深圳市政府原秘書長胡愛民接任深業集團董事長。次年，原深圳建設控股集團有限公司董事長張宜均接任深業集團總裁。

此時，經歷了長達五年的經濟通縮、兩次經濟衰退和SARS衝擊的香港經濟，正借助世界經濟的週期性復甦和CEPA，開始走出低谷，並於2004年開始了新一輪經濟週期的強勁復甦，一大批H股行業巨頭在香港上市，更是把香港股市在2006年推上全球IPO第二的高峰。

而中國內地經濟也處在改革開放以來第三個經濟週期的經濟"井噴"的黃金機遇期。華潤、招商局、中國海外等正是在這個週期進行戰略調整，挺進內地，開始大規模併購和全國佈局，一躍而成為中資幾大行業巨頭。而有一些地方"窗口公司"在亞洲金融風暴後或關閉，或重組瘦身，一直處在調整中而錯過了這一輪發展機遇。

深業集團再一次抓住了機遇，提出了深業的再造，並將它推上了一個新台階，其意義堪比上一次的紅籌上市。

如同華潤集團、招商局一樣，深業集團的再造也是從管理開始的。

2003年，麥肯錫在1999年先後為粵海集團、招商局進行企業"診斷"以後，再一次為深業集團"把脈"，並為它量身訂造了對所屬企業的投資、人事、財務三大管控體系，並通過回訪等形式使之固化下來。深業還建立了360°績效考評體系，建立《重大事項請示制度》，統一全系統各級企業的標識系統，建立統一的品牌標識，全面提升深業系統的整體性和執行力，力圖改變過去鬆散性管理構架。

與此同時，借助香港資本市場和深圳控股的融資平台，通過兩次批股共計進行股權融資21.5億港元；2006年9月，又以優惠貸款條件取得香港十家銀行組成的無抵押銀團貸款4.65億美元，為五年期；2008年初在美國次貸危機已經發生的情況下，再次成功獲得16億港元的銀行貸款。

於是，深業開始了大規模的"圈地"運動。深圳控股及旗下二級集團企業深業南方地產集團、深業泰然集團、深業鵬基集團等三家地產企業先後在珠江三角洲、長江三角洲和武漢、長沙等十餘個城市拿下了31個項目共計1,500萬平方米的土地儲備，並通過對三家地產集團的大規模注資，降低其負債率，增強其自身融資能力。深業集團還於2006年收購了在香港上市公司沿海綠色家園22.4%的股權。以地產板塊作為核心產業的深業集團，藉其綜合實力（包括土地儲備、資產規模、盈利能力、銷售額等），已經跨入區域知名品牌地產商行列，"深業地產"品牌已經獲得"2008中國華南地區房地產企業TOP 10"的稱號。

路橋基建板塊是深業集團的第二大業務板塊。1997年，深業投資湖南岳陽洞庭湖大橋，是進入基建的開始。2000年，又收購了深圳收費公路松白公路。2004年，成功收購香港上市公司路勁基建25%的股份，投資5.42億人民幣；持有深圳大鏟灣港口公司25%的股權。2006年7月，又收購了湖北荊東高速公路91%的股權，並通過轉讓部分股權給中國平安信託，結盟大家，共同發展，從而形成了深業與中國平安的長期合作夥伴關係。深業投資總額達61億元人民幣，持有70%股權的廣河高速公路（惠州段）於2008年4月正式動工，加上同期收購的惠大高速公路項目，深業集團運營建設的收費高速公路總里程達258公里，初步形成了該集團的基建板塊。

2003年，在招商局退出中國平安保險的時候，深業集團以每股5.38元的價格，總計出資9.2億元人民幣，成功地收購了深圳市財政局持有的中國平安保險的6.93%的權益，中國平安保險先後實現A＋H股上市以後，股份一拆二，深業集團持有3.01億股，佔4.87%的權益。在2007年，深業集團持有的市值曾高達近五百億元，後跌至最低位時，仍有一百餘億市值。這是深業歷史上最具價值的一次股權投資，由於流動性好，隨時可為深業集團帶來超乎一般的資本收益、資本增值和現金流。為應對各種風險包括2008年金融海嘯提供了強大的支援，這一塊資產也為深業集團進入香港中資地方"窗口企業"第一方陣增加了底氣。

與此同時，深業集團還先後退出天威視訊、媽灣電廠等17項非核心資產。

到2007年底，深業集團總資產達263.46億港元，比2002年底的109.87億港元，增長了139.8%；淨資產達105.79億港元，比2002年底的46.84億港元，增長了125.85%，等於五年再造了一個深業。深圳控股入選《福布斯》二百家亞太地區最佳中小企業。

為了進一步支援深業集團做大做強，2008年，深圳市政府國資委將深圳市屬國有企業沙河集團、科技工業園公司、農科集團和萬和證券公司劃轉到深業集團旗下。2009年8月，深業集團董事長胡愛民榮休，原深圳市國資委主任郭立民接任深業集團董事長。（三年後郭立民調任深圳市經貿信委主任，呂華繼任深業集團董事長。）

圖102　地產板塊已成為深業的核心產業，紫麟山花園是其開發的高檔房地產項目之一。

到2009年6月底，深業集團總資產達480億元，淨資產達207.42億元。深業集團已佔到深圳市屬國有資產的六分之一，成為深圳市最大的綜合性企業集團之一。同時擁有控股和參股的香港上市公司和內地A股上市公司五家：深圳控股、沙河股份、中國平安保險、路勁基建、沿海綠色家園；其中深圳控股作為深業集團的上市旗艦，到2007年底，營業額達到33.43億港元，利潤總額25.09億港元，總資產為255.26億港元，淨資產為99.49億港元，2008年在金融海嘯的形勢下，營業額達40億港元，仍增長了22%，總資產達到277.19億港元，淨資產達到106.92億港元，利潤總額有所下降，為17.25億港元。[58]

在行業巨頭主導市場的時代，深業集團與北京控股、上海實業一樣，面臨着從區域發展商向全國行業巨頭轉型的巨大挑戰，韋爾奇的名言依然是有價值的：No.1, No.2, Fix, Sell, Close（要麼第一，要麼第二，要麼整好，要麼賣掉，或者關了）。華潤集團、招商局是兩個典型案例：華潤集團在1980年代外貿體制改革放權的時候，面臨進出口貿易壟斷權打破後的危機，然後通過業務多元化突圍和資本運營，走上了發展的快車道。也就是說，華潤集團從改革開放算起，到資產、市值突破百億大關，大概花了不到十五年時間，而資產、營業額市值過千億大關，又花了十年左右時間。招商局是從1978年1.3億元資產起步的，也就是花了十五年左右時間突破資產、市值百億大關；再用十年時間，實現資產市值過千億大關、淨利潤過百億大關。

這兩個企業超常規發展尤其是千億大關突破的成功處至少包括四點：成功運用香港資本市場多管道融資，兩者均有五家以上的控股和參股的上市公司；都將嚴密的管控體系設為規模擴張的前提和基礎；把握經濟發展的週期規律，抓住了中國經濟"井噴"的黃金機遇期，實現低成本擴張；實施有限多元化與專業化經營，並選擇適合自身的核心產業，做到行業領先。這四者缺一不可。粵海集團當年缺少了管控體系和有限多元及行業領先的條件，管理、投資失控，金融風暴一來，幾乎被摧垮。

目前，新一輪經濟週期從低谷起步，深業集團已經打造了兩個以上的香港和內地上市平台和融資通道。房地產作為核心產業已經初步具備向全國一線地產商發展的基本條件，如果能實現全流程、全系統、即時化的資訊化管控，同時將過於集中同一區域、同一行業的高組織成本的二級集團通過重組、新建或遷冊等方式，實現全國佈局下的區域總部化，開疆拓土，再用若干年，地方紅籌企業中，也許將產生新的行業巨頭。

註釋：

〔1〕　〈資料見證改革開放30年中國經濟社會巨變〉，http://www.ahradio.com.cn。

〔2〕　張連城：〈中國經濟週期為9.5年〉，http://www.china.com.cn。

〔3〕　〔28〕　郭國燦著：《回歸十年的香港經濟》，第101-146頁、第19頁、第129頁，三聯書店（香港）有限公司，2007年版。

〔4〕　轉引自韋三水：《寧高寧空降北京前後的中糧命運》，第152-154頁，當代中國出版社，2006年版。

〔5〕　王石、繆川著：《道路與夢想》，第204-205頁，中信出版社，2006年版。

〔6〕　《華潤置地有限公司2008年年報》。

〔7〕　《華潤電力控股有限公司2007年年報》。

〔8〕　郎咸平著：《操縱》，第26頁，東方出版社，2004年版。按：這是華潤集團利用上市案例的一次漂亮的零成本的資本運作。但2008年6月香港證監會就“協議安排”收購和“全面要約”收購作出了有利於小股東權益的修改，即反對獨立股東人數不得超過10%，方可通過大股東收購。

〔9〕　〈華潤集團戰略性收縮擬私有化華潤微電子〉，http:// caihuanet.com；《華潤微電子有限公司公告：可能私有化》（2009年2月25日）。

〔10〕　郎咸平著：《整合》第一章、《操縱》第十六章，東方出版社，2004年版。

〔11〕　Ronald H.Coase,The Nature of the Firm,Economica,n.s.,4（November）/1937.

〔12〕　吳敬璉著：〈大型企業的戰略結構和總部功能〉，http:// www.drcnet.com.cn；林毅夫著：〈躬行者絕知〉，載於秦曉著：《制度變遷中的實踐與思考·序》，黑龍江教育出版社，2002年版。

〔13〕　秦曉著：〈從“生產函數”到“替代函數”〉，載於《制度變遷中的實踐與思考》。

〔14〕　Oliver E.Williamson，'Corporate Governance'，Chapter 12 of *The Economic Inititutions of Capitalism*，The Free Press，1985.

〔15〕　王玉德、楊磊著：《再造招商局》，第88頁，中信出版社，2008年版。

〔16〕　傅育寧著：〈我們如何重組招商局〉，載於《北大商業評論》，2005年4月號。

〔17〕　招商局辦公廳戰略研究部編：《秦曉講》，第2-10頁，2009年內部印。

〔18〕　招商局著：〈靜悄悄的革命〉，載於中央人民政府駐香港特別行政區聯絡辦公室（以下簡稱“中聯辦”）經濟部《回歸十年來的香港經濟與香港中資企業》，第347頁。按：招商局通常使用的“債務率”概念，“債務”是指需要支付利息的銀行貸款和債券等，不含“應付賬款”等“不支付利息”的負債。

〔19〕　胡政主編：《招商局與深圳》，第235頁，花城出版社，2007年版。

〔20〕　王玉德等著：《再造招商局》，第122頁；李秀中著：〈135年凝就基業長青，秦曉軟權力再造招商局〉，http://fundl.jrj.com.cn；招商局著：〈靜悄悄的革命〉。

〔21〕　秦曉著：〈中國能源安全戰略中的能源運輸問題〉，載於《中國能源》，2004年第7期。

〔22〕　《招商局能源運輸股份有限公司2007年報》。

〔23〕　《招商局地產控股股份有限公司2008年報》；〈招商地產繼續下珠三角〉，載於《中國房地產報》，2009年4月6日07版。

〔24〕　招商局著：〈靜悄悄的革命〉，載於中聯辦經濟部編：《回歸十年來的香港經濟與香港中資企業》；2007年的資料見《招商局2007年報》。

〔25〕　香港中旅集團編：《香港中旅八十年》，第224-225頁，中國社科出版社，2008年版。

〔26〕　鄭珊珊、趙晨著：〈打造中國旅遊航空母艦——訪港中旅集團董事長張學武〉，載於香港《經濟導報》，總3089期（2008年9月）。

〔27〕　趙晨著：〈旅遊業向“大旅遊”進發〉，載於香港《經濟導報》，總3089期。

〔29〕〔31〕　楊默著：《中海攻略》，第213頁、第133頁，中國經濟出版社，2007年版。

〔30〕〔34〕　中國海外集團著：〈戰略調整，實現新跨越；二次騰飛，再造新中海〉，載於中聯辦經濟部編：《回歸十年來的香港經濟與香港中資企業》，第445頁。

〔32〕　《中國建築國際集團有限公司2009年年報》。

〔33〕　孫文傑曾總結影響中國海外歷史命運的三次戰略調整：第一次是1985年從承建向地產的轉型；第二次是中海發展的上市；第三次則是投資重點向內地的轉移。

〔35〕　《中國海外發展有限公司2008年年報》。

〔36〕　〈凝聚夢想，共築輝煌——中國海外成立三十週年〉，http://www.cohl.com。

〔37〕　魏家福著：〈培育和發展具有國際競爭力的大型企業——中遠集團的實踐和探索〉，http://www.cosco.com.cn。

〔38〕　魏家福：〈國際化不等於全球化〉，http://www.xinhua.cn。

〔39〕　魏家福著：〈中遠集團改革發展的理論和實踐探索〉，http://theoryv.people.com.cn。

〔40〕　〈劉明康要重振光大〉，載於《資本》雜誌，1999年10月號。

〔41〕　《光大控股有限公司2008年年報》。

〔42〕　《光大國際有限公司2008年年報》；另見光大集團著：〈香港回歸十年來的中國光大集團〉，載於中聯辦經濟部：《回歸十年來的香港經濟與香港中資企業》。

〔43〕　〈中國太平保險集團大事記〉，http://www.taiping.group.com。

〔44〕　〈中保集團啟動“五大改革”〉，載於《21世紀經濟報道》，2009年1月17日。

〔45〕〔46〕　郎咸平著：《整合》第41頁、第39-59頁，東方出版社，2004年版。

〔47〕　《北京控股有限公司2008年年報》。

〔48〕〔51〕　〈上實集團董事長蔡來興：在變革中化解風險〉，http://www.mr699.cn。

〔49〕　《上海實業控股有限公司2004年年報》。

〔50〕〔52〕　《上海實業控股有限公司2008年年報》。

〔53〕〔54〕　武捷思著：《粵海變革》，第7-8頁、第24-26頁、第46頁、第93頁，香港經濟日報出版社，2004年版。

〔55〕　粵海控股有限公司著：〈粵海重組再創輝煌〉，載於中聯辦經濟部《回歸十年來的香港經濟與香港中資企業》，第473頁。

〔56〕　http://www.gdh.com.HK.

〔57〕　《粵海投資有限公司2008年年報》。

〔58〕　《深圳控股有限公司2008年年報》。

第九章

2008：金融海嘯的衝擊

當人們以為次貸危機逐步紓緩時，更大的衝擊波正在席捲而來。

2007年3月，我正在為即將出版的《回歸十年的香港經濟》〔三聯書店（香港）有限公司，2007年4月出版〕作最後的修訂。適值香港上海滙豐銀行有限公司（以下簡稱"滙豐銀行"）公佈2006年度業績：因受美國次級按揭貸款危機影響，滙豐銀行於2006年的壞賬準備將超過100億美元。100億美元的壞賬準備對任何一個企業來說無疑都是一個災難性數字，儘管當時誰也沒預見到次貸危機的走勢，但是我有一種不祥的預感，於是毫不猶豫地將這一事件補進了拙著的附錄《香港經濟大事記》中。[1]

這大概是第一次，全球金融海嘯與香港經濟直接掛鈎。

一　從次貸危機到全球金融海嘯

隨後，這場次貸危機漸次浮出水面，到2008年，次貸危機演變成一場席捲全球的金融海嘯。

2007年4月4日，美國第二大次級債提供商新世紀金融公司申請破產保護，揭開了次貸危機的序幕；8月6日，美國第十大抵押貸款服務提供商——美國住宅抵押貸款投資公司申請破產保護。這是美國次貸危機的第一股衝擊波，也是美國次按（又稱"次貸"）危機爆發後倒下的第一批"先烈"。

與此同時，次按危機開始在全球蔓延。

進入2008年，當人們以為次貸危機逐步紓緩時，更大的衝擊波正悄悄襲來。

2008年7月，美國兩大住房抵押貸款融資機構房利美（Fannie Mae）和房地美（Freddie Mac）爆發了債券危機，這兩家公司經手了高達五萬億美元的住房貸款抵押業務，佔全美房地產貸款市場的50%，次貸危機爆發後，兩間公司虧損高達149億美元，股價下跌90%，陷入破產邊緣。包括中國在內的世界多國央行及金融機構均持有"兩房"債券，一旦破產，對美國房地產市場和全球金融市場的破壞不堪設想。9月7日，美國政府被迫宣佈接管“兩房”。

次貸危機引發全球金融海嘯，是從終結華爾街投資銀行開始的。

華爾街一向被視為全球金融的聖殿，而進入高盛、摩根士丹利、美林、雷曼兄弟幾大世界頂級投資銀行工作，則被視為進入金融聖殿之門，成為全球金融人士一生的嚮往和最高追求，一如籃球運動員嚮往NBA一樣。沃頓商學院畢業的郎咸平教授曾毫不掩飾地透露當年大學畢業時的志願：

> 我在1986年畢業找工作的時候，第一志願就是去這些現在已經破產的投資銀行，包括雷曼兄弟、高盛和美林。因為去這種公司工作簡直太完美了，入職第一年的年薪就有幾十萬美元，工作幾年之後，如果沒有被炒魷魚，年薪就能達到上百萬美元，如果再做十年，升為公司的合夥人或者董事總經理，說不定就能拿上千萬美元的年薪。所以我很想進這些公司工作，只是它們不要我。[2]

然而，這一切都因為這場次貸危機而改變，華爾街的投資銀行如同白堊紀末期的恐龍一樣，突然在次貸危機中整體消失。

2008年3月16日，華爾街第五大投資銀行貝爾斯登因投資次貸證券化產品瀕臨破產而被美國摩根大通銀行（J.P.Morgan）以總價2.36億美元收購，這家在華爾街活躍了八十三年的老牌投資大行，以被收購的結果率先出局，從此拉開了華爾街投資大行厄運的大幕。

2008年9月15日，美國第四大投資銀行雷曼兄弟控股公司申請破產保護，該公司負債達6,130億美元，其債權人總數超過10萬人。一個擁有一百五十八年歷史的百年老店，從此不復存在。

雷曼破產當日，美國銀行以近五百億美元的價格收購了美國第三大投資銀行美林公司；次日，美國政府提供850億美元巨額貸款給美國最大的保險業巨頭美國國際集團（AIG）；9月21日，美聯儲宣佈批准危在旦夕的美國第一及第二大投資銀行高盛、摩根士丹利轉為銀行控股公司，從投資大行過渡到商業銀行，以吸收存款來緩解危機；9月25日，美國監管機構接手美國最大儲蓄銀行華盛頓互惠銀行，並將其部分業務售予摩根大通銀行。

華爾街投資銀行已經集體沉淪，商業銀行也遭遇了重創，花旗銀行在2008年第四季度巨虧達82.9億美元後，開始了業務的重組，穩守傳統銀行業務，而將開展投資大行、證券業務的所羅門美邦公司控股權轉讓於摩根士丹利，並得到美國政府注資450億美元。美國銀行在2008年第四季度也虧損了17.9億美元，得到了美國政府共計450億美元的注資。

隨後，這場金融海嘯向美國實體經濟蔓延：美國三大汽車巨頭——通用汽車公司、福特汽車公司、克萊斯勒汽車公司也陷入絕境，數百萬汽車工人面臨失業，一場肢解和重組美國汽車行業的行動已經開始。

同時，這場金融海嘯迅速席捲全球，法國四家銀行以及瑞士銀行、蘇格蘭皇家銀行、比利時富通銀行、英國巴克萊銀行和德意志銀行、滙豐銀行均在這次次貸危機中遭受重創。多年來在全球幸福指數排第一的冰島因過度外債而陷入“國家破產”危機，韓國出現經濟動盪，日本央行向金融機構大幅注資，俄羅斯的盧布和油價暴跌，墨西哥、匈牙利、白俄羅斯等新興市場國家紛紛緊急向世界銀行尋求援助，英國於2008年第三季度出現十六年來的首次季度負增長，歐盟、美國、日本這三大經濟體均陷入衰退的困境。

這場由次貸危機引發的全球金融海嘯究竟是怎樣產生的？

籠罩在次貸危機上的層層迷霧漸次散去，深層原因逐漸顯現：根深蒂固的美國式貸款消費文化、寬鬆的政策鼓勵、金融衍生產品創新的濫用與金融監管的缺失。[3]

　　由於美國良好的社會保障和福利制度，美國人形成了明天的錢今天花的超前消費習慣，透支未來的最好方式就是貸款消費。

　　美國經濟在新世紀初經歷了網絡泡沫的破滅和9‧11恐怖襲擊之後，經濟週期出現了下滑的趨勢。為了提振經濟，美國政府開始刺激房地產市場的發展，美聯儲通過採取寬鬆的貨幣政策，不斷降息，最低基準利率降至年息1%，以此帶動消費需求，特別是住房消費需求。

　　美國的按揭貸款政策，是根據計分統計後按信用等級實行的一種差別按揭政策，大抵上劃分為三個等級：優級按揭貸款面向信用等級高、債務負擔合理、風險小的優良客戶，個人信用分數在660分以上；次級按揭貸款面向信用分數低、收入證明缺失、負債較重的客戶，信用分數在620分以下，如美國的低收入階層和新移民；"超A"級按揭貸款，介於上述二者之間，泛指那些信用紀錄不錯，但缺少或完全沒有固定收入、存款、資產等合法證明檔案的客戶，信用分數在620分至660分之間。可見次級按揭貸款面對的是低收入人群，實行高利率，通常比優級按揭貸款高三個百分點左右，而且浮動利率比例大，在優級、次級和超A這三級貸款中，浮動利率所佔份額分別為20%、85%和60%，次貸浮動比例最大，因此風險最高。

　　在美聯儲寬鬆的貨幣政策下，商業銀行和信貸公司從原來主要面向優貸等級放寬條件下移，從三成首付到兩成甚至零首付，充分發掘低收入人群的"潛力"，而中介機構也開始出具虛假的信用證明，推動着次貸市場的迅速擴大，美國房價一路攀升，加入買房隊伍的次貸人群迅速增長。2003年，次貸和超A貸款只佔當年美國按揭貸款發放總量的15%，到2006年，已達到46%；居民住房的自有率，2006年達到69%，比十年前增長了5%，低收入人群增長了6%，高收入人群僅增長4%。

　　大量信用不好的低收入人群貸款買房，無疑加大了商業銀行的貸款風險。

　　但是，美國早就有了按揭證券化，商業銀行將次級貸款利率讓利賣給投資銀行和兩房機構，商業銀行收到現金，風險就轉移出去了。

　　1999年，美聯儲主席格林斯潘推動國會通過了一個法案：永久性廢除美國商品期貨交易委員會對金融衍生品的監管權。從此以後，投資大行設計的金融衍生品就不再有人監管了。於是投資銀行開始設計關於次貸的金融衍生產品，將按揭證券打包，設計成一千美元一張的"次級債券"賣給全世界。

　　為了保證"次級債券"的投資者的"投資安全"，投資銀行還為保險公司設計了一款"信用違約掉期"的保險衍生產品，為次級債券提供保險，於是保險公司通過賣出"信用違約掉期"（3%的保險費），也在次級債券上賺了一筆。

　　如果房價一路漲上去，這無疑是多贏的投資產品：美國窮人改善了住房，還可以通過出售獲利；商業銀行獲得了貸款利息收入；投資銀行獲得次級債券收入；保險公司獲得了次貸保費收入；而投資者則將獲得高於銀行存款的投資收益。

　　然而，從2005年開始，隨着通貨膨脹的加劇，美聯儲連續17次加息，基準利率從1%漲到5.25%，減息週期變成加息週期。隨着利率上升，還款成本隨之提高，房價開始下降，次級貸款還款開始出現拖欠。到2006年，超過15%的次按貸款人拖欠還款60天。隨着拖欠率的上升，違約將導致住房被沒收，房貸即終止，隨之而來的按揭證券、次級債券成為一張廢紙，次貸危機就這樣全面爆發：從次貸購房者開始，逐級傳導，席捲全球。

二　金融海嘯席捲香江

　　關於十年前的那場亞洲金融風暴的歷史記憶尚未塵封，另一場金融海嘯又席捲而來。

我在《回歸十年的香港經濟》曾經試圖探討，作為一個細小的外向型城邦經濟體，香港經濟有無良策，可以跳出這種大起大落的經濟波動律呢？看來，經濟週期的波峰波谷是無法迴避的。

在全球金融海嘯衝擊下，香港經濟再一次陷入經濟衰退。

2008年第四季度，香港實質GDP出現2.5%的負增長，這是22個季度以來首次經濟負增長，2008年全年也只有2.5%的小幅增長。到2009年第一季度，形勢急轉直下，更達到了7.8%的負增長，為1998年第三季度下跌8.1%以來之最差。也就是說連續四年香港經濟增長的良好勢頭不僅在2008年結束，而且形勢之差，直逼十年前亞洲金融風暴時期，香港經濟又進入一個新的經濟週期的波谷。

無疑，美國次貸危機引發的全球金融海嘯，導致歐美消費市場的疲軟，對港產品的出口造成沉重的打擊。作為"三架馬車"的另外兩架"馬車"——私人消費與本地固定資本形成，也出現較大幅度的下跌，失業率也攀升至5.2%，香港特區政府將2009年全年的經濟增長預測調低到-5.5%至-6.5%。

這次金融海嘯還衝擊到香港的實體經濟，一些中小型製造業廠家或零售連鎖企業接連倒閉，特別是珠江三角洲的港資加工貿易企業，本來就處於轉型艱難期，隨着美國、歐洲訂單的減少甚至取消，大多面臨着困局，部分陷入經營絕境而倒閉。滙豐銀行、星展銀行等金融機構以及一些地產企業也出現了裁員、凍薪減薪現象，一時間，零售業、飲食業遭遇SARS以來的最大打擊。

次貸危機與金融海嘯對香港的直接衝擊，除了滙豐等金融機構因購買美國次級債券遭受嚴重損失外，還有影響普羅大眾的雷曼"迷你債券"事件。

2008年9月，美國第四大投資銀行雷曼兄弟控股公司的破產，揭開了全

圖103 自雷曼兄弟公司倒閉後,曾購買其發行的"迷你債券"的香港
苦主被迫走上街頭,誓要討回血汗錢。

球金融海嘯的序幕，在香港則引發了迷你債券事件。一批購買了雷曼"迷你債券"的投資者，組成"雷曼兄弟苦主大聯盟"上街遊行，分別向金管局、證監會和消委會投訴，要求調查零售銀行及證券行銷售人員的誤導行為，並提出索償問題。

"迷你債券"（Minibond）其實並非保本付息的傳統債券，而是一種高風險的金融衍生產品，它是經由在開曼群島註冊的太平洋國際金融公司發行，雷曼兄弟公司作為安排人，面向個人投資者的一種信貸掛鈎票據。"迷你"的意思，是把原來100萬美元的投資額拆分為數萬港元，以方便零售給銀行客戶。太平洋國際金融公司用發行募集的資金購買由雷曼兄弟亞洲投資公司挑選的債務抵押債券（Collateralized Debt Obligation，簡稱CDO），然後與雷曼特別金融公司簽訂相應的利率互換合約，將CDO的利息收益轉換為與"迷你債券"付息頻率一致的利息收益，再與後者簽訂一份基於滙豐、渣打等七家信用主體的信用違約互換合約，約定由雷曼特別金融公司向太平洋金融公司按期支付"保費"，並將保費作為額外收益支付給"迷你債券"的投資者。

由於"迷你債券"涉及發行人太平洋金融公司、雷曼特別金融公司、滙豐銀行等公司的信用以及CDO、利率互換和信用違約互換等一系列複雜操作，任何一個環節"卡殼"，都將對投資者造成違約，因此，雖然年收益率高至5.6%以上，風險卻非常高。零售銀行在推銷時沒有詳細披露產品風險，而監管部門也放鬆對風險的控制，隨着雷曼兄弟公司的倒閉，最終遭受損失的還是普通投資者。

事件終於在發生十個月之後有了結果。2009年7月22日，香港證監會、金融管理局與16間分銷銀行就賠償客戶達成協定，16間分銷行將會在沒有承認責任的前提下，向截至2009年7月1日計65歲或以上的客戶，回購所有未到期迷你債券的本金面值的70%，向65歲以下的客戶回購本金面值的60%。據估計，合資格參與和解的投資者大概有2.9萬名，銀行要為和解支付約63億港元。

　　但是，與上次金融風暴比較，這次主要是外部衝擊，內部經濟要好於十年前，股樓兩市泡沫沒有上次嚴重，金融業雖然遭到較大的衝擊，一些購買次貸垃圾債的銀行壞賬上升，但整個金融體系沒有出現大的問題，資金也未出現大規模流出，反而出現大規模流入；物流業、製造業、貿易行業、零售業以及旅遊等服務業雖然遭遇重創，但也未出現1998年大規模的知名的大型外資企業、華資企業和中資企業倒閉潮。

三　過山車式記憶：紅籌企業的2008年

　　2008年為中資紅籌企業又一次留下了過山車式的記憶。

　　2007年10月30日，香港恒生指數創下歷史新高，達31,958點，港股市值衝破23萬億港元，恒生中資企業指數亦衝至歷史高位7,107點，紅籌企業的市值超過六萬億港元。

　　然而進入2008年，美國次貸危機演化為全球金融海嘯，導致2008年9月美國最大的五家投資銀行整體沉沒，香港股市也經歷了一輪驚濤駭浪。10月27日，恒生指數跌至10,676.84點的本輪最低點，跌幅達55%，恒生指數平均市盈率已低至6.5倍，跌幅和市盈率與歷史上的幾次最低點接近，與亞洲金融風暴時期比較，跌幅仍不及1998年8月的跌幅60%，而市盈率則比當時的8.09倍還低。近四百家上市公司相比一年前跌幅均超過八成。中資紅籌企業作為香港資本市場的參與者，難以獨善其身，也遭遇了前所未有的衝擊：

　　第一，受美國次貸危機與金融海嘯的直接影響，一些中資金融機構遭遇重大經濟損失。根據中銀香港控股年報，中銀香港對美國住宅按揭抵押證券及其相關債券的投資，於2007年、2008年的減值撥備分別為21.33億港元與91.7億港元。[4] 在這次雷曼"迷你債券"事件中，中銀香港預計將向散戶投資者支付大約36.26億港元，以回購雷曼"迷你債券"產品。在雷曼"迷你債券"16家分銷行中，中資銀行有中銀香港、交通銀行（香港）、集友銀行、中信嘉華銀行、中國工銀（亞洲）、南洋商業銀行及招商銀行收購的永隆銀行七家，賠償金額超過賠償總額63億港元的一半以上。[5]中信泰富在這次金融海嘯中更遭受了重創（詳情見後）。

　　第二，市值大幅縮水。2008年9月，雷曼兄弟公司破產引發了全球金融海嘯；9月底，恒生中資企業指數收報3,164點，相比一年前，跌幅達55%；到2008年底，紅籌企業市值2.87萬億港元，比一年前下跌了48%，從個股來看（如圖表9-1），以2008年1月2日至10月10日不到一年時間，在89間紅籌企業中，股價跌幅超過50%的有72間，佔紅籌企業公司的81%，還沒有到跌幅最大的10月底，跌幅達七成的有34間公司，佔紅籌企業的38.2%，大多是電子產品和地產類企業。

圖表9-1　紅籌企業股價表現（2008年1月2日-10月10日）

序號	公司名稱	年初股價	10月10日股價	升幅百分比（%）
1	中國航天國際控股有限公司	1.18	0.325	-72.46
2	中國電子集團控股有限公司	3.58	0.510	-85.75
3	首長實佳集團有限公司	1.080	0.310	-71.30
4	保利（香港）投資有限公司	6.930	2.080	-69.99
5	越秀投資有限公司	2.290	0.630	-72.49
6	金威啤酒集團有限公司	2.180	0.610	-72.02
7	中國（香港）石油有限公司	4.990	2.510	-49.70
8	招商局國際有限公司	48.50	17.90	-63.09
9	深圳國際控股有限公司	1.050	0.340	-67.62
10	北京發展（香港）有限公司	3.740	0.980	-73.80
11	中國光大控股有限公司	24.75	8.600	-65.25
12	銀建國際實業有限公司	1.700	0.610	-64.12
13	閩港控股有限公司	0.800	0.300	-62.50

（續）

序號	公司名稱	年初股價	10月10日股價	升幅百分比（%）
14	中信國際金融控股有限公司	4.870	4.110	-15.61
15	駿威汽車有限公司	5.010	1.570	-68.66
16	中國誠通發展集團有限公司	1.540	0.350	-77.27
17	申銀萬國（香港）有限公司	7.800	2.950	-62.18
18	閩信集團有限公司	4.910	1.360	-72.30
19	五礦建設有限公司	2.550	0.620	-75.69
20	中國航空技術國際控股有限公司	0.425	0.109	-74.35
21	中信21世紀有限公司	0.680	0.136	-80.00
22	中國光大國際有限公司	3.890	0.980	-74.81
23	中信泰富有限公司	43.55	14.80	-66.02
24	粵海投資有限公司	4.450	1.750	-60.67
25	川河集團有限公司	0.400	0.161	-59.75
26	比亞迪電子（國際）有限公司	15.10	2.200	-85.43
27	華潤創業有限公司	33.50	16.00	-52.24
28	中化化肥控股有限公司	7.280	3.000	-58.79
29	香港中旅國際投資有限公司	5.140	1.250	-75.68
30	中國工商銀行（亞洲）有限公司	21.00	10.50	-50.00
31	上海實業控股有限公司	34.00	13.26	-61.00
32	中外運航運有限公司	6.550	1.440	-78.02
33	北控水務集團有限公司	0.800	0.900	+12.50
34	北京控股有限公司	37.05	25.00	-32.52
35	四通控股有限公司	0.780	0.219	-71.92
36	方正控股有限公司	0.540	0.162	-70.00
37	雲南實業控股有限公司	0.830	0.495	-40.36
38	中國食品有限公司	5.810	2.250	-61.27
39	中遠國際控股有限公司	7.620	1.540	-79.79
40	首長科技集團有限公司	0.820	0.390	-52.44
41	珠江船務發展有限公司	1.610	0.820	-49.07
42	榮山國際有限公司	0.410	0.315	-23.17
43	浪潮國際有限公司	1.320	0.550	-58.33
44	華潤微電子有限公司	0.590	0.101	-82.88
45	深圳控股有限公司	5.580	0.900	-83.87
46	中國糧油控股有限公司	5.220	3.400	-34.87

（續）

序號	公司名稱	年初股價	10月10日股價	升幅百分比（%）
47	方正數碼（控股）有限公司	0.280	0.102	-63.57
48	悅達礦業控股有限公司	6.770	0.650	-90.40
49	中國海外發展有限公司	16.12	7.750	-51.92
50	首長國際企業有限公司	3.190	0.690	-78.37
51	首長四方（集團）有限公司	0.720	0.420	-41.67
52	中國聯通股份有限公司	17.90	9.610	-46.31
53	方興地產（中國）有限公司	4.190	1.800	-57.04
54	王朝酒業集團有限公司	3.100	1.000	-67.74
55	華潤電力控股有限公司	26.95	14.06	-47.83
56	神州數碼控股有限公司	5.680	2.500	-55.99
57	天津發展控股有限公司	9.300	2.540	-72.69
58	中國海洋石油有限公司	13.28	5.900	-55.57
59	九洲發展有限公司	0.790	0.340	-56.96
60	中石化冠德控股有限公司	1.960	0.980	-50.00
61	中國移動有限公司	137.90	66.40	-51.85
62	中保國際控股有限公司	21.40	11.82	-44.77
63	聯想集團有限公司	7.010	3.010	-57.06
64	亞太衛星控股有限公司	2.070	0.750	-63.77
65	越秀交通有限公司	5.220	2.950	-43.49
66	粵海制革有限公司	0.900	0.320	-64.44
67	TCL多媒體科技控股有限公司	0.530	0.125	-76.42
68	中國製藥集團有限公司	2.910	1.950	-32.99
69	華潤置地有限公司	17.24	6.800	-60.56
70	華晨中國汽車控股有限公司	1.740	0.415	-76.15
71	亞洲衛星控股有限公司	15.50	10.28	-33.68
72	中國航天萬源國際（集團）有限公司	0.760	0.220	-71.05
73	華潤燃氣控股有限公司	3.520	2.600	-26.14
74	中遠太平洋有限公司	20.80	6.300	-69.71
75	廣南（集團）有限公司	1.530	0.760	-50.33
76	中信資源控股有限公司	4.426	0.830	-81.25
77	五礦資源有限公司	4.260	0.900	-78.87
78	民安（控股）有限公司	2.610	0.650	-75.10
79	大昌行集團有限公司	3.500	1.270	-63.71

（續）

序號	公司名稱	年初股價	10月10日股價	升幅百分比（%）
80	中信1616集團有限公司	2.160	0.970	-55.09
81	中國電力國際發展有限公司	3.660	1.400	-61.75
82	中銀香港（控股）有限公司	21.85	11.00	-49.66
83	TCL通訊科技控股有限公司	0.310	0.066	-78.71
84	中國玻璃控股有限公司	4.000	1.100	-72.50
85	中國建築國際集團有限公司	3.090	1.000	-67.64
86	華僑城（亞洲）控股有限公司	3.450	0.900	-73.91
87	遠洋地產控股有限公司	9.660	2.150	-77.74
88	天津港發展控股有限公司	5.950	0.900	-84.87
89	中國重汽（香港）有限公司	12.12	5.570	-54.04

資料來源：《香港股票指南》（2008-2009年）。

　　第三，出現"浮虧"。所謂"浮虧"是指未平倉頭寸按當日結算價計算的未實現的虧損。由於股價暴跌導致企業股價跌破每股淨資產值或發行價，為此，諸多企業在股價跌去三四成時就開始大規模回購增持股份，逢低吸納，藉此提高控制力，同時也可提升市場信心，誰知金融海嘯一浪高過一浪，竟不知伊於胡底，待至跌去七八成時，就已浮虧嚴重。據稱，香港三大富豪李嘉誠、郭氏兄弟及李兆基分別浮虧1,843億港元、805億港元和486億港元。中資紅籌企業尚無完整紀錄，2008年估計也有不少浮虧。

　　第四，現金流出現困難。由於股價狂跌，市值蒸發，導致資本市場融資幾無可能，加之內地宏觀調控，銀行收緊信貸，現金平衡已成為難題。但是相對於十年前的中資信貸危機，2008年，香港中資紅籌企業尚未因為資金鏈斷裂出現大規模"爆煲"。

　　第五，經營業績下降。尤其是與出口密切相關的電子產品等生產企業、銀行、保險等金融、旅遊以及地產企業，在金融海嘯和宏觀調控的雙重夾擊下，2008年舉步維艱，營業額、利潤都出現不同程度的下滑。如圖表9-2，在14家主要的紅籌公司中，雖然營業收入大多保持一定增幅，只有四家公司負增長，但年度溢利、本公司股東應佔溢利卻大多數是下滑趨勢，下降幅度最大的是中信泰富、中保國際、光大控股與中銀香港，反映了金融海嘯衝擊下，金融、保險、證券業受衝擊最大，其次是華潤創業、深圳控股、中遠太平洋、越秀投資、港中旅國際、粵海投資，反映了零售百貨、地產、航運、旅遊等產業也受到了不同程度的衝擊，利潤普遍下滑。只有招商國際、中國海外發展、北控、上實保持良好的增長勢頭。

圖表9-2 主要紅籌公司主要經營業績指標變化一覽表（2007-2008年度）

（單位：億港元；中遠太平洋為億美元）

項目\公司	年度溢利			公司股東應佔溢利			營業收入		
	2007	2008	變化（%）	2007	2008	變化（%）	2007	2008	變化（%）
中銀香港	158.17	30.07	-80.99	154.46	33.43	-78.36	272.54	255.26	-6.34
華潤創業	54.70	29.61	-45.87	49.61	23.22	-53.19	515.13	646.28	25.46
招商國際	38.95	40.26	3.36	35.45	37.06	4.54	33.45	41.35	23.62
港中旅國際	7.21	6.01	-16.64	6.34	5.31	-16.25	44.17	43.88	-0.66
光大控股	52.65	9.75	-81.48	50.06	10.15	-79.72	45.84	41.43	-9.62
中國海外發展	42.17	50.72	20.28	41.80	50.49	20.79	166.33	188.92	13.58
中遠太平洋	4.33	2.80	-35.33	4.28	2.75	-35.75	2.99	3.38	13.04
中信泰富	115.67	-117.54	-201.62	108.43	-126.62	-216.78	385.34	464.20	20.47
中保國際	24.57	-2.06	-108.38	15.49	-2.99	-119.30	179.34	250.04	39.42
北京控股	18.44	26.96	46.20	14.78	22.82	54.40	109.76	197.04	79.52
上實控股	22.81	28.58	25.30	19.63	21.02	7.08	84.32	127.33	51.01
粵海投資	19.98	19.95	-0.15	16.97	18.77	10.61	66.89	75.91	13.48
深圳控股	19.33	10.23	-47.08	17.15	8.73	-49.10	33.43	40.81	22.08
越秀投資	13.69	9.73	-28.93	10.31	6.08	-41.03	52.44	41.73	-20.40

資料來源：各紅籌公司2008年年報。

四　中信泰富：外匯期權案的引爆

受這次金融海嘯影響最大的中資紅籌企業就是中信泰富。

2008年10月20日，香港中資第一家藍籌股企業中信泰富對外發佈盈利警告，公司為減低澳洲鐵礦項目的匯率風險，簽訂若干槓桿式外匯買賣合約，導致已變現及未變現虧損總額達155億港元。消息一出，中信泰富股價暴跌77%，從公告前的14.52港元跌至4.35港元，這是自1991年1月以來的最低位，市值縮水超過200億港元。

隨後，事態進一步發展：

10月22日，香港證監會展開對中信泰富的調查；23日，中信泰富主席榮智健赴京求援；10月30日，中信集團派遣董事進駐中信泰富。

11月12日，中信集團向中信泰富注資15億美元。

2009年4月3日，香港警務處商業罪案科對中信泰富總部進行突擊搜查，中信泰富股票當日停牌。

4月8日，中信泰富宣佈，榮智健辭去公司董事及主席，范鴻齡辭去董事總經理，中信集團副董事長及總經理常振明繼任中信泰富主席及董事總經理。

在香港中資企業近幾十年發展史上，因炒股、炒匯而遭受重大損失者並不鮮見，早年光大集團、三湘集團等都曾有過痛苦的記憶，為此，內地主管部門曾三令五申，禁止投機交易。但是，還是有人鋌而走險。2004年11月，中航油新加坡公司因炒石油衍生品期權而虧損5.5億美元，震驚北京。

中信泰富曾經是中國資本運營的先驅，並且通過資本運作迅速崛起，成為中國紅籌企業中第一個躋身藍籌股的企業。

1993年，中信泰富開始投資特鋼產業，由於特種鋼的資金、技術門檻極高，行業增長空間及邊際利潤與普通鋼不可同日而語。中信泰富通過併購，迅速掌控幾家特鋼企業。2004年後，又通過併購、增資和重組等方式，獲得大冶特鋼58.13%、石家莊鋼廠80%的股權，中信泰富特鋼規模已居全國第一。

2006年又競得澳洲50億噸磁鐵礦開採權，為了支付從澳洲和歐洲購買的設備和原材料，中信泰富對澳元和歐元需求量大，由於採用分期付款，時間較長，為了套期保值，降低匯率風險，鎖定美元開支成本，開始買下大量外匯槓桿式合約。

中信泰富在2007年底以來，曾分別與花旗銀行香港分行、渣打銀行、瑞信國際銀行、美國銀行、巴克萊銀行、法國巴黎銀行香港分行、滙豐銀行、國開行、德意志銀行等13家銀行，簽訂了24款外匯累計期權合約（accumulator），[6] 主要是四種：澳元累計目標可贖回遠期合約、每日累計澳元遠期合約、雙貨幣累計目標可贖回遠期合約、人民幣累計目標可贖回遠期合約。

按照澳元合約規定，中信泰富必須連續24個月每月按約定價格接收澳元，名義最大金額為90.5億澳元，合約至2010年10月期滿。

這一合約設計的最大特點是"止賺不止蝕"，盈利要封頂，虧損不保底，當中信泰富最多賺至5,350萬美元時，合約將自動中止，但如澳元實際匯率低於約定的接貨匯率，中信泰富必須以兩倍或多倍價格接貨，放大虧損，這就是槓桿效應。

這些合約的平均接貨匯率為1澳元兌0.87美元，而2007年9月以來澳元兌美元一路下滑，低至0.6；到2008年10月20日，中信泰富發佈盈利預警的當天，匯率跌至0.65，以此計算，中信泰富虧損155億港元。

那麼，這樣一種賺錢有限，虧錢無限的外匯累計期權合約應該不算過份深奧，怎麼就會讓專業經驗並不缺乏的中信泰富的專業人士拉下水呢？

現在很難對其深層原因妄下結論。從純業務角度看，中信泰富的選擇說明他們對澳元升值充滿信心，那就是說，他們絕對不會相信，在美國次貸危機引發全球金融海嘯的時候，美元還能升值。

按照常識，美元沒有理由升值。亞洲金融風暴期間，東南亞國家首先就從貨幣大幅貶值開始，然後是資產價格狂跌，陷入嚴重的經濟衰退。

然而這次美國次貸危機如此嚴重，五大投資銀行全軍覆沒，金融領域一片哀鴻，經濟衰退已成定局，從2001年以後就開始貶值的美元，突然從2008年7月開始掉頭向上，一舉扭轉了七年跌勢。到2009年3月，美元上升23.3%，兌歐元勁升28%，兌瑞士法郎大升23%，兌澳元也升近30%，只有兌日元稍有下滑。儘管大多數專家依然認為，從未來趨勢看，美元貶值趨勢將會得到進一步強化，但是，為什麼在金融海嘯最嚴重的時期，美元不跌反升？

其一，從實體經濟看，隨着金融危機向全球擴散，美國的金融危機經過一段時期的消化後，已有所回穩，而其他經濟體也陷入經濟衰退，且有擴大之勢，大概美國經濟走勢應比其他經濟體更明朗。

其二，全球金融海嘯使“現金為王”更為突出，全球都在拋股票、商品而儲存現金，而全世界主要交易所的商品和股票都是以美元結算，美元的流動性和傳統的避險功能使多數人拋售後均持有美元，令美元極速上升。

其三，讓美元升值，符合美國利益，同時也有利於穩定各個國家尤其是持有美國國債的國家對美元的信心，因此，前美國財長保爾森、美聯儲主席伯南克曾在2008年G8財長會議等國際場合公開表示，不排除干擾美元走勢。

在多種因素作用下，雖然美國遭遇自1929年經濟危機以來最嚴重的金融危機，但是，美元卻保持強勢向上的態勢，國際資金也流向美國，凸顯了這次金融危機的吊詭。

無奈，美元的突然向上，卻讓中信泰富對賭澳元升值遭遇滑鐵盧。

五　中信集團：重拳出救

好在中信泰富背後有大樹，這棵大樹就是直屬國務院的央企中信集團。

即便是連續多次登上《福布斯》中國大陸富豪排行榜前三甲的榮智健，在150億港元虧損額面前，也有心無力，唯一的選擇是，向母公司求救。

這是榮智健第二次進京求救。那麼，中信集團是否有能力解救？讓我們對中信集團作一快速掃描。

1993年3月，榮毅仁離開中信，魏鳴一任中信集團董事長，王軍任總經理；兩年後，王軍繼任董事長，直到2006年7月，才由孔丹接任第四任董事長。

在1980年代，中信集團一直在橫向多元化、縱向多級化之路上迅猛擴張，直到進入1990年代才開始調整、收縮和加強管理。1994年，中央政府開始新的金融改革，在金融領域推行分業經營，這對於通過多元化擴張之後形成了銀行、證券、信託、保險、基金等混業經營的"金融百貨公司"中信集團來說，構成了制度性障礙。

於是，王軍通過考察日本政府開放混業經營的金融改革，1997年開始，醞釀在北京和香港分別建立金融控股公司。1998年開始報批，直到2001年10月，才正式得到國務院正式批覆，同意成立金融控股公司。於是，王軍開始了重組中信之路。

2001年11月，香港中信嘉華銀行宣佈斥資42億港元收購香港華人銀行，這次收購使嘉華銀行資產從591億港元增至800億港元，在香港的分行由26家增至47家。2002年，以中信嘉華為主體，加上中信國際資產管理公司、中信資本控股有限公司，重組為中信國際金融控股有限公司，是為中信集團在香港的金融控股公司。

　　鑒於"信託"已經名不副實,存在了十三年的中國國際信託投資公司於2002年正式更名為"中國中信(集團)有限公司"。同年在北京組建了以中信銀行為主體的中信控股有限責任公司,負責對旗下中信實業銀行、中信證券股份有限公司、中信信託有限責任公司、中信期貨經紀有限責任公司、中信資產管理有限公司、信誠人壽保險有限公司、中信國際金融控股有限公司行使股東權力,其中,新成立的中信資產管理有限公司集中管理中信長期遺留下來的不良低效資產。

　　隨後,向證券行業擴張,1995年成立的中信證券股份有限公司於2002年底,公開發行四億股A股,募集資金1,730億元人民幣,並於2003年1月在上海成功上市。隨後經過一系列擴張,擁有中信建投證券公司、中信證券國際有限公司、華夏基金管理公司、中信基金管理公司、中信金通證券公司等七家控股子公司,擁有內地165家證券營業部和60家證券服務部,2005年還在香港設立了中信證券(香港)有限公司。

　　中信地產主要由中信華南(集團)與中信(深圳)集團和海南博鼇投資控股公司組成。中信地產定位在以中高檔住宅開發為核心業務,以土地一級開發、住宅開發為主要盈利業務,在京、滬、穗、深、廈等一二線城市投資地產項目八十餘個,累計開發逾千萬平方米,先後開發了中信‧山語湖、北京‧中信城、中信‧紅樹灣、中信‧森林湖、中信‧君庭等知名住宅樓盤和深圳中信城市廣場等城市綜合體建築和高檔寫字樓,並從一級開發入手,實施成片區域性開發戰略,先後在長沙、井岡山、成都、蘇州拿下成片土地,成為擁有土地一級開發協議面積超過3,036萬平方米、土地儲備約2,000萬平方米的地產巨頭。[7]

　　除了金融和地產之外,中信集團還廣泛投資基礎設施、能源、旅遊、鋼鐵、採礦、出租車、電信、貿易、工程承包、諮詢、出版等領域。

　　王軍曾對媒體坦陳,他在1996年作過一次"獨斷專行"的決策:1996年12月26日,王軍簽字同意以每股33元共計3.3億股中信泰富股票,配售予榮智健等65位高管層，其中2.91億股配售給榮智健，使榮持股增至18.9%（3.8億股）。一夜之間，榮的財富上升至177億港元，成為公司第二大股東。幾天後，股價升至38元，新年春節後漲至58港元，榮智健身家達到220億港元，而王軍則承受了賤賣國有資產的巨大壓力。

但是，正是這次轉讓套現108億港元，幫助中信集團渡過了隨後爆發的亞洲金融風暴。而中信泰富在1998年亞洲金融風暴和廣信危機中亦和所有中資企業一樣，股價狂跌，1998年6月跌至13.2港元，榮智健個人財富大為縮水，而公司貸款數百億被質押的股票面臨着被"斬倉"還債的危險，無質押的債務也被逼提前還貸。榮智健第一次求救於中信集團，中信集團出手相助，中信泰富渡過了第一次危機。此後，榮智健從2002年起，連續四年登上《福布斯》中國富豪榜第一位及第二位。

2006年7月，孔丹接任董事長，建設銀行行長常振明榮調中信集團任副董事長兼總經理。

這一年，中信集團涉足能源領域，進軍石油上游產業。

2006年7月，中信資源控股有限公司收購印尼一個陸上油田區塊51%的權益；10月，中信又以19.1億美元收購了加拿大能源公司持有的哈薩克斯坦的卡拉巴斯油田，中信獲得該油田已探明的原油儲量超過5.4億桶，日產超過五萬桶的15年開採權。

2007年4月，中信銀行股份有限公司成功實現A＋H同時在香港和上海上市，募集資金448.36億元人民幣；4月和10月，中信泰富連續兩次分別分拆旗下中信1616集團和大昌集團有限公司於香港聯合交易所成功上市。

到2007年底，中信集團旗下已擁有中信泰富、中信銀行、中信證券、中信國安、中信嘉華銀行、大昌行、中信1616共七家上市公司，總資產達16,316億元人民幣（下同），淨資產1,103億元，實現營業收入1,549億元，利潤總額267億元，稅後利潤142億元，[8] 成為一個不折不扣的財團帝國。

2008年10月22日，榮智健二次進京求救於中信集團。

對此，中信集團不能坐視不管：

中信集團雖然不控股，但仍是中信泰富第一大股東，持有29%的權益，事件暴露後，中信泰富股票狂瀉，中信集團損失最大。此其一。

中信泰富資產質量良好，經營業績本來不錯，2007年還實現了108億港元的盈利；2008年因為炒期權合約導致業績淨虧損達126.62億港元，因此，只要解決這個問題，中信泰富仍然前景不錯。此其二。

中信泰富是中資企業中第一隻進入藍籌的紅籌企業股，紅籌企業股近百家企業，能進入藍籌的紅籌企業，屈指可數。其品牌與影響力在中信集團所屬企業中，也是首屈一指的。此其三。

中信香港自榮智健主政以後的二十餘年，中信集團基本放手，加之在中信泰富的股權稀釋之後，中信泰富逐漸走上"去中資化"路徑，榮氏子女均在此任職，更漸長家族企業色彩。因此，這次事件雖然不幸，但也為中信集團入主控股中信泰富提供了契機。此其四。

因此，中信集團幾乎是以第一時間向中信泰富承諾安排15億美元的備用信貸以挽救中信泰富，以穩定市場信心。

中信集團討論了三種解救方案：（1）僅僅提供貸款；（2）單純注資；（3）注資加上清理資產負債表，將衍生品交易的敞口從上市公司轉換出來。

最終選擇了第三種方案：第一步，中信集團以強制性可轉債方式，向中信泰富注資116.25億港元，轉股價為8港元，完全行使換股權後，中信集團將持有中信泰富57%的權益，成為絕對控股股東，而榮智健的個人持股從18.9%減至11.5%；第二步，以"外科手術"方式將部分衍生品交易合約從上市公司剔除。

中信集團的重組方案是，協助中信泰富分兩步重組當時存在的87億澳元合約，因為此前中信泰富已處理了部分澳元合約。

87億澳元合約被一分二：其中30億澳元合約繼續由中信泰富持有，並由槓桿式合約變成普通的遠期合約，以滿足中信泰富在澳洲鐵礦石項目的投資需求；另外57億澳元合約以91億港元的轉讓價格轉讓給中信集團，而該部分合約按照市價計算，已浮虧113億港元。[9]

這個重組方案被外界視為比較務實的方案：以91億港元拿走浮虧113億港元的港元合約，表面上中信集團這批合約虧了22億港元，但已幫中信泰富止損，使之負債率下降，風險降低，這對恢復和提升中信泰富的市場信心，是一個極大的利好，從根本上解決了中信泰富的危機。而且，考慮到澳元已貶值30%，再下降的空間不大，中信集團因這批垃圾合約更大虧損的可能性降低，因此風險是可控的。而中信集團以每股8港元的價格將持股比例從29.4%增至57.6%，不僅獲得了絕對控股權，而且據有關專業人士按淨資產值（NAV）估值法計算，大概攤薄之後的淨資產值為每股15.6港元，這等於8港元的價格折讓了50%。事實上，中信泰富的股價很快就回到了十幾港元的價位。也就是說，中信集團不僅解救了中信泰富，而且令自身的資產保值乃至增值了，在股價持續走高的情況下，很可能還有較大的資本收益。

事件得到了處理，與之相隨的是有關責任人的處理。

從投資產品看，這次事件，顯然不是套期保值，而是一樁不對等的投機生意，中信泰富收益有限而風險無限，反映了風險控制上的嚴重失誤。因此，在2008年10月20日發佈盈利預警公告的當天，公司財務董事張立憲、財務總監周志賢因以未遵守對沖風險政策、未獲主席批准的先斬後奏方式代表公司進行外匯交易，而引咎辭職；榮智健愛女、公司財務部董事榮明方獲內部紀律處分，並被調離財務部，降級減薪；公司董事總經理范鴻齡也隨即休假並請辭香港證券交易所等社會公職。

然而，更大的質疑聲浪自四面八方湧來：中信泰富早於2008年9月7日，即已知悉該公司因槓桿式外匯買賣合約而導致巨虧，何以董事局延至10月20日公司已損失近一半市值時方作公佈，以致損害了中小投資股東利

圖104　相對於十年前的中資信貸危機，面對金融海嘯，香港中資紅籌企業並未見因資金鏈斷裂出現大規模"爆煲"。

圖105　我們已經站在冬去春來的臨界點上，這將是香港中資紅籌企業的又一次歷史性機遇。

益？是否存在先獲取資訊的內幕人士提前沽空，導致公司股票沽空規模急劇上漲，股票價格急劇下跌？

2009年1月2日，香港證監會確認對中信泰富展開調查，涉及公司17名董事高管；4月3日，香港警務處商務罪案調查科對中信大廈進行突擊調查，並帶走相關資料；4月8日，中信泰富宣佈，榮智健辭去公司董事及主席，范鴻齡辭去董事總經理，中信集團副董事長及總經理常振明接任中信泰富主席及董事總經理。

4月8日下午6時15分，榮智健乘坐一輛灰白色私家車，離開了位於香港金鐘的中信大廈。這一年他已67歲，在香港中信度過了二十四年。

據稱，榮智健的曾祖父榮熙泰一生波折，死前留下了“固守穩健，謹慎行事，決不投機”的訓誡。然而百年後，在榮智健執掌的中信泰富，“決不投機”竟一語成讖。

六　2009：早春的復甦

大地春夏秋冬，人生生老病死，經濟從蕭條走向復甦和繁榮，這是週期性規律，也是“永恒輪迴”。

發端於美國房地產市場的次貸危機，演變為全球範圍的金融海嘯，被稱為自1929年世界經濟危機以來最嚴重的一次金融危機。

但是，對於經歷了1997-1998年亞洲金融風暴的香港中資紅籌企業來說，除了少數中資金融企業之外，我認為其影響的嚴重性並不及上一次，原因有三：

1. 亞洲金融風暴，香港可以說是在地震的震央地區，而這次處於周邊地區，震央遭受的破壞程度遠大於周邊地區。上一次，香港直接遭遇了國際炒家的大規模的匯市、股市立體式攻擊，香港中資紅籌企業面對的是大批日資等外資銀行的撤資和逼債；而這一次金融海嘯，除個別中資銀行

外，香港中資紅籌企業基本上沒有參與美國次級垃圾債務。因此，絕大多
數中資紅籌企業沒有受到次貸危機的直接衝擊。但是，與出口相關尤其是
與出口到美國、歐洲相關的企業，會因為歐美市場的萎縮而受到拖累。但
是，好在上一次亞洲金融危機消滅了大多數貿易公司，使香港中資企業已
經不像1980年代那樣依靠進出口來求生存。實際上，在2008年，很多業務
在內地的中資紅籌企業，尤其是房地產企業，受宏觀調控的影響並不亞於
金融海嘯，反而是金融海嘯使內地宏觀調控提前放鬆，房地產企業受惠。

　　2. 上一次亞洲金融風暴導致了香港中資一批批中小貿易企業的消亡，
同時也擊垮了“廣信”等大型中資企業，引發了中資信貸危機，改變了香
港中資的生態結構，導致了有的香港中資紅籌企業長達十年的調整，同時
也帶來香港中資企業的戰略轉移和企業轉型，尤其是告別窗口信用時代而
真正走向市場化的時代。上次亞洲金融風暴是香港中資發展的重大歷史分
界點，既是壞事，也是好事，經歷了上一次的死裏逃生的磨煉，香港中資
有足夠的經驗和能力來應付這次金融海嘯。而這次金融海嘯顯然也導致中
資紅籌企業市值的全面縮水和浮虧，引發經營業績的下滑和融資環境的惡
劣以及現金平衡等問題，但尚未出現大型企業的破產和中小中資大面積倒
閉等危機事件。中信泰富炒外匯期權應該算一個特例，是次貸危機和金融
海嘯的間接犧牲品，並沒有受次級垃圾債券的直接衝擊。

　　3. 經歷了上一次金融風暴的香港中資紅籌企業，在投資管控、財務管控
和總部管控能力等方面有較大提升，過去那種以放權為特徵的橫向無限多元
化、縱向無限多級化的管控方式，在上一次金融風暴中遭到了市場無情的報
復。經過多年重建後的香港中資紅籌企業，無論是管控能力、風險防範能力
和市場經驗，都已得到較大提升，有能力應對這場尚未結束的金融海嘯。

　　事實上，中信泰富炒外匯期權事件甫一曝光，中央政府駐香港聯絡辦
公室就向各中資紅籌企業發出傳真，要求中資企業引以為戒。內地國資委
系統迅即全面貫徹《中央企業全面風險管理指引》，加強對市場風險、投

資風險、財務風險和法律風險、道德風險等方面的風險管控，嚴格限制高風險的金融衍生品交易，降低負債率，調整債務結構，強化現金流管理，"去存貨化"和"去槓桿化"兩者並重，並對投資項目進行後評估，全面評估各項目的潛在風險。

風險控制並不是一味地收縮。一些企業抓住經濟週期的低潮帶來的機會，進行"反週期低成本擴張"，中國海外在大多數地產企業收縮擴張的時候，主動出擊，在2008年仍然新增土地儲備279萬平方米，使其土地儲備達到2,484萬平方米，為新一輪經濟週期的復甦提前做好準備。

2009年，在美國金融海嘯向實體經濟蔓延的同時，中國政府以投放四萬億元人民幣（實際上，2009年上半年新增貸款超過七萬億元人民幣）來提振中國經濟，確保經濟增長8%的目標，雖然2009年第一季度香港經濟陷入7.6%的負增長，但香港中資紅籌企業中國海外、華潤置地等在2008年低谷竟分別增加了四百多萬平方米、兩百多萬平方米土地儲備，2009年春季開始，中國海外、華潤置地、招商地產、深業地產等紅籌地產企業抓住內地信貸放鬆、地產率先復甦回暖的契機，加速開發、加速變現，實現銷售業績的突破性增長，有理由相信，香港中資紅籌企業的地產兵團，將成為新一輪經濟週期復甦的先頭部隊，打響告別冬天的第一槍。

金融海嘯的寒冬，仍在香港上空盤桓，但是一股強大的春天的力量正在龐大的內地市場積聚。

我們已經站在冬去春來的臨界點上，這將是香港中資紅籌企業的又一次歷史性機遇。

註釋：

〔1〕 郭國燦著：《回歸十年的香港經濟》，第466頁，三聯書店（香港）有限公司，2007年版。

〔2〕 郎咸平著：《誰都逃不掉的金融危機》，第3頁，東方出版社，2008年版。

〔3〕 韓秀雲著：《金融海嘯與我何干》，中信出版社，2009年版。

〔4〕 《中銀香港（控股）有限公司2008年年報》。

〔5〕 〈中銀香港集團、證監會、金管局與分銷銀行就回購迷你債券達成的協定〉，http://www. bochk.com。

〔6〕〔9〕 周亦圖著：《榮智健敗局》，第5頁、第23頁，香港財大出版社，2009年版。

〔7〕 〈中信集團──"巨鱷"背後的猜想〉，載於《深圳商報》，2009年5月8日。

〔8〕 《中國中信集團公司2008年度報告》。

第十章

再出發：中資航母群的崛起

金融危機後，以北京控股、深業集團等為代表的地方駐港企業緊抓內地蓬勃發展的發展機遇，形成了具有相當規模和實力的地方軍團。圖為深業上城效果圖。

2008年金融海嘯後，全球經濟遭遇重創，但中國內地在強有力的政策支持和強勁的內需推動下，經濟迅速反彈並保持高速增長。中央政府繼續加大對香港經濟社會發展的支持力度，2008年後，內地與香港政府在《關於建立更緊密經貿關係的安排》（CEPA）的整體框架下，繼續簽訂了六項補充協議。2014年，簽訂《關於在廣東與香港基本實現服務貿易自由化的協定》；2015年，簽訂《服務貿易協議》及具體承諾。2016年，香港成為內地第四大交易夥伴和第三大出口市場[1]。

期間，香港中資企業抓住內地經濟崛起的機遇，發揮香港的資本市場優勢，通過結構調整、聚焦主業、併購重組等方式，再一次實現跨越式發展：十年前，一批資產千億的企業崛起；近年，以華潤、招商局為代表的萬億企業航母群橫空出世，閃耀香江。

一　華潤：多元領先的企業航母

兩次再造，七彩華潤

2001年，華潤集團率先提出了"再造"華潤的發展戰略，不到五年，就實現了翻番再造的目標。其後，第二次提出在新的基礎上再造新華潤的目標。2007年至2016年十年間，華潤集團繼續一路高歌，資產規模、營業收入均增長近五倍，利潤總額增長近四倍，十年間實現了兩個"再造華潤"的目標。2010年，華潤集團首次參加財富世界五百強排名，位列第三百九十五位，其後排名連年上升，2016年首次排名進入前百名，位列第九十一位，六年間上升了三百名。目前，華潤已經成長為資產總額過萬億、年營業收入超500億、年盈利近500億的企業航母。根據公開數據分析，華潤集團2016年淨資產收益率（ROE）較長江和記實業集團高3%左右[2]。

圖表10-1　華潤集團資產總額、營業額及利潤總額（2008-2016年）

（單位：人民幣，億元）

資產總額

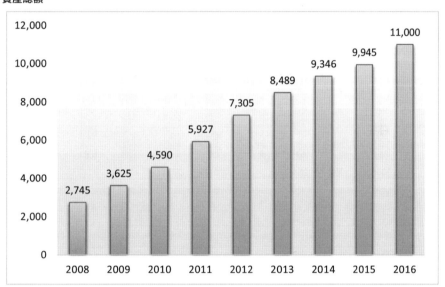

營業額

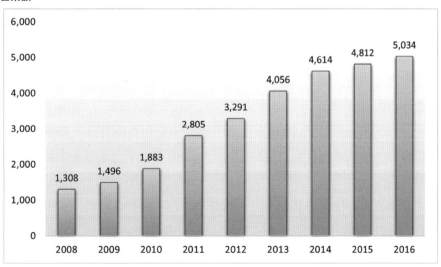

利潤總額

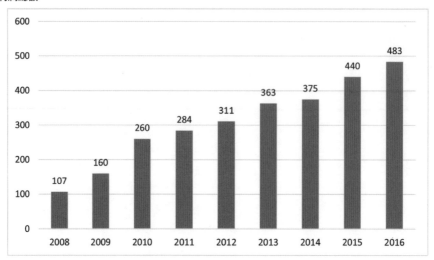

資料來源：《中國國有資產監督管理年鑒》（2008-2015年），中國經濟出版社；《中國華潤總公司2016年度審計報告》，中國外匯交易中心網站，www.chinamoney.com.cn；華潤集團網站，www.crc.com.hk。

圖表10-2　華潤集團在財富世界五百強排名情況

	2010年	2011年	2012年	2013年	2014年	2015年	2016年
排名	395	346	233	187	143	115	91

資料來源：財富中文網，www.fortunechina.com。

　　華潤集團目前下設七大戰略業務單元、16家一級利潤中心。華潤在香港擁有7家上市公司，在內地控制3家上市公司，其總市值超5,300億港元。[3] 旗下華潤電力、華潤置地位列香港恒生指數成份股，華潤燃氣、華潤醫藥、華潤水泥位列香港恒生綜合指數成份股和香港恒生中資企業指數成份股。

　　華潤的多元化業務具有良好的產業基礎和市場競爭優勢，其中電力、地產、燃氣、醫藥、零售、啤酒等已佔據行業領先地位。

　　消費品業務："雪花"成為中國及全球銷量最大的單一啤酒品牌。華潤萬家是中國銷售規模最大的連鎖超市。華潤五豐是香港最大的中國食品經銷商之一。純淨水品牌"怡寶"被認定為中國馳名商標以及最具市場競爭力品牌，位居行業前列。

　　電力業務：華潤電力是中國效率最高、效益最好的綜合型能源公司之一，涉及火電、煤炭、風電、水電、分散式能源等領域，旗下運營40座燃煤發電廠、2座水力發電廠、1座燃氣發電廠、5座光伏發電廠和70個風電場，合計運營權益裝機容量為36,184兆瓦；連續九年入選"普氏能源資訊全球能源企業二百五十強"，排名第七十五位。[4] 其盈利能力位列中國發電企業前列。

　　地產業務：以"銷售物業＋投資物業＋X"為商業模式，其開發的"萬象城"成為中國商業項目的標杆。2016年開發物業簽約銷售額達1,080億元

圖表10-3　華潤集團業務板塊行業地位

華潤萬家	華潤電力	華潤置地	華潤水泥	華潤燃氣	華潤醫藥	華潤信託
中國最大的連鎖超市	中國效率最高、效益最好的獨立發電商之一	中國最具實力的綜合地產商之一	華南市場佔有率第一	中國最大的城市燃氣運營商	經營規模居中國醫藥行業第二	中國盈利能力最強的信託公司之一
華潤雪花啤酒中國最大的啤酒企業，在全球銷量最高						
華潤怡寶包裝水市場份額廣東第一						

資料來源：《華潤集團2015年社會責任報告》，第8頁。

圖表10-4　華潤業務樹

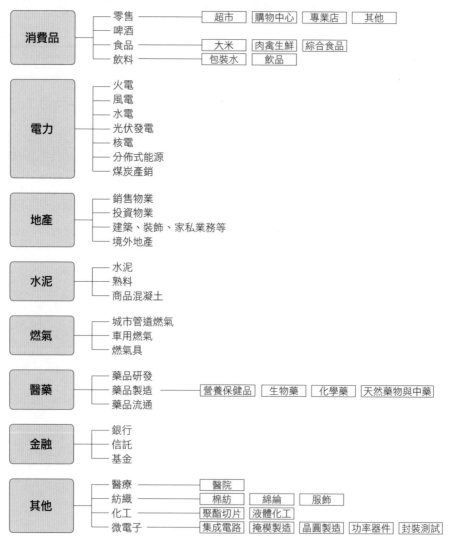

資料來源：《華潤集團2015年社會責任報告》，第12頁。

圖表10-5　華潤集團品牌樹

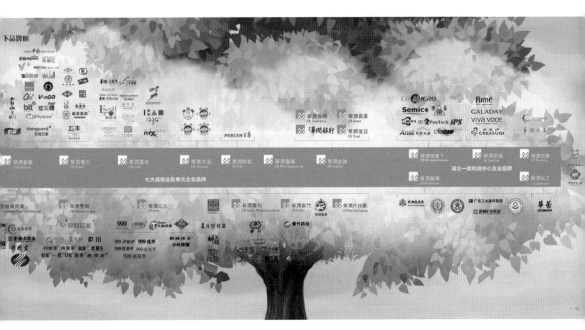

資料來源：《華潤集團2015年社會責任報告》，第13-15頁。

人民幣。持有和運營的投資物業555萬平方米，租金收入超70億港元。2016年華潤置地淨利潤位列內地房地產企業前三甲，綜合實力、銷售規模均位居行業前十位。[5]

水泥業務：華潤水泥是中國內地及港澳地區水泥、商品混凝土行業中少數產業鏈完整、縱向一體化程度高的企業之一，中國水泥行業盈利能力最強的企業之一，也是廣東、廣西、福建、海南及港澳等地區水泥和商品混凝土行業強勢品牌。

燃氣業務：在全國擁有227個城市燃氣項目，覆蓋22個省份、72個地級市、14個省會城市、3個直轄市，年銷氣量達162億立方米。其經營規模、盈利能力位居行業前三甲。

　　醫藥業務：華潤醫藥是中國領先的綜合醫藥公司，擁有中國最全面的醫藥產品組合，是中國第一大非處方藥製造商、中國第二大醫藥製造商、第二大醫藥分銷商。旗下擁有三九、雙鶴、賽科、紫竹、東阿阿膠、天和等眾多著名品牌。

　　金融業務：擁有華潤資本、華潤銀行、華潤信託、華潤資產等機構，並戰略持有國信證券、鵬華基金、華泰保險等國內金融機構，還與台灣元大共同設立了華潤元大基金。華潤信託是中國盈利能力、知名度和美譽度領先的信託公司之一。

華潤燃氣跨越式發展

　　得益於城市燃氣的市場化改革和天然氣市場的持續增長，華潤燃氣運用資本的力量持續收購城市燃氣公司。華潤燃氣的發展史，可謂一部併購史。其高層曾提出"用重兵、全方位、大掃蕩"的項目投資方針，要求做到"一個不能丟，一個不能少"，[6] 可見華潤燃氣對於投資併購的倚重。

　　自2004年獲取首個城市管道燃氣項目——蘇州燃氣後，其併購動作一發不可收拾。尤其是2007年後，跑馬圈地的步伐迅速加快，僅2012年一年就取得了78個項目。2009年後獲取的大型城市燃氣項目有：2009年12月，獲取鄭州燃氣80%的股權；2009年12月，華潤燃氣以11.6億元增資成為重慶燃氣集團戰略投資者；2011年3月，獲取南昌燃氣49%的股權；2012年5月，作價2.38億美元收購 AEI China Gas Limited 100%的股權，一舉獲取28個城市燃氣項目、4個管網項目和8個加氣站；2012年11月，華潤燃氣以25億元現金換取天津燃氣49%的股權；2015年3月，現金注資人民幣6.125億元，獲取青島燃氣49%的股權。[7]

　　截至2016年底，華潤燃氣已經在全國擁有227個城市燃氣項目，覆蓋22個省份、72個地級市、14個省會城市、3個直轄市，年銷氣量達162億立方

圖表10-6 華潤燃氣主要業務指標增長圖

 項目數目  銷氣量（百萬立方米）

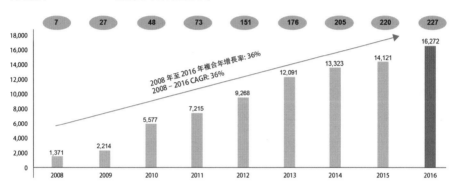

資料來源：《華潤燃氣控股有限公司2016年年報》，第7頁。

米，燃氣用戶2,600餘萬戶。

　　暢通的融資管道，為華潤燃氣的併購輸送了源源不斷的動力。2010年9月14日，按每股股份10.75港元的價格配售2.3億股，認購所得款項淨額約24.6億港元。2012年4月5日，按發售價的97.95%發行本金總額7.5億美元的優先票據，票據於2012年4月9日獲納入新交所正式上市名單。2012年11月，按每股股份16.95港元的價格配售1.6億新股，集資約27億。[8]

　　在如此高速發展的背景下，如何保持總部對新併購企業的有效管控，同時又保持創業期的激情，是一個巨大的挑戰。華潤燃氣的虛擬大區管控模式，是一個有價值的探索。2011年3月1日，華潤燃氣成立深圳、福州、上海、南京、成都等十個區域管理中心，推行虛擬大區無邊界管理模式，將總部職能延伸到大區，但大區並不是管理實體，而是在有效貫徹總部意圖的同時，保持公司的活力。2014年3月，華潤燃氣調整虛擬大區設置，將原來的10個大區調整為17個大區。

華潤醫藥赴港上市

中國醫藥行業極為分散，並具有巨大的整合潛力。近年來，多項有利的中國政府政策助推了醫藥行業的持續擴展及整合。華潤醫藥在中國醫藥行業的多個分部擁有領先地位。根據弗若斯特沙利文的資料，按2015年收益計，華潤醫藥分別是中國第二大醫藥製造商及第二大醫藥分銷商，是中國第一大非處方藥製造商，通過華潤三九、東阿阿膠及華潤紫竹品牌保持市場領先地位，並且在滋補中藥、心血管藥、感冒及流感藥、大容量靜脈輸液及緊急避孕藥方面亦擁有市場領先地位。國藥控股早在2009年即已登陸港股市場，上海醫藥也於2011年赴港上市。可以預見，未來中國的醫藥市場整合趨勢將繼續保持，華潤醫藥在其招股說明書中也明確表示，約45%的募集資金將用作戰略收購，以擴大製藥和醫藥分銷業務。

2016年10月28日，華潤醫藥正式在香港聯交所掛牌上市，市值位列三大中資醫藥股首位。華潤醫藥發行價9.10港元，原計劃募集資金規模136.7億港元，[9] 超額配售後募集150.61億港元，[10] 成為2016年香港市場最大的非金融類IPO、第二大IPO，有史以來第二大中資醫藥IPO和全球第十大醫藥類IPO。華潤醫藥引進恒健投資、富士膠片、北歐銀行（Nordea Bank AB）、利潔時（RB）、中國誠通、安邦投資等十大基石投資人。基石認購股份佔全球發售完成後總股本的12.65%，約佔其全球發售股份數目的50.61%。這對於華潤醫藥的盈利模式和發展前景來說是莫大的肯定。

實際上，受全球政治經濟等不確定性因素的影響，2016年全球IPO市場形勢並不理想。2016年12月12日，安永會計師事務所發表報告指出，2016年全球IPO融資額下降33%，至1,325億美元；IPO宗數同比下降16%，至1,055宗。報告還指出，2016年全球巨額IPO交易（IPO籌資超過10億美元）的宗數由2015年的35宗下降至21宗。[11]

這些基石投資者中，恒健投資為廣東國有資本投資平台公司，北歐銀行是歐洲最大的資產管理公司，中國誠通是國資委旗下資本運營公司，利潔時是英國快消巨頭，富士膠片在華主營業務是內窺鏡等醫療診斷系統服務。從其後雙方的一系列互動看，利潔時、富士膠片這兩家基石投資人與華潤醫藥的關係並不局限於投資，雙方更期望在業務上達成廣泛合作。華潤醫藥上市後半個月，即2016年11月中旬，華潤集團董事長傅育寧博士訪問富士膠片，雙方簽訂合作確認信，將共同探索在消費品分銷、中醫藥、基金等領域的合作。其後，華潤醫藥與日本富士膠片集團於2017年3月31日簽署戰略合作協議，雙方將在包括生物仿製藥、化學藥和器械、中藥及保健品等領域開展全面合作，幫助彼此贏得市場和創造更大的商業價值。2017年2月21日，英國利潔時首席執行官Kapoor訪問華潤醫藥，寄望與華潤醫藥在商業銷售、電商和產品引入等方面開展合作。〔12〕

　　華潤集團開展醫藥業務的歷史，可以追溯至1953年，華潤開始向中國內地引進藥品及醫療設備。但其在內地醫藥產業的大規模投資，始於2004年對東阿阿膠的戰略投資，其後借助重組華源集團、三九集團的歷史性機會，奠定了其在醫藥行業的領先地位。與國藥集團、上海醫藥等醫藥巨頭相比，華潤醫藥是國內三大醫藥巨頭中從業時間最短的。值得關注的是，早在2007年，即華潤與中國華源訂立股權轉讓協議收購北京醫藥50%的權益的次年，華潤醫藥即已在港註冊，可見華潤從彼時起，即已開始搭建紅籌上市架構。回顧華潤醫藥的重組歷程如下〔13〕：

　　2004年：華潤股份與聊城市國資委合資成立華潤東阿。

　　2006年：華潤股份與中國華源訂立股權轉讓協議，收購北京醫藥50%的權益。

　　2007年：華潤醫藥於香港註冊成立。

　　2008年：華潤醫藥向華潤股份收購華潤東阿56.62%的權益，由此控制東阿阿膠23.14%的權益；華潤醫藥完成收購華潤三九66.98%的權益。

　　2010年：華潤醫藥收購北京醫藥50%的權益，華潤雙鶴成為華潤醫藥的非全資附屬公司。

2011年：華潤醫藥收購北京醫藥餘下50%的權益，並於北京、江蘇、河南及其他省份成功完成11項併購。

2012年：華潤醫藥商業成為華潤醫藥的全資附屬公司；收購華潤紫竹餘下52.72%的權益。

2013年：年內資產及收益總額分別首次超過港幣1,000億元。

2014年：名列"2013年度中國醫藥工業百強企業"第四位。

2015年：名列中國化學製藥行業年度峰會"2015中國醫藥行業企業集團十強"。

2016年：完成收購華潤醫藥零售集團100%的權益，該公司全資擁有華潤堂，華潤堂在中國及香港主要從事藥店業務。

華潤水泥再上市

2003年7月29日，華潤水泥在香港聯交所主板上市，因通過介紹方式上市，華潤水泥並未通過上市籌集到資金。從2004年至2005年，由於中國政府採取多項措施抑制固定資產投資過熱，中國建築材料行業的狀況發生顯著變化，而燃煤及燃油價格飆升導致生產及分銷成本大幅上升。2004年4月29日至2006年3月28日期間，華潤水泥股份價格總體表現呈現下跌趨勢，由2.30港元跌至1.81港元。股份價格較每股資產淨值出現大幅折讓，2004年3月至2006年3月期間，折讓範圍介於25.9%至58.0%之間，而同期交投量一直較低。2005年，華潤水泥計劃在2008年以前將水泥及混凝土的年產能力分別提升至1,500萬噸及1,000萬立方米，預計需籌集約20億港元的新資金提供支援，而在當時情況下不可能從資本市場籌集大量資金。事實上，華潤水泥自2003年上市至2009年私有化期間，除在2005年發行本金總額為8億港元的可換股債券外，未從資本市場獲得任何資金支持。而該次債券發行，也得益於母公司華潤集團認購了其中的大部分。在艱難的營商環境下以私人公司的形式持續擴張成為最佳安排。華潤集團透過其全資附屬公司順創投資有限公司，於2006年3月29日提出私有化及撤銷上市的建議。2006年7月26日，華潤水泥正式從港交所退市。[14]

退市後，華潤水泥積極探索發展之道，制定出明晰的"3+2"發展戰略，即資源掌控、資源轉化、資源分銷的生意模式和系統成本最低、區域市場領先的運營模式。[15]

第一，重視資源掌控。掌控礦山資源是水泥業態的起點和經營成敗的關鍵。華潤水泥制定石灰石資源規劃，形成戰略佈局，建立有效的資源優勢和資源壁壘，從源頭上弱化競爭對手。通過完成對西江沿線具有戰略意義的封開、平南、貴港、桂平等項目的佈局，以及對南寧、紅水河、上思、陸川、富川、武宣、田陽、合浦等地石灰石資源的掌控，逐步構築起資源壁壘。截至2009年底，華潤水泥在兩廣基本掌控石灰石資源共60.3億噸，且氧化鈣含量均在52%以上；根據公司當時的石灰石資源掌控量，按照年產熟料5,000萬噸需求計算，華潤水泥可以使用100年以上。

第二，提升資源轉化。華潤水泥逐步確立起建設即經營的理念，以日後運行導向和成本控制導向為出發點，取得了良好的改革效果。同時，通過持續學習成長、技術創新等一系列措施，公司在擴大規模、效率提升、品質提升、節能減排等方面都取得了良好成效，並且形成協同優勢。2007年至2009年，企業利潤及生產規模都取得了大幅提升：2008年，熟料產能全國排名從2007年的第九位上升到第五位；窯運轉率達到90%以上，較2007年提高9%。2009年，水泥生產能力達到2,850萬噸以上，較2008年增加74%。2007年至2009年，公司收入和純利潤的年複合增長率分別達到了36%和69%。

第三，完善資源分銷。水泥行業是典型的啞鈴型行業，一頭是原材料，一頭是行銷，中間環節為生產。華潤水泥控股在關注上游資源掌控的同時，十分重視資源分銷這個關鍵環節。2008年，企業在兩廣銷量達到1,400萬噸，覆蓋廣州、深圳、東莞、珠海、江門、中山、肇慶、南寧、貴港、北欽防、湛江、富川、梧州等多個細分區域，其中2009年在貴港、東莞、中山、梧州、南（寧）北（海）欽（州）防（城港）等區域的市場佔有率超過30%；建立以客戶為導向的服務體系，及時向客戶提供令人滿意的產品與服務，產品出廠合格率100%，3天強度、28天強度、f-Cao合格率等品質控制指標均優於國家標準；完善物流體系建設，公司在珠三角已建立了中轉庫22個，大大改善了中轉運輸能力。

第四，打造系統成本最低。作為典型的資金密集型行業，水泥行業每個項目投資動輒需要幾億甚至幾十億元，如果不控制好成本，勢必給公司造成資源和資金的浪費。華潤水泥注重走內涵式發展的道路，從全流程去關注成本控制。首先，從源頭上進行成本控制，秉承建設即經營的理念，降低生產成本。如封開公司通過不斷優化主廠區、碼頭工程、礦山破碎及長皮帶工程設計方案，就降低了投資成本約1.1億元。其次，進行工藝優化和技術改造，降低運行成本，如紅水河對自動裝車系統進行改造，提高裝車速度25%；平南提升夾縫土替代煤渣比率、脫硫石膏使用率和火山灰使用率，年節約成本一千多萬元；同時，加強短途運輸管理，完善“水泥基地+中轉庫”的銷售模式，擴大有效銷售半徑，降低物流成本，如利用西江航道的優勢，通過專線招標，有效降低西江航運成本，平均船運費下降了10%。2009年，華潤水泥控股的噸水泥盈利達到36元，居同行業之首。

第五，建立區域市場領先。華潤水泥深耕細作華南市場，對廣東、廣西、福建、海南四個地區因地制宜，相互協同，針對不同區域形成各自的發展思路：廣東區域重點培育平南、封開基地，打造盈利大戶，主要為公司提供利潤和現金流，並鞏固珠三角市場的領導地位，輻射粵東、粵西市場，與福建形成內部協同；廣西區域主要通過戰略佈局，構築資源壁壘，從源頭上弱化競爭對手，在廣西核心市場上貫徹區域領先戰略，積累規模優勢；福建區域謀求區域市場突破，培育後發優勢；海南區域則整合島內公司，通過戰略佈局、海陸協同，建立市場競爭優勢。2008年至2009年，華潤水泥控股在貴港市、東莞市、中山市、梧州市、南北欽防這五個區域市場的區域市場佔有率（測算）均超過了30%；北欽防市場2008年銷量同比增長176%，真正實現了區域市場領先。

2009年10月6日，蟄伏了三年的華潤水泥控股，成功重返資本市場，集資共67億港元。憑着優異的業績表現和強勁的盈利能力，在上市前期的全球路演推廣活動中，華潤水泥控股贏得投資者一致追捧：首次公開發售即獲國際配售逾100億美元的訂單，超額配售20倍；香港發售部分獲得超過82倍的認購，凍結逾527億港元的資金。在上市IPO認購過程中，國際投資者對華潤水泥控股給出高於同行龍頭企業的估值水準：25倍市盈率的發行價。上市當天，華潤水泥控股成為香港交易所交易最活躍的股票，並成為香港交易所當期表現最出色的新股，被稱為行業盈利領袖。

當然，華潤水泥的成功再上市，除了自身在退市後三年間逐步理清發展戰略、苦練內功的因素之外，也與當時的宏觀經濟環境高度相關。水泥是個典型的週期性行業，其盈利能力受宏觀環境尤其是固定資產投資增速的影響很大。金融危機發生後，為遏制經濟下行趨勢，中央政府於2008年11月確定進一步擴大內需、促進經濟增長的十項措施，計劃2010年底前新增社會投資四萬億（俗稱"四萬億計劃"）。同時，央行自2008年9月至2008年底，累計五次調減利率，長期貸款利率從7.83%調減至5.94%；累計四次調整存款準備金率，大型金融機構存款準備金從17.5%調減至15.5%，中小型金融機構存款準備金更是從17.5%調減至13.5%。這些都表明，中國政府此前遏制固定資產投資的態度有所轉變，貸款利率與準備金率的下調將對中國的整體經濟及建築行業帶來正面影響。政策層面的積極轉變，必將提升投資者對華潤水泥的信心，此時擇機再上市，可謂正當其時。

圖表10-7　水泥消耗與GDP增長（2006-2009年）

	截至 12 月 31 日（年度）			複合年增長率（％）2006 年至 2009 年	截至 6 月 30 日（六個月）2009 年
	2006 年	2007 年	2008 年		
國內生產總值：					
人民幣（十億元）	21,192.4	24,953.0	30,067.0	19.1	13,986.2
增長率（％）	11.6	13.0	9.0		7.1
固定資產投資：					
人民幣（十億元）	10,999.8	13,732.4	17,299.1	25.2	5,352.0
增長率（％）	23.9	24.8	25.5		32.9
水泥生產：					
（百萬噸）	1,236.8	1,360.0	1,400.0	6.4	734.6
增長率（％）	15.7	9.9	2.9		14.9
水泥消耗：					
（百萬噸）	1,200.0	1,330.0	1,370.0	6.9	
增長率（％）	14.3	10.8	3.5		

資料來源：《中國統計年鑒》（2008年），國家發改委及中國統計局。

華創剝離非啤酒業務

2014年11月7日、2015年3月3日，華潤創業連續兩次發佈"盈利警告"。2015年3月20日發佈的業績報告顯示，華創2014年淨利潤由正轉負，虧損1.6億港元。事實上，自2010至2015年，華創的年度淨利潤呈整體大幅下跌趨勢。

圖表10-8　華潤創業營業額和淨利潤變化情況（2010-2014年）

（單位：百萬港元）

	2010年	2011年	2012年	2013年	2014年
營業額	87,138	110,164	126,236	146,413	168,864
股東應佔溢利	5,674	2,832	3,945	1,908	-161

資料來源：《華潤創業有限公司年報》，2010-2014年。

　　華創旗下擁有零售（華潤萬家）、啤酒（華潤雪花啤酒）、食品（五豐）、飲品（華潤怡寶）四大業務。從2010年至2014年連續五年的財務資料看，零售、食品業務盈利能力逐年下降。零售業務2014年出現8億港元的巨額虧損，剔除稅後估值盈餘及處理非核心資產的影響後，零售業務2014年虧損更是達到13.59億元；食品業務也處於虧損邊緣，啤酒業務盈利保持穩定，飲料盈利不甚穩定但總體呈較快增長態勢。據華創2014年報透露，零售業務虧損的主要原因在於 "中國反奢侈政策對於中國零售市場的負面影響、電子商務行業帶來的競爭，以及公司與Tesco於2014年5月28日設立合資企業初期產生的財務影響" ，而Tesco中國業務自2014年5月28日至2014年底帶來90.6億港元的虧損，可見零售業務的虧損主要是收購Tesco中國業務導致。

圖表10-9　華創旗下主要業務板塊（2010-2014年）　　　　（單位：百萬港元）

營業額變化

	2010年	2011年	2012年	2013年	2014年
零售	55,140	70,088	83,506	95,174	109,500
啤酒	21,535	26,689	28,064	42,994	34,482
食品	8,306	10,706	10,379	12,069	16,486
飲品	2,080	3,112	4,766	7,305	9,891

股東應佔溢利變化

	2010年	2011年	2012年	2013年	2014年
零售	1,930	1,736	2,871	1,000	-873
啤酒	685	785	823	943	761
食品	418	278	331	53	13
飲品	155	126	86	106	237

資料來源：《華潤創業有限公司年報》，2010-2014年。

　　2015年7月9日，華創發佈公告，擬以總價300億港元向華潤集團出售全部非啤酒業務，同時削減股本100億元。而此前（6月17日）發佈的首份公告，宣佈該收購總代價為280億港元。修訂後的每股收購價為25港元，較最後交易日收市價有溢價64.5%，並向股東派發特別股息每股12.3港元。2015年8月3日，華創宣佈特別股東大會以超過98%的票數同意以上出售方案。

　　據華創2014年7月9日發佈的公告透露，出售非啤酒業務主要基於以下考慮：中國零售業面臨嚴峻的宏觀經濟及消費者環境，電商、廉價超市導致競爭持續加劇，2015年第一季度，零售業務同店銷售亦按年下降3.3%；Tesco中國業務整合難度超過預期；電子商務、食品及飲品業務需要持續不斷投入。

　　自華創宣佈收購Tesco中國區業務以來，資本市場對該項併購整體呈悲觀態度，自Tesco諒解備忘錄公告起至2015年4月2日（即重大重組停牌前最後交易日）公司股價已下跌40.9%，大幅跑輸同期恒生指數。剝離虧損的零售業務和日漸走下坡路的食品業務，將有利於華潤啤酒的估值回歸。

　　根據歐睿國際的統計，自2008年起，"雪花（Snow）"為全球銷量最大的啤酒品牌，且於2006年起為中國最大的啤酒品牌，佔有21.0%的市場份額，銷量約為中國第二大啤酒品牌的兩倍。從1994年收購遼寧省的兩間啤酒廠，到2014年末，華潤雪花已擴展至在25個省份擁有合共98間啤酒廠，總產能逾兩千萬千升。同時間，華潤雪花自1994年以來銷售及溢利淨額大幅增長，營業額及溢利淨額複合年增長率分別達26%及23%。

　　出售零售、食品、飲品業務後，華創轉變為專業啤酒公司。2015年10月16日，華潤創業正式更名為華潤啤酒。

　　華創重組剛剛落下帷幕，全球啤酒市場又一重大併購案面世。2015年9月16日，全球啤酒行業老大百威英博（ABI）和老二SABMiller同時發佈公告，百威英博確認向SABMiller發出收購建議。而後者，正是華潤雪花啤酒的第二大股東，持有華潤雪花啤酒49%的股份，其餘51%的股份則由華潤啤酒持有。如果這一併購完成，將極大影響中國啤酒市場的競爭格局。百威英博2014年在華收入已增至263億元，銷量為745.62萬千升，而華潤啤酒2014年營業額超過348億港元，銷量為1,168萬千升，兩家公司合計佔中國啤酒市場的近半份額。如果SABMiller繼續持有華潤雪花啤酒49%的股份，百威英博的併購能否通過中國商務部的反壟斷調查，是個巨大的問號。而這對於華潤啤酒來說，是個難得的全面掌控華潤雪花啤酒的投資機會。

2016年3月2日，華潤啤酒宣佈與ABI簽署協議，以16億美元收購SABMiller持有的華潤雪花啤酒49%的股份，其收購前提之一為ABI收購SABMiller事項通過中國商務部審查。2016年7月，華潤啤酒宣佈擬以每持有三股股份獲發一股供股股份的基準進行供股，最終於8月獲超額認購，成功集資超過95億港元，部分供股所得淨額用作收購華潤雪花啤酒49%股權的交易資金。2016年10月，華潤啤酒收購華潤雪花49%股權的交易完成，華潤雪花成為華潤啤酒全資附屬公司。

2016年6月，世界品牌實驗室發佈《2016年中國500最具價值品牌》排行榜，"雪花（Snow）"啤酒名列第二十八位，品牌價值提升至人民幣近1,100億元。2016年10月，中國品牌評級機構Chnbrand發佈"2016年中國顧客滿意度指數"品牌排名，"雪花（Snow）"被評為"啤酒行業第一品牌"。

華潤入主鳳凰醫療

當前，中國已經步入老齡化社會，在城鎮化穩步推進、居民收入持續增長、醫學技術不斷進步等因素的驅動下，中國醫療市場規模巨大，並迅速擴容。衛生和計劃生育事業發展統計公報顯示，2015年中國衛生消費總額為人民幣40,587.7億元，在過去五年保持了12.5%的複合增長率，但依然僅佔國民生產總值的6.0%，低於高收入和中高等收入國家水準。考慮到人口和消費的巨大基數，中國醫療服務市場還有很大的上升空間，按照國務院《“十三五”衛生與健康規劃》（國發〔2016〕77號）中所提出的目標，到2020年，中國衛生消費總額將佔國民生產總值的6.5%至7%，衛生消費市場將達到人民幣6.2萬億至6.7萬億元的規模。

與此同時，國家醫改政策正向縱深發展，新醫改的深入推進為社會資本進入醫療服務行業帶來了機遇，同時也開啟了公立醫院體制機制改革的征程。僅在2015年，國務院及相關部委就出台了醫療體制改革相關政策文件五份，包括：

國務院發佈《全國醫療衛生服務體系規劃綱要（2015–2020）》，明確到2020年中國每千人口醫療衛生機構床位數控制在六張，其中社會辦醫院不低於1.5張的規劃目標。

國務院發佈《關於城市公立醫院綜合改革試點的指導意見》。

國務院發佈《關於推進分級診療制度建設的指導意見》。

國務院發佈《關於促進社會辦醫加快發展若干政策措施》。

財政部、發展改革委、人民銀行發佈《關於在公共服務領域推廣政府和社會資本合作模式指導意見》。

2016年，中國又出台了兩項重大利好政策：

一是在國有企業改革領域。在《中共中央國務院關於深化國有企業改革的指導意見》（中發〔2015〕22號）中，要求“加快剝離企業辦社會職能，剝離國有企業所辦醫院”，對國有企業辦醫療機構實行分類處理，採取移交、撤併、改制或專業化管理、政府購買服務等方式進行剝離，並明確限定於2018年底前完成企業辦醫療機構的移交改制或集中管理工作；積極探索政府購買服務等模式，引入社會資本參與企業辦醫療機構的重組改制。

二是在醫療體制改革領域。《“十三五”衛生與健康規劃》明確要求大力發展社會辦醫，加快形成多元辦醫格局，鼓勵社會力量興辦健康服務業，發展專業性醫院管理集團，推動社會力量辦醫療機構高水準發展。

國企改革、深化醫療體制改革的重大政策，為中國專業醫院管理集團的跨越式發展創造了前所未有的契機。預計未來兩到三年，中國政府、國有企業還將進一步擴大醫改範圍。

正是在這樣的政策窗口期，華潤通過資產注入方式，成功入主鳳凰醫療集團，成為其第一大股東，持有35.7%的股份。

華潤集團投資醫療行業的歷史，可以追朔到2011年。2011年10月20日，華潤醫療集團有限公司成立，成為華潤集團直接管理的一級利潤中心。次年4月12日，華潤醫療集團與昆明市衛生局簽約，全面參與昆明市兒童醫院的股份制改造，開創了央企參與公立醫院改革的先河，這一改制後來被譽為公立醫院改制的樣本。2013年2月19日，華潤醫療與武鋼集團合資成立武鋼醫院管理公司，共同管理武鋼醫院集團，華潤醫療以貨幣出資佔股51%。2014年12月26日，華潤醫療收購淮北礦業集團所持有的淮北礦工總醫院集團的全部股權。

早在2000年，鳳凰醫療創始人徐捷女士參與健宮醫院改制，收購其多數股權，這是國有企業所屬醫院首次實行私有化。2007年11月，徐捷家族成立北京鳳凰。2010年，鳳凰醫療開始管理門頭溝區醫院，這是北京第一家透過公私合營將其管理外包的國有醫院。2013年11月29日，鳳凰醫療在港交所主板掛牌上市，成為中國第一家走向國際資本市場的醫療集團。

鳳凰醫療的業務包括綜合醫院服務、提供醫院管理服務及從事供應鏈業務。重組前，鳳凰醫療綜合醫院服務的主要收入來自健宮醫院，該醫院也是鳳凰醫療唯一一家具有股權關係的醫院；截至2015年底，通過IOT（投資—運營—移交）模式運營管理總計15家綜合醫院、1家中醫院、1家婦幼醫院以及42家社區診所，鳳凰醫療向醫院收取管理費作為IOT業務收入；供應鏈業務的收益主要來自向IOT醫院及診所銷售藥品、醫療器械及醫用耗材以及輔助服務。截至2015年底，鳳凰醫療運營床位數達5,780張，年診療人次數557.7萬人次，是中國最大的民營醫療集團。

　　從收入結構看，2015年，鳳凰醫療的綜合醫院服務、供應鏈業務貢獻了約95%的營業收入和83%的毛利。此前，由於中國公立醫院改制步伐較慢，公立醫院的法律性質始終保持事業單位性質，其收益無法用於分紅，公立醫院的投資回報模式是一直困擾醫院投資人的難題。鳳凰醫療通過IOT模式獲得醫院運營管理權，同時向IOT協議醫院提供藥品採購、分銷、物流配送服務，從供應鏈獲取收益，是鳳凰醫療得以長足發展的關鍵商業模式。

圖表10-10　鳳凰醫療主營業務收入分佈　　　　　　（單位：人民幣，千元）

	營業收入		毛利	
	2015年	2014年	2015年	2014年
綜合醫院服務	575,634	540,192	90,585	86,480
醫院管理服務	72,112	60,138	54,723	45,506
供應鏈業務	724,521	605,935	184,274	165,717
合計	1,372,267	1,206,265	329,582	297,703

資料來源：鳳凰醫療集團有限公司2014年、2015年年報。

圖表10-11　華潤醫療注入鳳凰醫療涉及的醫院資產

	醫院概況	開始運營時間	收購日期
徐礦醫院	1間二級醫療機構	1962年	2014年12月
淮礦醫院集團	包括1間三級醫療機構、5間二級醫療機構及11間一級醫療機構	1958年	2015年1月
腦科醫院	1間三級醫療機構	1994年	2015年12月
三九門診部	未分級	1997年	2014年12月
武鋼醫院集團	包括2間三級醫療機構及14間一級醫療機構	1952年	2013年6月

資料來源：鳳凰醫療集團有限公司《有關收購廣雄有限公司的主要及關連交易涉及根據特別授權發行代價股份》公告，2016年10月7日，第18頁。

　　此次重組涉及的標的資產包括徐礦醫院、淮礦醫院集團、腦科醫院、三九門診部及武鋼醫院集團，總運營床位數達5,809張，2015年度總收益及淨利潤分別為人民幣24億元及人民幣1.8億元。該等資產作價37.2億港元，鳳凰醫療向華潤醫療以每股8.04港元的價格發行4.6億股支付對價。[16]

　　2016年10月31日，鳳凰醫療舉行股東特別大會，最終以100%全票通過該重組議案，華潤醫療獲配鳳凰醫療4.6億新股，正式成為鳳凰醫療第一大股東，佔股比例為35.7%，鳳凰醫療管理團隊持股下降為19.51%，公眾股東比例下降為44.79%。之後，鳳凰醫療更名為"華潤鳳凰醫療控股有限公司"。重組後，華潤鳳凰醫療集團投資、管理及簽約的醫療機構數量為103家，運營床位數近12萬張，分佈於北京、華北、華東、華中、華南等主要區域，涵蓋7家三級醫院、14家二級醫院、82家一級醫院及診所，提供臨床診療、健康管理、公共衛生、醫養結合等全方位、多層次的醫療健康服務。集團旗下運營醫療機構2016年度總營業額為人民幣59.26億元，較2015年度增幅達96.3%；診療總人次777.4萬，較2015年度增幅達64.2%。[17]華潤鳳凰醫療是目前中國最大的醫療產業集團。

從6S到5C：華潤的價值管理實踐[18]

　　戰略管理一直是華潤的着力點。華潤自創的6S管理體系正是一套涵蓋戰略構建、落實、監控和執行的戰略管理體系，6S體系被譽為華潤成功實施多元化管控的關鍵管理工具。

　　但是，集團總部管住了戰略方向，並不意味着業務單元都在為集團貢獻價值。集團總部不僅要把握下屬業務單元的戰略方向，更重要的是引導業務單元在執行戰略的過程中，選擇執行戰略的正確路徑，平衡回報、增長和風險，避免毀損價值的盲目擴張。2007年，華潤提出以價值創造為目標，打造價值創造型總部，讓總部發揮專業性、推動性、創新性和協同性作用，集團總部與各業務單元之間的關係，應從原先的領導和控制，逐漸轉變為管理推動和過程參與，從關注結果轉向關注過程。

價值取代利潤的主導地位，是公司財務發展的里程碑。2011年9月，以資本、資金、資產管理為主線，以資本結構（Capital Structure）、現金創造（Cash Generation）、現金管理（Cash Management）、資金籌集（Capital Raising）及資產配置（Capital Allocation）為核心的5C價值型財務管理體系正式出爐。

公司價值的三大基本驅動因素為自由現金流、資本成本和持續時間，但對於關鍵的亞驅動因素即影響三大關鍵驅動因素的主要變數，業界並未形成一致意見。因此，價值型財務管理體系的要點在於，企業管理者需要根據實際情況總結出適用於本企業的亞驅動因素。資本結構、現金創造、現金管理、資金籌集和資產配置，這五項就是華潤總結出的一套適用的亞驅動因素。

圖表10-12　5C價值型財務管理體系框架

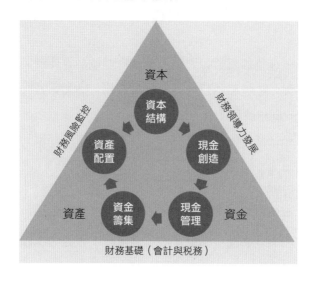

圖表10-13 華潤的5C價值創造體系

5C是華潤總結的公司價值亞驅動因素

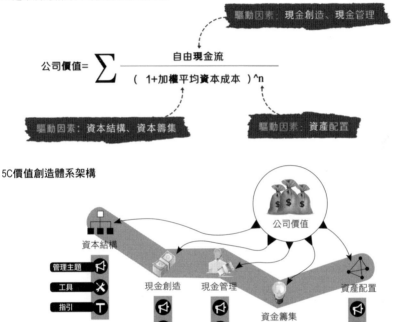

5C價值創造體系架構

5C價值創造體系內涵

五個關鍵驅動因素	
資本結構	在價值創造過程中，公司應首先考慮資本來源、資本成本和構成比例關係，形成公司資本結構。
現金創造	通過經營活動將資本轉化為有競爭力的產品和服務，實現現金創造，獲得持續增長所需內部資金來源。
現金管理	通過付息派息、現金周轉與資金集中等活動對持續的現金流進行管理。
資金籌集	通過與資產結構相適配的資金籌集安排，獲得外部資金來源。
資產配置	通過新一輪資產配置活動動態，調整公司資產組合，以實現價值持續增長，從而形成價值創造活動的良性循環。

　　將價值創造理念工具化，是價值型財務管理體系最為關鍵的環節。結合行業標杆企業的最佳實踐和華潤自身的實踐總結，5C每個環節可細化為多個具體的管理目標，最終分解落實到具體的工具和可量化的指標上，可直接應用於經理人的具體業務決策。

　　以5C第一個要素——資本結構為例，資本結構管理的核心指標是加權平均資本成本（WACC）。基於資本資產定價模型，參考行業最優資本結構，華潤測算出各個主要業務單元的WACC，且每半年更新一次，以此作為各個業務單元投資決策時的最低回報基準/折現率。無論是存量資產的檢討，還是增量資產的投資決策，都將資本成本作為最重要的考量因素之一，從而儘量避免價值毀損的資本支出。另外，5C的最後一個要素——資產配置也要求在資本支出項目實施後，各業務單元從回報、增長和風險等維度，將項目實際運營結果與價值評估的主要財務指標預測進行差異對比，進一步分析形成差異的關鍵假設變動原因，從而指導經理人在有限的資本下更有效地進行資產配置。這些都是華潤縱橫捭闔的收購重組背後，一套嚴密決策機制中的重要環節。

　　傳統的營運型財務管理側重成本管理，強調結果，關注經常性息稅前收益，即經營利潤。在華潤看來，盈利只是公司價值創造的一個方面，因此必須同時關注資產負債表，比較股東投入。不同的商業模式價值的差異，核心就是資產負債表的差異，也即營運資本需求的差異，最終反映為股東投入的差異。以零售業為例，零售業之所以估值較高，不是由於損益表利潤較多，而是資產負債表佔用別人的現金較多，所需的股東投入少，所以賺取同樣利潤的一家製造企業和一家零售企業，其價值完全不同。

　　在這樣的理念指引下，5C突破了傳統對於營運管理的定位，更加強調過程，關注資產負債表和現金流量表，從而引導經理人在企業管理和業務決策中，摒棄傳統的規模和利潤目標，充分考慮資金成本，在權衡股東投入的基礎上，使得有限的資本驅動業務持續增長，進而實現價值創造的最大化，彌補了6S在價值管理上的欠缺。

在實際應用中，5C在不同的層面，其權責利和關注重點都不同。華潤各個SBU（戰略業務單元）總部和一級利潤中心擁有5C的完整權利，而在下一級的大區層面則沒有資本結構和資金籌集權利，只有完整的現金創造權、部分的現金管理權和部分的資產配置權。

因此，5C體系從經理人角度出發，圍繞價值創造的各個環節，兼顧股東意志和專業營運，為經理人管理和運用有限的財務資源提供管理工具，增強經理人支援戰略實施、為股東創造價值的決策能力。

同時，5C強調的是一種整體視角和觀念，它要求將財務與業務緊密結合起來，在銷售、市場、財務、生產管理等各個環節以價值創造為目標進行業務決策，從而推動業務更好地創造價值。因此5C需要全面推廣到採購、銷售、市場、生產管理等所有基層管理人員，使每個層級的管理人員都清楚目前從事或策劃的業務是否創造價值，以及創造價值的程度，從而從業務層面就開始以價值為導向進行決策。某種程度上，5C不僅僅是一個財務管理體系，也是一個全面的價值管理工具。

2012年5月，華潤正式決定全面推廣5C，將5C打造為繼6S之後華潤最為重要的管理工具。

華潤大學：中國"最佳企業大學"

華潤集團堅持"人才強企"戰略，搭建了分層分類的人才培養體系，形成了以關鍵人才發展項目為龍頭、職能專業人才和行業專業人才培養為兩翼的人才培養格局。華潤培訓體系以華潤大學和領導力發展中心為主要載體，逐漸形成了一批面向不同群體、層級的培訓項目和專題課程，如面向集團高級經理人領導力發展項目、面向利潤中心直管經理人的"華潤之道"卓越經理人培訓班、面向利潤中心新任經理人的"新任職利潤中心直管經理人培訓班"、面向應屆畢業生的"未來之星"新員工訓練營、面向中基層員工的線上學習（i Learning）和移動學習，可滿足不同員工差異化的培訓需求，為集團培養多元化的人才。

高級人才培訓。自2009年以來，華潤開設了三期高級領導力發展項目，分別命名為60班、70班、80班，面向集團直管高級經理人，目的是培養一批具有國際視野、有使命感、有能力帶領華潤走向未來成功的卓越領導者。課程包括"領導自我""領導業務""領導團隊""領導組織"和"能力提升"等模組，每個模組由若干發展單元構成。

圖表10-14　華潤集團主要人才發展項目及參訓人數

序號	名稱	2013年	2014年	2015年
1	華潤高級人才發展計劃	92	123	72
2	卓越經理人培訓班	268	260	232
3	新任職利潤中心直管經理人培訓班	44	97	162
4	高級財務人才發展計劃	26	56	54
5	"未來之星"新員工訓練營	2,438	2,648	1,759
	總計	2,868	3,184	2,279

資料來源：《華潤集團2015年社會責任報告》，第57頁。

華潤大學。2012年6月17日，華潤大學及華潤萬家、華潤雪花啤酒、華潤電力、華潤置地、華潤水泥、華潤燃氣、華潤健康、華潤金融八個專業學院正式掛牌成立。華潤大學在河北白洋淀、廣東惠州小徑灣建立了南北兩個校區。華潤大學注重學以致用，將學習、研究的成果和業務發展緊密結合，以解決實際業務問題為學習目的，以行動學習、主題任務、管理實踐為項目設計方法和工具，並借鑒行業最佳實踐開闊視野，提升員工能力。2014年、2016年華潤大學兩次榮獲由上海交通大學、格略研究院聯合評選的"最佳企業大學"稱號，位列參選的六百餘家企業大學榜首。

圖106　位於河北雄安新區白洋淀的華潤大學北校區。校訓石上鐫刻着華潤大學校訓：
尊重人的價值、開發人的潛能、昇華人的心靈。這是一個海納百川的組織，在這裏普
通的人變成優秀的人，優秀的人變成卓越的人。

圖107 福建古田華潤希望小鎮

圖108 金寨華潤希望小鎮獼猴桃種植基地

圖109 賀州循環產業園示意圖

資料來源：華潤集團網站，www.crc.com.hk。

希望小鎮與循環經濟

近十年來，華潤集團不但為股東創造了高回報，同時亦重視履行社會責任，建立了一套完整的社會責任管理體系，走出了一條有華潤特色的社會責任道路。其突出特點是將社會責任融入企業經營，與自身產業高度融合，達到了社會責任與企業利益的有機結合，建立了可持續發展的社會責任模式。由於在承擔社會責任方面的卓越成就，華潤集團多次獲得中國社科院等機構頒發的"中國社會責任卓越企業""中國最佳企業公民""公益發展指數排名第一""社會公益五星級企業"，旗下華潤慈善基金榮獲國家民政部頒發的"全國優秀社會組織""全國5A級基金會"等獎項，樹立了企業履行社會責任的標杆。

希望小鎮是有華潤特色的產業扶貧項目，開啟新農村建設先河。自2008年起，華潤陸續在革命老區和貧困地區選址建設希望小鎮。通過統一規劃，就地改造、重建，徹底改變農民的居住環境，同時利用集團自身的產業和資源優勢，幫助農民成立專業合作社，發展新型農村集體經濟，把華潤希望小鎮建設成為生態、有機、綠色，和當地自然環境保持和諧一致，具有農業發展活力、鮮明地方和民族特色的社會主義新村鎮。

經過持續八年的努力，迄今，華潤已建成廣西百色、河北西柏坡、湖南韶山、福建古田、貴州遵義、安徽金寨、江西井岡山希望小鎮。

華潤通過環境改造、產業幫扶、組織重塑的方式，對小鎮的產業、環境、社會治理等方面進行綜合改造。華潤利用自身產業優勢，引導農民成立專業合作社，搭建產業幫扶平台，實現統購統銷；優化品種，合作經營；土地流轉，土地整理；輻射帶動，產業發展。

華潤旗下的電力、水泥、啤酒、醫藥等諸多產業均與環境息息相關。由於華潤在綠色環保方面的傑出貢獻，華潤集團及其旗下華潤電力、華潤水泥、華潤啤酒、華潤燃氣等企業多次榮獲中國住房和城鄉建設部、香港環保促進會、香港《資本》雜誌等機構頒發的中國人居環境範例獎、香港綠色企業大獎、傑出環保企業獎等獎項。其中最值得稱道的是，華潤開始嘗試發展循環經濟，實現資源再生利用。

2009年9月，華潤賀州循環經濟園正式動工。經過七年建設，廣西賀州華潤循環經濟產業示範區內現已建成華潤電力（賀州）有限公司、華潤水泥（富川）有限公司、華潤雪花啤酒（廣西）有限公司。電廠對生產過程中產生的粉煤灰、爐渣進行收集，作為水泥生產原料供給水泥廠；水泥廠向電廠供應石灰石粉，做脫硫劑使用，脫硫產生的石膏作為水泥緩釋劑返供水泥廠；啤酒廠生產所需的水、蒸汽全部由電廠供給，提高了電廠的設備利用率與經濟效益，啤酒生產產生的廢水經處理後可用作電廠循環水補充水，另外產生的藻土、酵母泥可交付水泥廠做水泥添加劑摻燒。如此通過循環經濟產業鏈的發展，實現了環保與企業效益的雙贏。

自示範區建立以來，每年因循環經濟實現節能量折合標煤29萬噸，減排二氧化碳73萬噸、二氧化硫6萬噸、氮氧化物0.425萬噸。啤酒廠按照國

圖表10-15 華潤賀州循環經濟園產業協同效益

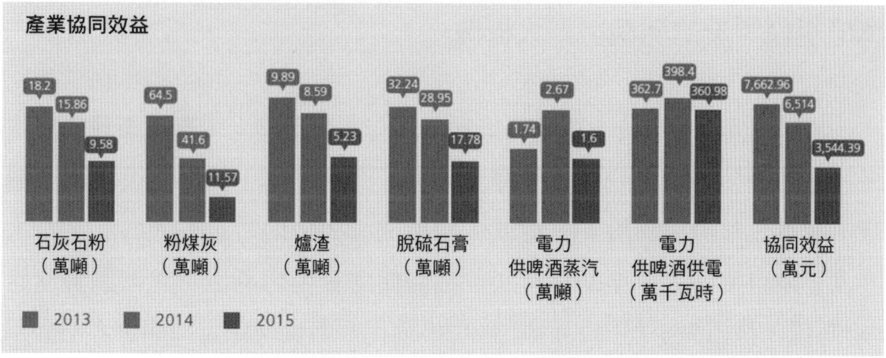

數據來源：《華潤集團2015年社會責任報告》，第83頁。

際先進啤酒工藝設計建設，啤酒發酵中產生的二氧化碳收集後用於後道工序，減少了二氧化碳的排放。運用“糖化麥汁低壓動態煮沸技術”，減少蒸汽消耗40%，單位啤酒能耗下降9%；清洗水、冷凝水、鹼液進行回收處理循環使用，耗水量下降35%，廢鹼液的排放降低50%以上。[19]

　　水泥通過窯頭、窯尾電收塵器改袋收塵器，窯尾煙塵排放濃度不到30mg/m³，達到國家新的環保排放要求，利用餘熱發電每年減少二氧化碳的排放量總計為4.5萬噸。

　　示範區成立以來，為當地帶來高速發展的同時，也為當地民眾的生活帶來了巨大的影響。在三家企業進駐富川前，當地民眾主要依靠農業生產獲取收入；自企業入駐後，工業的發展大幅拉動了當地的收入水準，民眾生活品質有了極大的提高。與此同時，三家企業的生產為當地政府建設提供了有力的稅收支持，以2015年為例，三家企業共納稅3.44億元，佔富川縣稅收的53%，為地方發展帶來了巨大的支持。廣西壯族自治區主席陳武曾評價道：如果我們廣西的每一個城市，都有這樣的一家企業，我們廣西就興旺發達了。[20]

二　招商局：百年老店的新格局

萬億規模、千億利潤與三大板塊

　　2008年金融危機後，招商局集團在原有產業基礎上，繼續深耕三大主業，在交通（港口、公路、航運、物流、海洋工業、貿易），金融（銀行、證券、基金、保險），地產（園區開發與房地產）三大核心產業上形成了競爭優勢。截至2016年底，招商局總資產超萬億，管理總資產達6.81萬億，位列央企首位，利潤總額501億元，若實現法定口徑併表招商銀行，其利潤總額可達到1,112億元，在央企排名第二。

圖表 10-16　招商局集團資產總額、營業收入及利潤總額 （單位：人民幣，億元）

資產總額

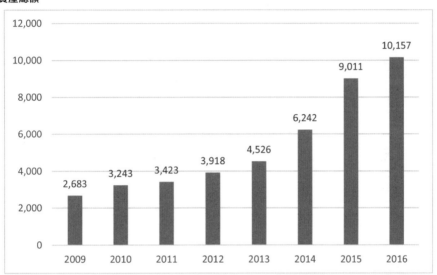

營業收入

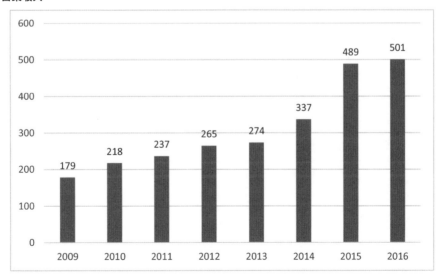

利潤總額

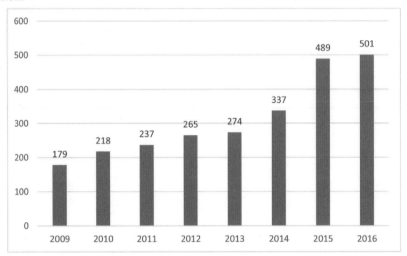

資料來源：《中國國有資產監督管理年鑒》（2009-2015年），中國經濟出版社；招商局集團網站。關於招商局集團的利潤總額，因其對招商銀行未達併表條件，以上採用法定口徑。

　　招商局集團的三大主業已形成相當規模：

　　綜合交通板塊：港口業務已形成全球佈局，在全球19個國家和地區擁有49個港口，在國內已基本形成全國性的集裝箱樞紐港口戰略佈局，旗下港口分佈於珠三角、長三角和環渤海等地區。2015年，招商局旗下港口集裝箱輸送量為8,366萬TEU，散雜貨輸送量達到3.53億噸。據全球航運諮詢機構德魯里統計排名，招商局港口集裝箱總輸送量排名全球第二；航運業是招商局的傳統產業，截至2016年底，招商局投入運營的VLCC有39艘，手持VLCC訂單14艘，擁有世界一流、全球領先的超級油輪船隊，並擁有和管理世界規模領先的超大型礦砂船隊VLOC和LNG船隊。招商輪船現有運力1,923萬載重噸，加之中國外運長航集團有限公司擁有和控制各類船舶運力1,397萬載重噸，招商局航運總運力達3,320萬載重噸。

　　金融板塊：已形成完整的金融業務佈局，包括銀行、證券、基金及基金管理、保險及保險經紀等領域。截至2016年底，招商銀行在國內一百三十多個城市設有分支行、3,495家自助銀行，在28個核心城市設立了超過四十家私人銀行中心，在香港設有香港分行、私人銀行中心、海外全球託管中心並擁有永隆銀行和招銀國際等子公司，在美國、新加坡、英國、盧森堡等國家和地區設有分行。招商證券已成為中國領先的上市證券公司之一，於2009年11月在上海證券交易所上市，並於2016年10月在香港聯交所上市；截至2016年底，招商證券在國內114個城市設有226家證券營業部和12家分公司，是2008年至今連續九年獲得A類AA評級的兩家券商之一；2012年招商局成立招商局資本，推進集團內部基金整合，建立直投基金管理的統一平台，截至2016年底管理總資產近一千七百億元。招商局旗下還有招商基金、博時基金，基金管理總規模均超過一萬億元。2016年，招商局仁和人壽保險股份有限公司獲批籌建，中國第一家民族保險公司"仁和保險"成功復牌。

圖表10-17　招商局集團總資產、營業收入、利潤總額分佈圖

（單位：人民幣，億元）

總資產

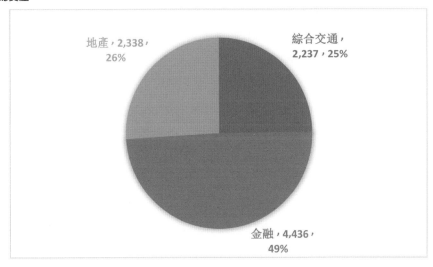

營業收入總額

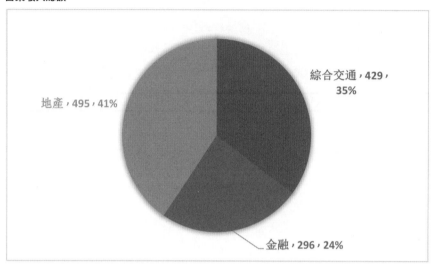

地產，495，41%

綜合交通，429，35%

金融，296，24%

利潤總額

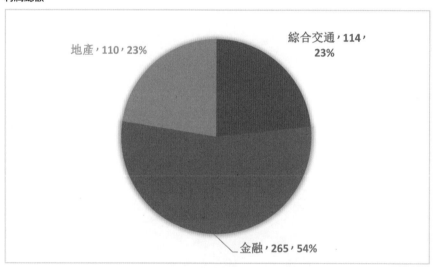

地產，110，23%

綜合交通，114，23%

金融，265，54%

資料來源：招商局集團網站，http://www.cmhk.com，2015年數據。

　　地產板塊：招商局通過招商蛇口、漳州開發區等主體提供城市及園區綜合開發和運營服務。2015年，招商局實施地產板塊的重大無先例重組，實現了招商局前海蛇口自貿區資產的整體上市。旗下漳州開發區行政轄區面積56.17平方公里，2010年升級為國家級經濟技術開發區。

　　招商局集團所屬實體公司中，近70%的企業為混合所有制企業；控股和佔大股的上市公司總資產，已佔集團合併總資產的九成以上。[21]

招商蛇口換股吸收合併招商地產[22]

　　2014年12月31日，國務院正式批覆，決定設立廣東、天津、福建三個自貿試驗區，並具體確定了自貿區的範圍。中國（廣東）自由貿易試驗區包含28.2平方公里的深圳前海蛇口片區，其中有招商局蛇口工業區9.4平方公里、招商局國際西部港區3.8平方公里，合計13.2平方公里。招商局再次站在時代的潮頭。[23]

　　中央正式確立廣東自貿區範圍四個月後，涉及蛇口前海自貿區資產的重大重組呼之欲出。2015年4月3日，招商地產開始停牌。2015年4月27日，招商地產確認大股東招商局集團宣佈正在籌劃“無先例的重大資產重組事項”。

　　2015年9月16日，招商局蛇口工業區（招商局蛇口控股）與招商地產簽訂換股吸收合併協議。即招商局蛇口控股通過發行A股股份的方式與招商地產股份進行互換，招商地產退市註銷，招商局蛇口控股發行的前述股份申請在深交所主機板上市流通，從而實現招商局蛇口控股吸收合併招商地產。招商局蛇口控股此前直接或間接持有的招商地產51.89%的股份不參與換股、不行使現金選擇權並在吸收合併完成後註銷。

　　2015年9月18日，國務院國資委批覆，原則同意招商蛇口吸收合併招商地產並募集配套資金的總體方案。

2015年11月5日，商務部批覆，原則同意招商局蛇口工業區控股股份有限公司吸收合併招商局地產控股股份有限公司。

2015年11月27日，招商蛇口吸收合併招商地產交易方案經中國證券監督管理委員會證監許可[2015]2766號文核准。

2015年12月11日，招商地產B股終止上市。

2015年12月17日，完成實施現金選擇權。

2015年12月30日，招商地產A股終止上市並摘牌，同時招商蛇口發行的人民幣普通股股票在深交所上市，證券代碼為001979，市值逾1,800億元人民幣（註：以當日收盤價計）。"1979"正是袁庚創立蛇口工業區的年份。

招商蛇口吸收合併招商地產，除了成功實現招商局自貿區資產的證券化、為今後直接融資創造條件外，還在中國資本市場創造了兩"史無前例"。

一是成功實施"A股+B股"轉A股，為國內同類上市公司創造了可借鑒的經驗。中國資本市場的B股問題由來已久。B股市場成立於1992年，向外籍投資者開放，2002年2月後，B股市場開始向國內個人投資者開放。但相比日漸活躍的A股，B股逐步淪為非主流市場，"交投清單、估值低、無法再融資"是B股市場的基本特徵，但轉成A股又存在很大的制度障礙。在招商地產之前，真正解決B股問題，有兩條基本路徑——"A+B"公司採用"B轉H"，純B股公司則採用"B轉A"，還沒有"A+B"轉"A"的先例。

招商地產A股、B股在深交所上市，B股在新加坡證券交易所（以下簡稱"新交所"）第二上市。根據招商蛇口換股吸收合併招商地產方案，招商局蛇口控股將向除其自身外的所有參與換股的股東發行股票交換招商地產股票。招商蛇口換股吸收合併招商地產A股的換股比例為1:1.6008，即換股股東所持有的每股招商地產A股股票可以換得1.6008股招商蛇口發行的A

股股票；招商蛇口換股吸收合併招商地產B股的換股比例為1:1.2148，即換股股東所持有的每股招商地產B股股票可以換得1.2148股招商蛇口本次發行的A股股票。換股吸收合併將由招商局輪船作為A股現金選擇權的提供方，由招商局香港作為招商地產B股現金選擇權的提供方，以現金收購招商地產異議股東要求售出的招商地產股票。招商地產A股現金選擇權行使價格為24.11元/股，B股現金選擇權行使價格為19.87港元/股，分別較定價基準日前120個交易日交易均價溢價9.99%和10.02%。截至異議股東現金選擇權申報截止期末，沒有投資者申報行使現金選擇權。

吸收合併還涉及對在新交所第二上市的B股的處理。1995年7月12日，招商地產B股以介紹方式在新交所實現第二上市。截至2015年4月2日，新加坡B股股東共計349戶，總共持有1,299,073股招商局B股。為順利推進本次換股吸收合併工作，公司先行終止B股股票在新交所第二上市交易，並從新交所退市。根據退市方案，相關股東可將其所持有的在新交所第二上市的公司B股轉託管至深圳證券交易所（以下簡稱 "深交所"），轉託管期為2015年9月18日至2015年12月3日。截至2015年12月4日，轉託管期內累計有13,462股新加坡B股轉託管至深交所。轉託管期結束後留在新加坡的B股共1,285,611股，根據退市方案，由招商局集團（香港）有限公司按照港幣26.54元/股支付現金對價。2015年12月7日，新交所收到招商局集團（香港）有限公司支付的全部現金對價，招商地產B股股份於2015年12月10日從新交所退市。

將境外交易B股轉託管至深交所，在境外通過現金收購滯留境外的B股股份，轉托境內的B股和境內交易B股一道通過換股方式轉換成A股股份，涉及到境內外交易所的協調、投資者協調等複雜事項，開創了 "A+B" 轉 "A" 的先例。

二是吸收合併重組上市的同時，推出配套融資和員工持股計劃。

在通過換股吸收合併招商地產的同時，招商蛇口推出配套融資計劃，

向八名特定對象非公開發行5億股,發行價格23.6元,募集配套資金118億元人民幣。具體情況如下:

序號	募集配套資金認購對象	發行價格 (元/股)	認購金額 (元)	認購數量 (股)
1	工銀瑞信投資—招商局蛇口 特定資產管理計劃	23.6	1,185,416,483.20	50,229,512
2	國開金融有限責任公司	23.6	1,499,999,999.20	63,559,322
3	深圳華僑城股份有限公司	23.6	1,499,999,999.20	63,559,322
4	北京奇點領譽一期 投資中心(有限合夥)	23.6	1,499,999,999.20	63,559,322
5	興業財富—興金202號 單一客戶資產管理計劃	23.6	1,499,999,999.20	63,559,322
6	深圳市招為投資合夥企業 (有限合夥)	23.6	1,999,999,983.20	84,745,762
7	博時資本招商蛇口A專項 資產管理計劃	23.6	500,000,007.60	21,186,441
	博時資本招商蛇口B專項 資產管理計劃	23.6	1,499,999,999.20	63,559,322
8	招商局蛇口工業區控股股份有 限公司第一期員工持股計劃	23.6	668,748,432.80	28,336,798

資料來源:《招商局蛇口工業區控股股份有限公司發行A股股份換股吸收合併招商局地產控股股份有限公司並向特定對象發行A股股份募集配套資金之非公開發行情況報告暨上市公告書》,2016年1月13日,第9頁。

員工持股計劃的參加人員為對公司整體業績和中長期發展具有重要作用的核心骨幹人員,包含招商蛇口和招商地產部分董事、部分監事、高級管理人員及核心骨幹。

值得關注的是,招商蛇口吸收合併招商地產的重大重組期間,中國資本市場發生了史無前例的巨大動盪,上證指數從2015年6月12日最高的5,178點下跌到2015年12月30日的3,572點,期間最低跌至2,850點。招商蛇口在此期間能順利重組並實現配套融資實屬不易。通過重組,招商蛇口實現了整體上市、混合所有制改革、解決B股歷史遺留問題、建立長效激勵機制、解決內部同業競爭等多重目標，樹立了國企改革的典範和中國資本市場創新標杆。

2016年，重組上市後的招商蛇口確立了新的公司戰略：以“產、網、融、城一體化”為業務抓手，確立“前港—中區—後城”的發展新模式，園區、社區與郵輪三大業務協同發展，致力於成為中國領先的城市及園區綜合開發和運營服務商。

穩固招商銀行第一大股東地位[24]

招商局集團位居招商銀行第一大股東地位，素來支持招商銀行實施市場化管理體制和管理方式，主要通過董事會對招商銀行實施治理，持股比例維持在較低水準，這樣的股份結構明顯有別於國有股獨大的四大國有商業銀行。2014年12月前，招商局集團通過招商局輪船股份有限公司、深圳市宴清投資發展有限公司、深圳市楚原投資發展有限公司等投資平台間接持有招商銀行股份，持股比例一直維持在20%以內。2013年12月10日，安邦保險集團持有招商銀行股份首次超過5%。此後一年，安邦通過二級市場不斷增持招商銀行股份，截至2014年12月10日，持股比例超過10%。彼時，“安邦系”、“生命系”險資正在如火如荼地舉牌A股優質藍籌股，安邦已通過二級市場舉牌成為民生銀行第一大股東。險資舉牌一度成為A股市場重要的炒作題材。

安邦舉牌後，招商銀行股價由2014年11月底的11元上漲至最高點2015年6月9日的21.70元，但此後由於內地資本市場的劇烈波動，招商銀行股價於8月25日到達最低點14.01元，下跌35%。期間上證指數從最高點5,178點下跌至2,927點，下跌幅度43%。2015年7月10日，招商局集團承諾，在股市異常波動期間，招商局集團及其附屬公司不減持其所持有的招商銀行股票，並將擇機增持股票。其後，自2015年7月11日至2015年10月8日期間，招商局集團通過其附屬公司間接累計增持招商銀行股份合計約14.8億股，招商局集團持有招商銀行股份比例提高到26.80%。此後，招商系公司繼續增持招商銀行股份，至2015年底，持股比例達到29.97%，距中國證監會和香港證監會規定的全面要約收購上市公司的標準僅有0.03%的差距。

2015年12月28日，國務院國資委以無償劃轉方式將中國外運長航集團有限公司整體劃入招商局集團，恰巧中國外運長航及武漢長江輪船合計持有招商銀行22,207,847股A股股票，佔招商銀行總股本的比例為0.09%，中國外運長航劃轉招商局集團後，該等股票由招商局集團間接擁有，招商局集團持有招商銀行股份比例上升為30.06%。本次變動觸發全面要約收購義務，招商局輪船作為申請人向中國證監會申請豁免要約收購義務，同時向國務院國資委申請將中國外運長航持有的招商銀行0.09%股份無償劃轉給中國國新控股有限責任公司下屬子公司國新投資有限公司。此後，招商局集團持有的招商銀行股份恢復至29.97%。

圖表10-18　招商局集團持股招商銀行比例變動情況

時間	2013.12.10	2014.12.10	2015.10.08	2015.12.31	2016.02.24	2016.10.31	2016.12.31
招商局	18.80%	20%	26.80%	29.97%	30.06%	29.97%	29.97%
安邦	5.73%	10.72%	10.72%	10.72%	10.72%	10.72%	10.72%

參考資料：招商銀行2012年至2016年年報；招商銀行2013年12月10日、2014年12月10日、2015年7月10日、2015年10月8日、2016年2月29日、2016年9月20日、2017年2月24日公告。

重組中國外運長航

招商局集團和中國外運長航集團都是在中國航運業佔有重要地位的央企。兩家航運巨頭在2014年、2015年主導了兩次重大重組，最終以中國外運長航集團整體劃轉招商局集團收官。

　　2008、2012年金融危機對國際貿易造成重大影響，2012年BDI指數（Baltic Dry Index，波羅的海乾散貨指數）平均僅為921點，較2011年全年的平均1,549點下跌40.5%，各種船型的日均租金水準亦有38%至48%的下跌，高企的油價進一步擠壓利潤空間，航運企業業績大幅下滑。中國外運長航集團2012年開始虧損，2013年更是錄得130億元巨虧。其控股的中國長江航運集團南京油運股份有限公司（以下簡稱"長航油運"，SH.600087）於2010年、2011年和2012年連續三年虧損，2014年4月11日，上海證券交易所決定終止公司股票上市交易，轉入場外交易市場（新三板）進行股份轉讓。長航油運成為第一家退市的央企控股上市公司。

圖表10-19　中國外運長航集團主要財務指標　（單位：人民幣，億元）

	2009年	2010年	2011年	2012年	2013年	2014年
營業額	740.55	946.51	1,030.60	1,066.68	967.49	914.56
利潤總額	22.10	33.73	13.70	2.05	-121.45	27.75
淨利潤（%）	14.94	27.05	7.60	-4.63	-130.89	17.01

資料來源：《中國國有資產監督管理年鑒》（2009-2015年），中國經濟出版社。

圖表10-20　長航油運主要財務指標　（單位：人民幣，億元）

	2009年	2010年	2011年	2012年	2013年
總資產	140.19	173.83	191.70	197.20	137.74
淨資產	43.47	43.22	50.04	37.67	-20.97
營業收入	33.59	42.93	50.88	66.29	73.07
淨利潤（%）	0.04	0.09	-7.54	-12.39	-59.22

資料來源：《長航油運年度財務報告》，2009-2013年。

　　2014年3月22日，長航油運披露的2013年度報告顯示，2013年度歸屬於上市公司股東的淨利潤為負59.22億元，2013年末歸屬於上市公司股東的淨資產為負20.97億元。信永中和會計師事務所對公司2013年度財務報表出具了無法表示意見的審計報告。

　　截至2014年4月28日，公司逾期的貸款本息和融資租賃租金合計約12.35億元。經重整管理人核查，截至2014年9月19日，確認債權金額合計為人民幣100億元。[25]長航油運面臨巨額債務重組和破產的困境。

　　在國資委、交通部等部委主導下，招商局、中國外運長航和中石化三家央企集團，基於"國油國運"的國家戰略，於2014年9月5日簽署合作協議，以超級油輪（VLCC）和現金出資，合資在香港成立專業化的航運公司"中國能源運輸有限公司（China VLCC）"，招商輪船佔股51%，中國外運長航佔股49%。2014年9月19日，長航油運第一次債權人會議審議並表決通過了《中國長江航運集團南京油運股份有限公司部分船舶資產變價方案》，同意對長航油運自有的6艘VLCC油輪、2艘油船及4艘瀝青船共12艘船舶進行處置，具體處置方式為：向China VLCC協議轉讓"長江之光"等6艘VLCC油輪，作價3.83億美元；以合計3,387萬元人民幣處置另外2艘擬報廢油船。[26]

　　通過重組，長航油運擺脫了債務重組和破產的困境，得以將資源集中在成品油輪船上，船隊的生產經營恢復正常，資產負債率由重組前的115%下降到 2015年底的70%，2015年歸屬母公司淨利潤達6.3億元人民幣，脫離了連續四年虧損的局面。整合後，債權人利益得到保障，部分銀行債權由China VLCC承擔，抵押資產優良，風險敞口變小，保全了巨額銀行資產。招商輪船規模迅速擴大，截至2016年6月，招商輪船擁有VLCC達37艘，加上16艘訂單，總數量達53艘，位居全球第一。基於招商輪船優良的船隊管理水準，加上油運市場帶來的景氣表現，整合後的船隊取得了可觀的經營效益。2015年，招商輪船實現利潤總額20.8億元人民幣，同比增長6.4倍，歸屬於母公司淨利潤11.5億元人民幣，同比增長4.7倍。[27] 此次戰略重組為招商輪船向建設世界一流航運企業、打造全球領先的超級油輪船隊奠定了基礎，為國家進口原油運輸安全、建設海運強國提供了保障。

2015年12月28日，經國務院批准，中國外運長航集團整體併入招商局集團，成為其全資子企業。中國外運長航不再是國資委直接監管企業。與中遠、中海的重組模式不同，招商局與中國外運長航的重組並不是以往常見的央企對等式重組，而是由招商局"兼併"中國外運長航集團，讓後者成為其子公司，再在內部進行業務優化整合。

追溯以往，中國外運長航集團也是由兩家央企重組而來。2008年12月19日，國資委批准中國外運與長航實施重組，按照當時的計劃，2009年是重組的籌備階段，2010年為整合階段，2011年是發展階段。然而，直到2011年，各業務板塊的整合工作仍然沒有實質啟動和推進執行。中國外運曾經在A股有兩家上市公司——長航油運和長航鳳凰，但先後都因連虧退市[28]。

無獨有偶，幾乎與招商局和中國外運長航集團重組的同時，中國航運業的另兩家巨頭企業中國遠洋運輸（集團）總公司與中國海運（集團）總公司於2015年12月11日啟動重組。同日，中遠旗下香港上市公司中遠太平洋（HK.1199）與中海方簽訂重組協議，中遠太平洋以76.3億元人民幣收購中海香港和中海集運持有的碼頭資產中海港口發展有限公司，以77.8億元將旗下的佛羅倫資產出售給中海集運。[29] 重組前，中遠太平洋之碼頭業務年處理能力及集裝箱吞吐量位居世界第四，而其2014年按權益所屬的吞吐量則位居世界第六。重組後，中遠太平洋之設計年處理能力增加約33.2%至超過一億標準箱，約佔全球市場總份額的10.3%，設計處理能力位居全球首位；碼頭總吞吐量增加約16.8%至近八千萬標準箱，約佔全球市場總份額的11.6%，2014年總吞吐量位居全球第二；權益吞吐量將增加約27.8%至約二千四百萬標準箱，約佔全球市場總份額的3.6%，權益吞吐量位居全球第六。[30] 交易完成後，中遠太平洋成為專注於全球碼頭業務發展的上市平台。2016年7月22日，中遠太平洋有限公司更名為"中遠海運港口有限公司"。

招商港口"一帶一路"佈局[31]

近年來，招商局集團加大國際化佈局，構建"一帶一路"港口網絡，推進中白工業園項目和中歐物流大通道建設，將"前港—中區—後城"蛇口模式複製到海外。據招商局集團公佈的資料，截至2015年底，招商局境外企業總資產達1,635億元人民幣，佔集團總資產的18%。其中，招商局的國際港口業務具有重大的戰略意義。

作為港航起家，也是目前中國最大、世界領先的港口投資運營商，招商局近年來大力推進港口設施建設，通過收購、改造和新建，形成可控制的現代化港口鏈。招商局港口國際化佈局起步較早，2008年9月8日，招商局與越南航海總公司合營成立頭頓國際集裝箱港公司，標誌着招商局港口業務邁出了向海外投資的第一步。此後，招商局在國際港口業務上加大拓展步伐。2011年8月12日，招商局正式簽署投資和管理斯里蘭卡科倫坡港南集裝箱碼頭項目BOT協議；2012年12月29日，招商局國際宣佈以1.85億美元收購位於東非及紅海要塞的吉布地的碼頭資產；2013年1月25日，招商局國際以4億歐元現金收購達飛海運旗下全資子公司Terminal Link 49%的股權，涉及海外15個碼頭資產；2013年2月5日，招商局國際收購吉布地港23.5%的股權；2013年5月28日，招商局和斯里蘭卡政府簽署了《斯里蘭卡北部高速及港口物流框架協議》；2014年4月30日，招商局集團收購了澳洲紐卡斯爾（Newcastle）港口98年的收費管理權和土地租賃權，含稅中標價格為17.50億澳元；2014年9月16日，招商局國際與斯里蘭卡政府簽署了斯里蘭卡漢班托塔港二期集裝箱碼頭SOT項目關鍵條款協議，以及開發斯里蘭卡國際航運中心的框架協議；2015年7月1日，招商國際和法國達飛海運集團簽署了"一帶一路"沿途港口、物流及相關基礎設施投資及運營的戰略合作框架協議，這是中外企業間首個"一帶一路"戰略協議；2015年9月16日，招商局國際等三方聯合體收購土耳其Kumport碼頭65%的股權。

截至目前，招商局在全球五大洲19個國家和地區擁有49個港口。這些港口大多是"一帶一路"沿線國家的重要港口，包括科倫坡國際集裝箱碼頭（CICT）、吉布地港、土耳其Kumport港、奈及利亞庭堪國際集裝箱碼頭（TICT）、多哥洛美集裝箱碼頭（LCT）等。這些港口將在"一帶一路"互聯互通上發揮基礎性作用。據Containerization International（CI）統計，招商局港口碼頭網絡2015年總輸送量達8366萬標箱，世界排名第二，其中海外港口輸送量逾總量的17%。2013年至2015年，海外集裝箱輸送量複合增長率達到46.1%，遠高於國內項目4.1%的增速。2016年6月3日，為突出主營業務，招商局港口業務平台"招商國際"更名為"招商港口"。

創新轉型策略[32]

招商局集團發揮產業和資本優勢，搭建創新平台，為創新創業中小企業提供投融資服務，並在內在機制上進行了創新探索。

一是搭建平台。招商局集團利用旗下的產業園區搭建開放式創新平台，實現創新資源的集聚。蛇口工業區原來主要是"三來一補"的加工製造業，近年招商局陸續推動舊的工業廠房改造成網絡資訊、高端裝備、生物技術、節能環保、文化創意等"雙創"基地，建成蛇口網谷、南海意庫兩個示範園區，目前入駐各類"雙創"企業四百多家，每平方米土地年產值由2010年的不足兩千元提高至五萬元。2016年5月8日，國務院將招商局集團列為全國首批七家"雙創"企業示範基地之一。

二是嫁接資本。利用產融結合的優勢，搭建起了覆蓋天使投資、VC

投資、PE投資以及上市服務等環節的創新創業投融資服務體系，已經為創新創業的中小微企業提供了三千多億元的融資。2015年12月18日，"招商局創新投資管理責任有限公司"（招商創投）及"招商啟航互聯網創新孵化器"（招商啟航）正式揭牌。招商創投從事母基金投資（FOF）和直接投資，總投資規模達50億元人民幣；招商啟航總投資規模為3億人民幣。同期，還在北京設立"招商局科技創新發展研究院"，意圖通過加強資本與科技資源的結合，形成協同創新紅利，促進傳統產業向產業鏈高端轉型。

三是制度創新。第一，鼓勵創新投入。對創新支出雙倍加回並相應調增淨利潤，鼓勵各層級企業加大創新投入。同時，成立創新專項基金，每年投入1億元資金，扶持各企業創新項目、獎勵創新先進單位和個人。第二，建立容錯機制。把"互聯網+"領域的創新創業項目都集中到專門設立的平台公司上進行投資，通過總體投資組合收益，平衡單個項目投資失敗所造成的影響。第三，建立跟投機制。把PE行業中成熟的跟投機制複製到創新項目投資上，將跟投主體從項目實施者擴展到投資決策者。

三　中銀香港：人民幣國際化的重要推手

香港離岸人民幣市場的發展歷程

2007年後，國際主權貨幣市場格局悄然發生變化，隨着中國經濟持續穩健發展，人民幣國際化的需求越來越強烈，中國在人民幣國際化方面也邁出了實質性步伐。香港作為全球重要的金融中心，自然擔當起了人民幣國際化的橋頭堡重任。

香港大規模開展人民幣業務的歷史可追溯到2004年，當年開放包括存款、兌換及匯款等個人人民幣業務。此後，中央政府推動人民幣離岸市場發展的政策頻出，迎來了離岸人民幣的政策窗口期。

2007年7月，首筆人民幣債券由國家開發銀行在香港發行，發行規模50億元，獲三倍超額認購。

2009年7月，人民幣貿易結算試點計劃出台，是離岸人民幣業務發展的重要里程碑。

2009年9月，財政部首次在香港發行人民幣國債。

2010年6月，擴大跨境貿易人民幣結算試點的地域範圍；11月，人民幣國債透過CMU系統發行。

2011年1月，《內地與香港關於建立更緊密經貿關係的安排》（補充協議七）進一步放寬香港銀行經營內地港資企業人民幣業務的規定，容許銀行為此類企業客戶提供人民幣服務；3月，國家十二五規劃明確表示中央政府支持香港發展成為離岸人民幣業務中心，擴大人民幣貿易結算範圍至全國，公佈人民幣外商直接投資管理辦法，以及推出人民幣境外合格機構投資者安排。11月，中國人民銀行與香港金管局續簽為期三年的貨幣互換協定，互換規模擴大至4,000億元人民幣/4,900億元港幣。

2012年，支持第三方利用香港辦理人民幣貿易投資結算；提高人民幣合格境外機構投資者的額度、擴大試點機構範圍和放寬投資比例限制。

2014年11月7日，"滬港通"開通，海外投資者可以透過香港進入內地A股市場，內地投資者可以透過上海買賣香港股票。

2016年12月，"深港通"推出。國家十三五規劃再次肯定香港作為全球離岸人民幣業務樞紐的地位。

陸續推出的系列措施，鞏固了香港作為面向全球的離岸人民幣貿易結算中心、融資中心和資產管理中心的地位，對香港作為離岸人民幣業務中心的發展有重大的推動作用。

圖表10-21　中國銀行離岸人民幣指數（ORI）

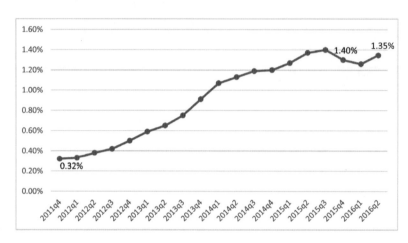

資料來源：中國銀行。中國銀行離岸人民幣指數，全稱 "BOC Off-shore RMB Index"，是反映人民幣在國際金融市場上的發展水準、指示人民幣國際化發展狀況的指數。

圖表10-22　香港人民幣存款餘額（2004年1月至2017年2月）

（單位：人民幣，億元）

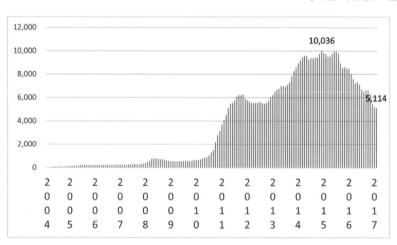

資料來源：香港金融管理局

　　在國際經貿需求和系列政策的推動下，人民幣國際化的步伐逐步加快。根據中國銀行發佈的報告，離岸人民幣指數呈穩步上升態勢，自2011年四季度的0.32%上升至2016年二季度的1.35%，顯示人民幣在離岸市場的存款、貸款、投資、儲備、外匯交易等方面的規模和影響力不斷提升。

　　2014年一季度至2016年二季度，全球離岸人民幣存款平均餘額約為2.4萬億。離岸人民幣融資功能逐步釋放，2016年二季度末離岸人民幣債券餘額達5,184億元。人民幣外匯交易量佔全球外匯交易的比重由2014年一季度的3%上升至2016年二季度的4.12%。

　　香港在離岸人民幣市場佔據首要地位。香港人民幣存款從2004年初的約九億元上升到2017年2月的5,100億元，期間人民幣存款餘額最高達一萬億元。2014年一季度至2016年二季度，香港人民幣存款餘額均值約為9,000億，佔同期全球離岸人民幣存款總量的37%以上[33]。香港佔內地跨境人民幣收付的比重長期達50%以上，且有一定上升，由2014年三季度的51.1%上升至2016年二季度的55.2%。在香港發行的離岸人民幣債券（亦稱"點心債券"）餘額由2011年的1,467億增長到2016年的2,948億，點心債券餘額佔全球離岸人民幣債券的比重長期在60%以上。香港人民幣貸款餘額由2008年的308億增長到2016年的2,948億，增長幅度達857%。在香港離岸人民幣融資規模不斷提升的同時，點心債券佔全球離岸人民幣債券的比重由2014年的88%下降至2016年的61%，顯示其他離岸人民幣市場也在逐步發揮融資功能。

　　香港人民幣結算交易在2011年後呈現爆發式增長，平均每日交易額由2011年的1,000億元左右增長到2016年的9,000億，最高峰的2015年日均交易額近萬億。2016年，人民幣日均交易額達8,636億，是美元日均交易額的四倍。2016年內地與香港跨境人民幣支付的平均每日交易額約達1,190億元人民幣，佔總交易額的14%。

圖表10-23　離岸人民幣債券餘額 　　　　　　（單位：人民幣，億元）

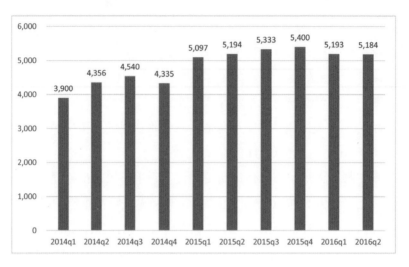

資料來源：中銀離岸人民幣指數報告

圖表10-24　香港人民幣融資餘額 　　　　　　（單位：人民幣，億元）

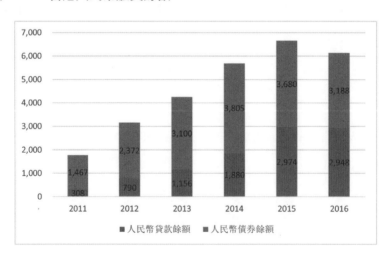

資料來源：《香港金融管理局年報》，2011-2016年。

圖表10-25　人民幣RTGS系統平均每日交易額

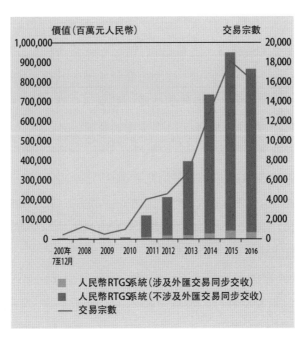

資料來源：《香港金融管理局2016年年報》

圖表10-26　香港外幣RTGS系統

RTGS系統	推出日期	結算機構或清算行	截至2016年底的參與機構數目	2016年平均每日交易額	2016年平均每日交易宗數
美元TRGS系統	2000年8月	滙豐銀行	直接參與：105間間接參與：112間	272億美元	22,833宗
歐元RTGS系統	2003年4月	渣打銀行	直接參與：38間間接參與：17間	3.34億歐元	594宗
人民幣RTGS系統	2007年6月	中銀香港	直接參與：212間	8,636億人民幣	16,232宗

資料來源：《香港金融管理局2016年年報》

中銀香港對離岸人民幣市場的推動作用[34]

席捲全球的次貸危機當年，中銀香港遭遇重創，經營溢利由2007年的180億港元驟降至42億港元，下降幅度達76.7%。股東權益回報率、總資產回報率分別降至3.73%和0.27%，達歷史最低水準。此後，中銀香港抓住經濟復甦的機會，迅速扭轉金融危機造成的頹勢，主要經營指標在2010年全面恢復至2007年的水準，此後保持穩步增長態勢。2016年，中銀香港經營溢利升至289億港元，股東權益回報率達26.47%，每股盈利5.25港元（剔除出售南洋商業銀行收益後為2.42港元）。2009年至2016年平均股東權益回報率維持在15%左右。2016年成本收入比率為29.25%，成本效益處於同業較佳水準，管理效率較高。中銀香港資產品質優良，特定分類或減值貸款比率為0.20%，遠低於市場平均水準。

中銀香港的發鈔行地位穩固，流通紙幣比例由2010年的20.7%上升至30.3%，而其他兩家發鈔行的流通紙幣比例均有所下降，第一大發鈔行滙豐銀行的流通紙幣比例由65.4%下降至59.4%，渣打銀行紙幣流通比例由13.9%下降至10.3%。

中銀香港將人民幣離岸業務作為長期發展的戰略重點，在離岸人民幣市場中扮演着重要角色，是人民幣國際化過程中不可或缺的重要推手。

2010年：中銀香港人民幣離岸業務取得突破，在人民幣業務方面樹立了多個里程碑。辦理多筆人民幣首宗交易，包括首筆人民幣出口發票融資、首筆人民幣進口發票融資、首筆人民幣營運資金貸款以及首筆人民幣股息匯款等。擔任香港首筆人民幣企業債券發行行、擔任獨家簿記管理行和牽頭行。獲委任為香港中央結算有限公司的人民幣代理銀行，為中央結算及交收系統有關的人民幣業務提供結算服務。向台灣銀行提供人民幣現鈔清算服務。

2011年：推出人民幣回購服務和人民幣託管賬戶計劃，減少參加行對

圖表10-27　中銀香港經營溢利、經營規模指標、股東權益回報率

經營溢利　　　　　　　　　　　　　　　　　　　　（單位：百萬港元）

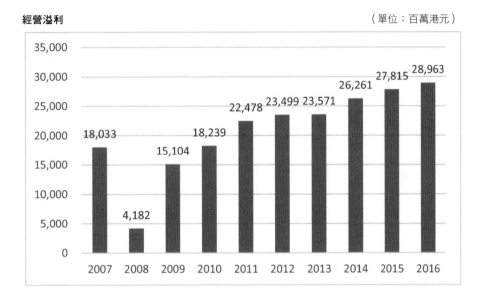

經營規模指標　　　　　　　　　　　　　　　　　　（單位：百萬港元）

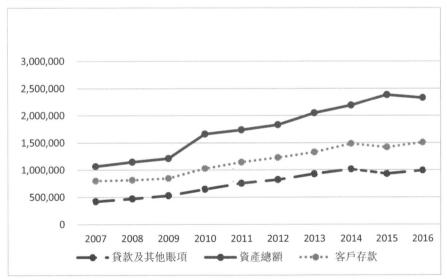

股東權益回報率 （單位：%）

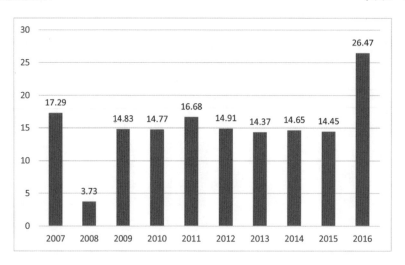

資料來源：《中銀香港（控股）有限公司年報》，2007-2016年。

圖表10-28　按發鈔行分佈的流通紙幣比例　　　　　　　　　（單位：%）

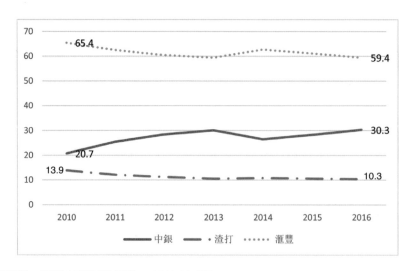

資料來源：《香港金融管理局年報》，2010-2016年。

清算行的交易對手風險。中銀香港作為香港聯合交易所的人民幣代理行，推動香港首隻人民幣股票成功上市；推出一系列人民幣計價的證券買賣服務；成為香港離岸人民幣拆借市場的主要市場莊家和境內銀行間市場首家實現"貨銀兩訖"結算安排的境外機構；推出"人民幣協議付款"及"人民幣保理融資"，並成功辦理首筆"人民幣海外代付"交易，為同業間的人民幣業務合作開創了良好開端。

2012年：中銀香港將人民幣服務擴展至非香港居民。推出多項跨境貿易融資產品，包括已承兌期信用證貼現、人民幣協議付款/融資、人民幣出口押匯配套遠期合約方案。在人民幣結算服務方面，延長人民幣電匯及特快轉賬指示的服務時間，讓不同時區的客戶可享受同日結算匯款服務。中銀香港承銷14筆離岸人民幣債券發行，包括第四次發行的人民幣國債，以及國家開發銀行發行市場首創20年期的離岸人民幣債券，延長了離岸人民幣債券的收益率曲線。中銀香港資產管理與世界銀行合作推出"中銀香港—世界銀行新興市場債券基金"，是全港首隻以中國為主題的全球新興市場貨幣債券基金。

2013年：辦理首筆前海跨境人民幣貸款。中銀香港獲Clearstream Banking S.A.委任為其香港離岸人民幣代理行。辦理首筆以香港離岸人民幣同業拆息（CNH HIBOR）為定價基準的人民幣/美元貨幣互換掉期交易。成為首筆以CNH HIBOR定價的人民幣存款證安排行。獲芝加哥商品交易所集團及香港期貨交易所委任為美元兌離岸人民幣的期貨市場莊家。

2014年：為銀聯國際成員機構推出人民幣結算服務。延長人民幣結算服務時間至每天20.5個小時，覆蓋歐洲、美洲和亞洲時區，提供全球最長的人民幣清算營運時間。中銀香港獲金管局委任為離岸人民幣一級流動性提供行，向市場提供流動性支持。在"滬港通"項下，中銀香港成為香港中央結算有限公司的指定開戶銀行，以及香港結算"滬股通"項目的指定結算銀行。成功轉換至第二代中國國家現代化支付系統，提高人民幣清算的效率和服務能力。

　　2015年：作為主要參加行，為廣東、天津、福建三個新自貿區的客戶提供跨境人民幣貸款及跨境人民幣資金池服務。全年人民幣交易金額逾人民幣220萬億元，同比增長30%，交易量近四百二十五萬筆，同比增長近43%。獨家獲得"黃金滬港通"結算行資格。完成全球首筆以境外人民幣業務參加行身份敍做的境內銀行間債券市場回購（Repo）交易。成功在境內銀行間債券市場發行首筆國際性商業銀行人民幣金融債券（熊貓債券）。

　　2016年：中銀香港成為首家以直接參與者身份加入人民幣跨境支付系統（CIPS）的境外銀行，也是唯一一家同時擁有CIPS和中國現代化支付系統（CNAPS）清算管道的清算行，進一步擴大了香港人民幣清算網絡覆蓋。中銀香港獲得包括"深股通"獨家結算銀行、"港股通"跨境資金結算業務資格在內的"深港通"全部業務資格。

　　國家"一帶一路"、人民幣國際化、自貿區建設等重大戰略的深入實施，香港作為"超級聯繫人"加快推進國際金融、貿易、航運三大中心建設，都將為中銀香港的發展帶來巨大機遇。中銀香港已經推出一系列計劃，迎接前所未有的戰略機遇。2016年，中銀香港以680億港幣向信達金控出售南洋商業銀行，以76.85億港元出售集友銀行70.49%的股份。同年，中銀香港拓展在東盟地區的業務，收購中銀泰國、中銀馬來西亞、中銀雅加達分行及中銀金邊分行，建立汶萊分行，實現了由城市銀行向區域性銀行的轉變。東盟是國家實施"一帶一路"和人民幣國際化戰略的重要地域，中銀香港可利用最大離岸人民幣清算行的地位，在東盟地區進一步拓展業務，擴大離岸人民幣市場規模，為人民幣國際化作出更大貢獻。

四　中信與港中旅：大重組與大合併

重組合併是近十年央企發展的一大主旋律，中信與港中旅尤具代表性。

1979年，在鄧小平的支持和宣導下，時任中國國家副主席的榮毅仁創辦了中信集團。經過三十餘年的發展，中信集團已成為金融與實業並舉的大型綜合性跨國企業集團。特別是近十年來，中信通過公司重組，整體紅籌上市，獲得了新發展，自2010年至2016年，中信集團在"世界五百強"中的排名逐年上升，從第四百一十五位上升至第一百五十六位。

港中旅在近十年通過重組業務，退出鋼鐵業務，進軍金融業，合併國旅集團，鞏固了中國旅遊業的龍頭地位。

中信泰富再陷"鐵礦黑洞"

中信泰富曾經是香港中資紅籌資本運作的先驅和標杆。然而，從2008年全球金融海嘯以後，一度陷入"外匯期權案"，元氣大傷；投資的中澳鐵礦項目，再陷"鐵礦黑洞"。2008年，中信集團完成認購中信泰富發行的可換股債券，隨後通過可換股債券轉股使其持有中信泰富的權益由29.4%增至57.6%。然而，儘管中信集團的出手相救，幫助中信泰富渡過"外匯期權案"危機，但其後盈利能力並未恢復到危機前的水準。自2012年以後，中信泰富股東應佔溢利持續下滑，2012年較2011年下降26%，2013年則較2012年減少17%。究其原因，與中信泰富的產業佈局有莫大關係。中信泰富的核心業務為特鋼製造、鐵礦開採及中國大陸的房地產開發。2011年至2013年，這三項業務的資產淨值合計佔中信泰富資產淨值的比例分別為69%、73%和72%。由於宏觀經濟波動對三大業務均具有顯著影響，中信泰富的業績自然受經濟週期影響較大。中信泰富特鋼業務在2012年下半年中國經濟表現疲軟後，盈利能力持續受挫；房地產業務盈利能力則受到建成待售物業之不同交付及入賬時間的影響，房地產板塊2011年淨利潤達30億港元，在2012年、2013年均只有15億港元左右的盈利。

　　最大的虧損黑洞還是來源於中澳鐵礦項目。中澳鐵礦不僅是中國企業迄今為止在澳洲最大的投資項目，也是在海外資源領域規模最大的投資項目。截至2013年底，其資產淨值佔中信泰富資產淨值的比例高達48%。自2006年投資中澳鐵礦以來，項目一直未能實現正常生產。項目連年虧損並需要持續資本投入，2007年至2016年中澳鐵礦項目資本性開支累計高達770億港元。[35] 中信泰富在2012年財報中總結中澳鐵礦項目的收穫時描述：過去幾年，作為中澳鐵礦項目的管理公司，中信泰富礦業在工程建設、調試和運營方面獲得了寶貴的知識，也積累了第一手的經驗。[36] 也就是

圖表10-29　中信泰富特鋼、鐵礦業務及房地產盈利貢獻　（單位：百萬港元）

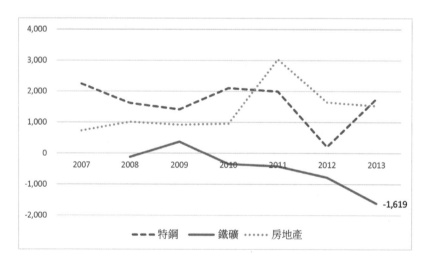

圖表10-30　中信泰富股價與恒生指數對比

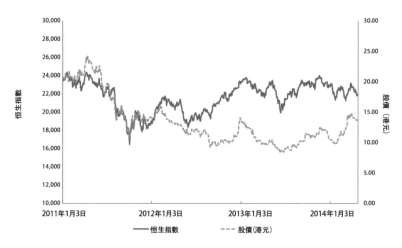

資料來源：bloomberg

圖表10-31　中信泰富股價、每股資產淨值及權益收益率

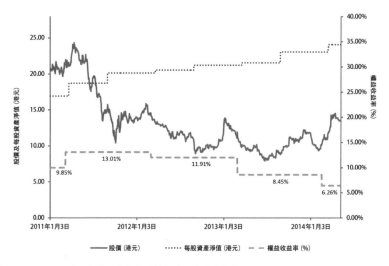

資料來源：bloomberg以及中信泰富年度業績報告及中期業績報告

說，在投資澳洲鐵礦六年期間，中信泰富作為投資方和管理方，一直在摸索嘗試、獲取經驗。中信泰富也總結道：2006年底在決定投資中澳鐵礦項目時，不論本公司，還是項目的主選礦工藝（設計、採購及施工）承包商中國冶金科工股份有限公司（中冶）都低估了在海外建設一個如此大規模鐵礦的複雜性以及需要投入的人力、時間和資金。[37]

直至2013年12月，運載首船精礦粉的貨輪從西澳普勒斯頓海角啟程駛往中國江蘇省。中信泰富2013年財務報告用"不經一番寒徹骨，怎得梅花撲鼻香"來描繪中澳鐵礦項目歷經七年艱辛終於投產的欣喜和感歎。截至2013年底，中澳鐵礦項目資產淨值達525億港元，而帶來的收入不足4億港元，當年虧損擴大到16億港元。

儘管中澳鐵礦項目於2013年開始運營並帶來收入，但許多原本在資產負債表中的成本將開始反映在損益表中。由於開始計提折舊，並且利息支出在2014年會大幅增加，中信泰富的盈利將會受到較大影響，而且在兩年內也面臨着較大的項目計提撥備壓力。所以儘管中信泰富實現了精礦粉裝運出口（這是一個重要里程碑），公司主席常振明還是在2013年財報中提醒股東：公司的業績在短期內不會有好轉，相反會受到負面影響，希望大家有心理準備。

2014年，中澳鐵礦項目計提的減值撥備137億港元，而上年中信泰富剔除鐵礦虧損因素外，溢利92億港元。中信泰富何時扭虧，很大程度上取決於仍然存在的重大不確定性的中澳鐵礦項目。

從資本市場表現看，中信泰富的股價表現自2012年年初開始落後於恒生指數，並且自2011年6月起股價低於每股淨資產值，2013年底股價折讓近40%。

借殼中信泰富整體上市 [38]

　　2011年12月，經國務院批准，中國中信集團公司整體改制為國有獨資公司，並更名為中國中信集團有限公司，同時以超過90%經營性淨資產作為出資，並聯合其全資附屬公司北京中信企業管理有限公司，共同設立中國中信股份有限公司。此後，中信集團主要通過中信股份集團開展業務。自設立股份公司起，中信的整體上市進程始終牽動着資本市場的視線。中信股份於2011年12月27日根據《中華人民共和國公司法》註冊成立為股份有限公司。2012 年1月16日，中信集團與中信股份訂立《重組協議》，中信集團將金融業、房地產及基礎設施業、工程承包業、資源能源業、製造業及其他行業的經營性資產（含相關附屬公司的權益和股權）及其相關負債注入中信股份。

　　正式啟動上市工作前，中信股份進行了必要的資產清理，一是中信股份的12家持有中信泰富股份的境外全資附屬公司將其持有的全部中信泰富股份劃轉給中信集團的境外全資附屬公司，二是將中信股份旗下收入、利潤和資產佔比較小的非主業業務剝離給中信集團或其全資子公司，包括中信錦州金屬股份有限公司82.82%的股權及錦州鈦業有限公司76.37%的股權、澳門水泥廠67.68%的股權、中信（北京）鉑業科技開發有限責任公司100%的股權、中信置業有限公司100%的股權等。以上資產重組，使得中信股份的主營業務更加清晰，也為中信泰富收購中信股份掃清了產權障礙。

　　2011年、2012年及2013年底，中信股份的總資產分別為人民幣30,146.97億元、32,709.94億元和39,657.03億元；歸屬於中信股份股東的權益分別為人民幣1,623.38億元、人民幣1,928.00億元和人民幣2,250.51億元。

　　2011年、2012年及2013年，中信股份年度總收入分別為人民幣1,987.63億元、2,225.90億元和2,517.89億元，稅前利潤分別為人民幣608.22億元、

圖表10-32　中信股份各項業務情況

（單位：人民幣，百萬）

收入情況

業務	截至12月31日止之年度					
	2011年		2012年		2013年	
	收入	佔比（%）	收入	佔比（%）	收入	佔比（%）
金融業	80,424	40.5	93,033	41.8	108,328	43.0
房地產及基礎設施	16,635	8.4	12,926	5.8	27,202	10.8
工程承包業	17,626	8.9	16,674	7.5	18,385	7.3
資源能源業	60,710	30.5	69,772	31.3	67,971	27.0
製造業	16,385	8.2	19,757	8.9	19,121	7.6
其他行業	9,229	4.6	12,395	5.6	12,784	5.1
未分配	2,761	1.4	3,418	1.5	3,733	1.5
分部間抵消	（5,007）	（2.5）	（5,385）	（2.4）	（5,735）	（2.3）
總計	198,763	100.0	222,590	100.0	251,789	100.0

稅前利潤

業務	截至12月31日止之年度					
	2011年		2012年		2013年	
	稅前利潤	佔比（%）	稅前利潤	佔比（%）	稅前利潤	佔比（%）
金融業	49,140	80.8	46,259	84.1	57,805	87.3
房地產及基礎設施	3,872	6.4	4,402	8.0	4,390	6.6
工程承包業	1,367	2.2	2,654	4.8	2,481	3.8
資源能源業	5,321	8.7	（363）	（0.7）	（128）	（0.2）
製造業	1,356	2.2	1,313	2.4	1,001	1.5
其他行業	608	1.0	670	1.2	899	1.4
未分配	（315）	（0.5）	433	0.8	（337）	（0.5）
分部間抵消	（527）	（0.8）	（367）	（0.6）	66	0.1
總計	60,822	100.0	55,001	100.0	66,177	100.0

資料來源：中信泰富有限公司，《非常重大的收購事項及關連交易》公告，第202-203頁，2014年5月14日。

550.01億元和661.77億元。金融業、資源能源業佔中信股份營業收入70%以上的比重，但金融業獨佔80%以上的利潤比例，且利潤貢獻佔比逐年提升，資源能源業雖然佔有30%左右的營業收入份額，但幾乎處於虧損邊緣，其他行業的利潤貢獻也較為微薄。因此，雖然中信集團將其自身定位為綜合性企業集團，但從營業收入和利潤貢獻角度考慮，其實更是一家金融控股企業。中信集團是央企，履行出資人職責的機構是財政部，而非國務院國資委。在現行的管理體制下，國資委履行實業類央企出資人職責，而財政部履行金融類央企出資人職責。

中信股份旗下擁有七間公眾上市公司，其中中信銀行、中信證券在A股、H股同時上市，中信資源、中信重工、中信國際電訊、亞洲衛星在香港聯交所上市，中信海直在深交所上市。

中信旗下主要業務尤其是對其估值起決定性作用的金融業務主要資產已經在內地和香港同時上市，由於內地上市規則不允許同一資產重複上市，中信股份謀劃整體上市只剩下海外上市這一可選路徑，區別在於直接IPO還是借殼上市。中信股份資產規模巨大，IPO的時間成本很高，彼時內地資本市場也很低迷，而中信泰富由於中澳鐵礦項目陷入持續發展瓶頸，借殼中信泰富成為中信股份整體上市的最佳選項。

中信股份上市總體分為兩部分，首先由中信泰富通過配股增發的方式引進戰略投資者，然後通過"股份+現金"的方式收購中信股份，實現中信股份借殼中信泰富整體上市。

第一步，引進戰略投資者。

中信泰富配發39.5億股股份，引進中國煙草總公司、全國社保基金、友邦保險、華安投資、中國人壽、卡達主權投資基金等27名戰略投資者，配股股份約佔增發後總股份的15.87%。引進的27家戰略投資者分佈多元，既有特大型國企、金融央企，又有國內著名民營企業和海外資本。本次配股引入戰略投資者比較成功，一方面成功募集了所需資金，另一方面所引

圖表10-33　中信股份業務板塊及股權比例

金融業	房地產及基礎設施	工程承包業	資源及能源業	製造業	其他
中信銀行 （66.95%） 00998.HK 601998.SH	中信地產 （88.37%）	中信建設 （100%）	中信資源 （59.41%） 01205.HK	中信重工 (71.04%) 601608.HK	中信國際電訊 (18.33%) 01883.HK
中信證券 （20.30%） 06030.HK 600030.SH	中信和業 （100%）	中信工程設計 （100%）	中信裕聯 (100%)	中信戴卡 (100%)	亞洲衛星 (37.59%) 01135.HK
中信信託 （100%）	中信興業投資 （100%）		中信金屬 (100%)		中信海直 (21.52%) 000099.SZ
信誠人壽 （50%）					中信出版 (100%)
中信錦繡資本 （73.02%）					中信天津 (100%)
中信財務 （100%）					中信旅遊 (100%)
					國安俱樂部 (100%)

資料來源：中信泰富有限公司，《非常重大的收購事項及關連交易》公告，第60頁，2014年5月14日。

入的投資者與中信集團存在業務協同空間，比如中信集團和卡塔爾投資局於2014年簽署協定，各自出資50%成立100億美元的投資基金，用於在中國的長期投資。

　　本次配售募集資金總額和淨額分別約為532.74億港元和530.42億港元。配股價13.48港元，較2014年5月13日（即股份認購協議日期前的最後一個交易日）中信泰富收市價13.72港元折讓約1.75%，較前五個交易日收市價均價13.56港元折讓約0.59%，較前十個交易日收市價均價13.59港元折讓約0.81%。

第二步，整體收購中信股份。

2014年3月26日，中信泰富的一紙公告正式掀開了中信赴港上市的序幕，中信泰富宣佈從中信集團收購中信股份100%的股份。2014年8月25日晚間，中信泰富宣佈完成對母公司中信股份的收購。這是在國家大力推行國有企業混合所有制改革背景下推進的一樁重大重組，對未來的國有企業改革具有借鑒意義。

2014年5月14日，中信泰富發佈通函，宣佈經財政部核准的中信股份評估價值為人民幣2,270億元（約相當於2,866億港元）。中信泰富以該對價收購中信股份，對價支付分為現金和股份兩部分。

現金部分：中信泰富向中信集團支付534億港元現金，資金來源為引進戰略投資者獲得的資金。

股份部分：剩餘2,332億港元對價由中信泰富向中信集團兩家全資附屬公司發行173億股股份支付。

成功引進戰略投資者是本次交易的關鍵，若直接通過增發股票進行融資，則為支付收購中信股份的對價需要增發約213億股，這樣完成交易後公眾持股比例為6.23%，流通比例過低，無法滿足香港上市規則的要求。

按照香港上市規則第8.08（1）條關於公眾持股量的要求，公司上市後需要保持25%的流通股份。考慮到中信泰富收購中信股份體量巨大，屬於特別重大收購事件，港交所做出特別有條件豁免決定，即發行後最低保持15%流通股比例。

2014年8月25日，中信泰富發佈公告，確認完成配售交割和對價股份發行，收購事項順利完成。2014年9月1日，"中信泰富有限公司"正式更名為"中信股份有限公司"，股份名稱更改為"中信股份"，股票代碼"00267"保持不變。

圖表10-34　中信泰富重組前後股權分佈

	配發及發行配售股份 及對價股份前		配發及發行配售股份 及對價股份後	
	所持股份數目	佔全部已發行股 份比例	所持股份數目	佔全部已發行股 份比例
中信盛榮有限公司	2,098,736,285	57.51%	7,446,906,755	29.90%
中信盛星有限公司			11,953,595,000	48.00%
DunearnInvst.			57,495,000	0.23%
公眾人士	1,550,707,875	42.49%	5,445,326,875	21.87%
總計	3,649,444,160	100%	24,903,323,630	100%

資料來源：中信泰富有限公司《配售交割對價股份發行收購交割》公告，2014年8月25日，第3頁。
2014年中信盛榮有限公司、中信盛星有限公司為中信集團全資附屬公司；DunearnInvst.為淡馬錫的一家
全資附屬公司，淡馬錫因身為中信泰富一家附屬公司的主要股東而成為關連人士，DunearnInvst.持有的
股份不被計入公眾持股量。

　　國際評級機構對於中信股份的整體上市給予正面評級。2014年8月，穆迪將中信股份評級由Ba2（原中信泰富評級）調整為A3；2014年9月，標準普爾將中信股份評級由BB（原中信泰富評級）調整為BBB+，並在2015年調為A-。

　　重組後，中信股份經營保持穩健，2016年度收入總計3,808.22億港元，年度淨利潤626.39億港元，2016年底總資產7.24萬億港元（含銀行金融資產）。

　　中信股份整體上市是在國家大力推行國有企業混合所有制改革的大背景下實現的，除了打通融資管道之外，對於完善國有企業公司治理、打造市場化治理機制具有積極意義。

　　一是在實現絕大部分資產證券化的同時，保留中信集團公司國有獨資公司身份，維持了中信集團公司的最終控股公司地位，同時又避免了中信

集團直接整體上市而導致的政府直接持股上市公司股份帶來的治理問題。

二是建立了多層上市結構，破解了央企母公司融資的困局。母公司為國有獨資公司、業務單位獨立上市的結構，是中央企業和大型地方國企股份制改革的主流模式。由於母公司是國有獨資公司，母公司的發展依賴自身滾存發展，其對上市公司增資擴股的投資主要來源於有限的分紅和債權性融資，缺乏權益資本的補充機制，而下屬上市公司為了業務發展需要不斷尋求資本市場融資，從而形成一個不可迴避的矛盾：要麼是國有獨資公司在上市公司的股權被不斷攤薄，要麼限制上市公司的資本融資的功能，二者都不是監管層和國企自身希望看到的局面，國有獨資公司在頂層設計上存在天然的劣勢。中信股份整體上市後，其自身形成了權益資本補充機制，破解了母公司的融資難題，為全集團的資本運作打開了更大空間。

港中旅：重組業務與合併國旅

近十年來，港中旅集團繼續堅持旅遊主業發展戰略，通過調整優化產業結構、實現與國旅集團合併重組等途徑，進一步鞏固了在中國旅遊行業的龍頭地位。

1. 調整優化產業結構

港中旅通過強化主業、進軍金融、退出非核心業務，實現產業結構調整優化。2012年，國務院國資委批准港中旅集團的營業範圍擴展增加旅遊金融業務。2014年，港中旅集團制定產業結構優化調整方案，決定從2014年下半年起至2016年上半年，通過分階段運作，夯實金融業務的基礎，推進消費金融、產業基金和結構性融資業務。[39] 旅遊主業重點打造三大核心業務：以"中國旅行社總社"和"芒果網"為主的旅遊服務、以"維景"和"維景國際"為代表品牌的酒店業務、以綜合度假區和主題公園為主的景區業務。[40]

　　進軍金融業務是港中旅實施產業結構調整的重要步驟。早在2011年，港中旅即啟動編製金融業務戰略規劃，並於次年明確發展金融業務、拓展產融結合的總體思路。2011年正式與河南省焦作市政府簽訂焦作市商業銀行入股協議；2012年9月，港中旅集團持有焦作市商業銀行股份比例增加至19.9%，成為單一第一大股東；2014年完成增資擴股，持股比例進一步增至50.5%；次年，焦作市商業銀行更名為"中旅銀行"，成為全國首家旅遊特色銀行，開啟了"互聯網+金融+旅遊"特色銀行業務發展之路。

　　港中旅集團還通過收購安信信貸拓展消費金融業務，企圖與其旅遊主業形成協同效應。2014年，港中旅金控聯合澳洲領先的消費信貸機構Pepper集團和美國對沖基金York Capital，共同出資5.49億美元，成立安信金融控股有限公司，其中港中旅出資3.02億美元，持股比例55%。安信金融控股於2014年12月以競標方式成功收購香港安信信貸有限公司和其子公司深圳安信小額貸款有限責任公司的全部股權，競標股權作價6.43億美元，並於2015年5月6日完成交割。安信信貸成立於1977年，是香港最大的非銀行消費信貸公司，除銀行外在消費信貸領域佔有27%的市場份額，在香港擁有35間分行，在深圳擁有3間分行。

　　設立產業基金是中旅集團實施產融結合戰略的重要舉措。2016年4月，中旅集團與山東省政府合作，設立了中旅（青島）旅遊發展基金，首期規模10億元人民幣，重點投資於具備創新商業模式的旅遊產業項目。2017年5月，中國旅遊產業基金管理有限公司正式成立，中旅集團作為主發起人發起成立"中國旅遊產業基金"，基金總規模設定為300億元至500億元人民幣，基金首期規模100億元。

　　除銀行、消費金融和產業基金外，港中旅集團的金融佈局還涉及財務公司、融資租賃和保險經紀等業務。

　　在進軍金融業務的同時，港中旅集團退出了鋼鐵業務。2015年12月，港中旅集團將所持唐山國豐鋼鐵有限公司58.49%股權和和唐山達豐焦化有限公司35.09%股權無償劃轉給河北省國資委。鋼鐵行業曾經是港中旅的盈利業務，在2014年，兩家鋼鐵企業合計實現利潤總額6億元人民幣。[41]但近年受行業景氣度持續低迷的影響，鋼材價格快速下跌，國豐鋼鐵和達豐焦化持續經營面臨較大壓力。退出鋼鐵業務使港中旅集團更專注旅遊主業的發展。

2. 重組合併國旅集團

在中國國有企業改革的大潮下，2016年7月11日，國務院國資委發佈公告，宣佈港中旅集團與國旅集團實施重組，國旅集團整體併入港中旅集團，成為港中旅集團下屬全資子公司。

2016年8月3日，中國港中旅集團公司與中國國旅集團有限公司召開重組大會，掛牌成立中國旅遊集團公司。新成立的中國旅遊集團公司與香港中旅（集團）實行境內外一體化的管理模式。

2015年，港中旅集團實現營業總收入338.7億元，利潤總額23.7億元；[42]國旅總營收為212.92億元，歸屬於上市公司股東的淨利潤則為15.06億元。2016年，中國旅遊集團實現營業收入601.4億元，利潤總額57.5億元，2016年底資產總額達到1,433.75億元。[43]

五　中國海外：從內涵增長到內外並舉

穩居內房盈利首位

中國海外發展（以下簡稱“中海地產”）在2009年後維持快速增長態勢，並且保持穩健謹慎的經營風格，嚴格控制土地成本、建安成本和相關管理費用，盈利能力繼續保持行業領先水準。2014年後，中海地產營業收入幾無增長，但盈利水準保持持續增長，經營利潤和淨利潤均連續保持行業第一，盈利能力維持行業第一，淨利潤複合增長率達25%。中海地產銷售費用、行政費用、財務費用三項費用佔營業收入比率長期維持在3%至5%，始終保持在行業最低水準，經營利潤率保持行業領先。2016年，中海地產營業收入低於行業龍頭萬科39%，但經營利潤卻反超萬科33%。中海有着國際三大評級機構標普、穆迪和惠譽給予的香港上市房企最高評級，為其開展低成本融資提供了良好環境。2015年7月，中海在境外成功發行了一筆6億歐元的債券，期限四年，票面利率僅1.75%，創造了中國上市房企境外債的最低利率。中海地產卓越的成本管控能力、盈利能力和融資能力更有利於提升其在業界的競爭力。

圖表10-35　中海地產各項指標及與其他地產商的比較

營業收入與經營溢利　　　　　　　　　　　　　　　（單位：億港元）

淨利潤 　　　　　　　　　　　　　　　　　　（單位：億港元）

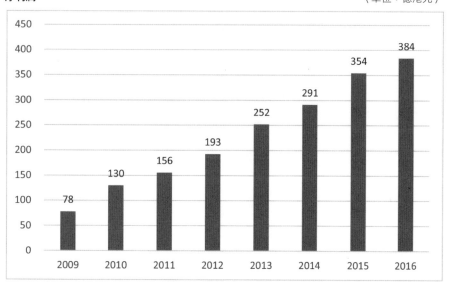

土地儲備 　　　　　　　　　　　　　　　　　　（單位：百萬平方米）

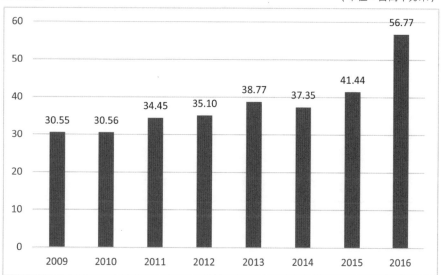

2016年內地四大地產商營業收入與經營溢利對比　　　　　　（單位：人民幣，億元）

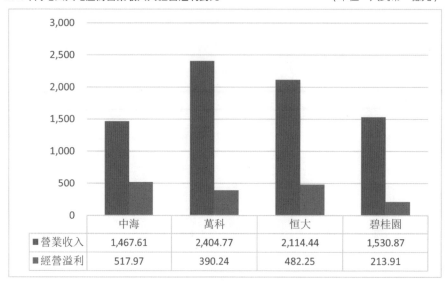

	中海	萬科	恒大	碧桂園
■ 營業收入	1,467.61	2,404.77	2,114.44	1,530.87
■ 經營溢利	517.97	390.24	482.25	213.91

2016年內地四大地產商經營利潤率對比　　　　　　（單位：人民幣，億元）

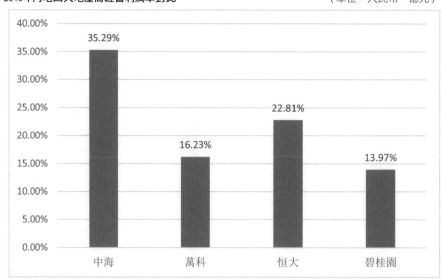

資料來源：《中國海外發展有限公司年報》，2009-2016年；萬科企業股份有限公司、中國恒大集團有限公司、碧桂園控股有限公司2016年度報告；中海地產資料按2016年12月31日匯率換算。

與過去以內涵增長為特徵的發展模式不同的是，中海地產在2010年後開始實施內外並舉的發展模式。2010年至2016年，中海地產先後實施了對蜆殼電器、中建地產和中信地產的三次併購重組，交易對價逾700億港元，直接獲得了超過3,700萬平方米的土地儲備。

曲線收購光大地產

2010年3月，中海地產完成蜆殼電器50.1%股權的收購，收購代價約15.9億港元。[44] 同年6月，蜆殼電器正式更名為"中國海外宏洋"。中海地產之所以收購蜆殼電器，是因為看重其旗下中國光大地產有限公司的土地儲備。根據蜆殼電器2008年財報，光大地產在北京、廣州、青島、桂林、呼和浩特等城市擁有約230萬平方米土地儲備，並在北京、廣州的核心城區擁有優質項目與土地儲備。通過收購蜆殼電器，中海實現了曲線收購光大地產的目標。

"風扇大王"翁祐於1952年創立蜆殼電器，1984年蜆殼電器在香港聯交易所上市。2003年，翁祐之子翁國基接任公司主席。

光大地產原為光大集團全資子公司。2004年，光大集團將光大地產70%的股權出售予Jodrell公司，光大地產成為一家中外合資企業。2005年，蜆殼電器以5.05億港元收購了Jodrell母公司Tigerlily的股權，Tigerlily擁有Jodrell公司80%的股權，Jodrell所擁有的光大地產70%的權益也成了蜆殼電器名下資產，蜆殼電器成為光大地產的控股股東。隨後，蜆殼電器又通過收購餘下股份，使Jodrell成為其全資子公司，從而完成了控股光大地產70%的動作。光大集團將光大地產剩餘30%的股權轉讓給了Assure Win投資公司。[45] 2010年2月，蜆殼電器以12億港元代價收購Assure Win持有的光大地產30%的權益（發行約2.47億股股份支付對價），光大地產成為蜆殼電器全資附屬公司，為中海地產收購蜆殼電器掃清了最後一道障礙。[46]

圖表10-36 中國海外宏洋營業收入   （單位：億港元）

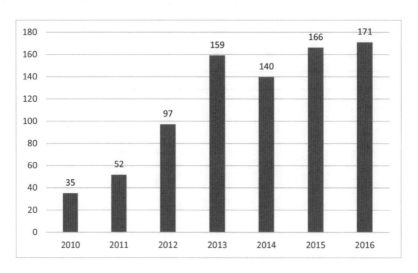

資料來源：《中國海外宏洋集團有限公司年度報告》，2010-2016年。

　　中國海外宏洋地產集團成立後，中海將之定位為三線城市地產發展商，專注有發展潛力的三線城市地產發展，隨之通過一系列資產重組，中海地產將三線城市的土地儲備轉移至中國海外宏洋，與中海地產形成協同發展格局。2016年，中國海外宏洋營業收入為171億港元。

中建地產業務注入中海地產

　　2013年8月5日，中海地產和中建股份聯合發佈公告，宣佈擬將中建股份房地產事業部、中國中建地產有限公司及中建國際建設有限公司運營的房地產發展業務注入中海地產。中建股份承諾，資產重組後不再從事房地產開發業務，且如果未能順利實施資產注入，中建股份也將委託中海地產管理其旗下的房地產發展項目。可見，中建集團已經下定決心解決中建系地產業務與中海地產的內部競爭問題，首選方式是資產重組，其次是委託代管，總之將中海地產打造成中建系唯一的房地產平台已成定局。同日，中海地產宣佈重大人事變動，領導中海地產長達八年之久的孔慶平卸任董事會主席職務，副主席郝建民升任主席；同時，中建股份房地產事業部總經理兼中建地產總經理陳誼入駐中海地產董事會，並於2014年4月獲委任為總裁，董事會主席郝建民繼續兼任行政總裁職務。

2015年3月24日，中建股份與中海地產簽署資產重組協議，確認將旗下位於中國北京、上海、天津、重慶等地及英國倫敦的相關物業項目注入中海地產，總代價為人民幣338.2億元。注入資產擁有土地儲備總建築面積約為1,000萬平方米，中海地產彼時的土地儲備約3,700萬平方米，資產注入將為中海增加近30%的土地儲備。中海地產採用向中國海外（中建股份全資附屬公司）發行股份的方式支付全部對價，中國海外以25.38港元認購中海地產16.9億股，中海地產實現以股份換資產。

2015年5月18日，中海地產宣佈完成中建地產業務收購事項，歷時21個月的中建地產資產注入落下帷幕，中海地產成為中建旗下唯一的地產平台。但僅在半年之後的2016年1月19日，中建系入主的陳誼辭去中海地產總裁職務。

整合中信地產業務

完成收購中建地產業務後僅十個月，中海地產於2016年3月14日發佈公告，宣佈擬收購中信集團旗下住宅地產業務。收購標的擁有中國25個一二線城市的按建築面積計土地儲備約3,144萬平方米（權益面積約2,352萬平方米），而2015年底中海的儲備按建築面積計為4,144萬平方米，收購成功後將增加土地儲備43%。

雙方最終確定收購總代價為港幣371億元（相當於人民幣310億元）。

對價採用"股份+資產"的方式支付,其中以發行股份支付港幣297億元,剩餘74億港元對價以100萬平方米投資物業支付。[47]

股份部分:以每股港幣27.13元向中信配發約11億股代價股份,總值為港幣297億元(約相當於人民幣248億元),相當於配發後總股本的10%。

資產對價部分:向中信出售100萬平方米內地投資物業,包括上海寰宇天下商業項目、南京中海商業與寫字樓項目、瀋陽環宇城及寫字樓商業項目、濟南華山商業項目。對價總值約為港幣74億元(約相當於人民幣62億元)。

2016年9月15日,中海、中信兩家央企完成了地產開發業務整合。交易完成後,中信持有中海地產10%的股份,成為中海地產第二大股東,並委派一名非執行董事進駐中海地產董事會。中信退出住宅地產開發業務,轉向金融屬性更強的商業地產項目、PPP項目和一級土地開發。中海地產土地儲備大幅增加,進一步提升了可持續發展能力,鞏固了在房地產行業的領先地位。2016年底,中海地產(不含中國海外宏洋)在內地33個城市

圖表10-37　中海地產收購中信地產業務前後股東架構

	交易完成前		交易完成後	
	所持股份數目	佔總股本比例	所持股份數目	佔擴大發行後總股本比例
中國海外集團	5,523,986,255	56.02%	5,523,986,255	50.42%
銀樂發展有限公司	509,136,928	5.16%	509,136,928	4.65%
滿貴投資有限公司	—	—	3,827,458,198	10.00%
公眾股東	3,827,458,198	38.82%	3,827,458,198	34.93%
總計	9,860,581,381	100%	13,688,039,579	100%

資料來源:中國海外發展有限公司《完成有關自中信集團收購物業組合的主要交易及委任非執行董事》公告,2016年9月15日。

以及香港和澳門共擁有的土地儲備約5,677萬平方米，權益土地儲備面積為4,881萬平方米。

完成收購中信地產業務後兩個月，2016年11月15日，郝建民辭去中海地產主席兼行政總裁職務，副主席肖肖接任。[48]

中海物業分拆上市

除了在地產板塊頻繁併購重組之外，中海還於2015年10月將中海物業分拆上市，為物業管理板塊建立了獨立發展平台。中海物業於1986年在香港成立，後整合中建系物業管理公司、中國海外宏洋物業管理公司成立中海物業集團有限公司。

2012年至2014年，中海物業管理的建築面積從3,400萬平方米增長到5,600萬平方米，所管理的物業數量（包括住宅社區、商用物業和政府物業）從249個增加到384個。2012年至2014年，中海物業營業收入從14.4億港元增長至21.6億港元，複合年增長率為22.4%；股東應佔溢利從6,000萬港元增至9,710萬港元，淨利潤複合年增長率達25.6%。[49]相較於物業管理首家上市公司"彩生活"，中海物業2014年物業管理面積僅為彩生活的17.99%，但彩生活的營業收入卻僅有中海物業的21%左右。

圖表10-38　中海物業與彩生活2014年度對比

	管理建築面積	營業收入
中海物業	5,600 萬平方米	2,163.7 百萬港幣
彩生活（HK.1778）	20,530 萬平方米	389.3 百萬人民幣

資料來源：中海物業集團有限公司上市公告，2014年10月14日；彩生活服務集團有限公司2014年度報告。

2015年10月9日，中國海外發展董事會宣佈向合資格股東分派中海物業股份，每持有三股中國海外發展股份獲取一股中海物業股份。2015年10月14日，中海物業以介紹方式在香港聯交所掛牌上市，股票代號2669。中海物業成為物業管理行業繼花樣年集團彩生活之後的第二家獨立上市公司。中國海外發展認為，分拆上市有利於：釋放中海地產的股東價值和識別中海物業的潛在價值；提高地產和物業管理服務專業水準；提高集資活動的靈活性；有利於激勵管理層。〔50〕上市後，中海物業維持穩健增長，2016年業務收入上升至25.6億港元，股東應佔淨利2.3億港元。

六　地方軍團的崛起：北控、上實、越秀、深業

金融危機後，以北京控股、上海實業、越秀集團和深業集團為代表的地方駐港企業緊抓內地蓬勃發展的機遇，深化產業結構調整，形成了具有相當規模和實力的產業集團。

北京控股：發力燃氣和水務業務

北控集團堅持北控特色的發展模式，構建服務於城市發展的業務生態體系，緊抓現代城市建設的重要引擎，重點投資公共服務、基礎設施、生態環保、民生改善及戰略性新興產業。2016年，北控集團位列"中國企業五百強"第一百九十四位。在《財富》雜誌評出的中國上市企業五百強中，北京控股排名一百九十九位、中國燃氣排名第二百一十九名、燕京啤酒排名第四百零一位，北控水務排名第四百三十二。截至2015年末，北控集團資產總額達人民幣2,116億元，過去十年總資產年均複合增長率達22.5%。2015年，營業收入695億元，是五年前營業收入的兩倍多；利潤總額55億元，較五年前實現總額翻一番。

圖表10-39　北控集團2016年營業收入分佈

公司名稱	營業收入（人民幣億元）	佔北控集團總收入比例
北京控股	665.0	86.14%
京泰集團	4.8	0.62%
京儀集團	27.9	3.61%
北燃實業	27.2	3.52%
北控置業	14.6	1.89%
北控能源	10.8	1.40%
北京市政研究設計總院	17.4	2.25%
北控智慧城市	1.7	0.22%
北控財務公司	2.6	0.34%
總計	772.0	100%

資料來源：北控集團網站，http://www.begcl.com。

　　北控集團已成為地跨境內外市場、兼具實業經營和資本運營的國有控股集團，資本證券化率達72%，旗下擁有十家上市公司，其中八家是香港上市公司。

　　2016年，北控集團總營業收入為人民幣772億元，其中北控集團旗艦上市公司北京控股貢獻了665億元，佔比86%。2009年至2016年，北京控股經營溢利維持在20億至26億港元之間，但聯營公司溢利貢獻比率逐年增長。2016年，北京控股應佔聯營公司溢利近50億港元，佔年度溢利的74%，主要來源於中石油北京管道公司、中國燃氣、北控水務的應佔溢利貢獻。

　　中石油北京管道公司分別由北京燃氣及崑崙能源有限公司擁有40%及60%權益。中石油北京管道公司的主要業務為傳輸天然氣，透過其自有的三條總長度約3,000公里的長輸管道向城市燃氣營運商供應天然氣。2016年，北京控股應佔中石油北京管道公司除稅後利潤的40%為27.9億港元；應佔中國燃氣22.95%除稅後利潤5.88億港元；佔北控水務淨利潤14.1億港元。[51]

圖表10-40　北京控股主要聯營公司

公司名稱	中石油北京管道公司	中國燃氣	北控水務
權益比例	40%	22.95%	43.77%

從營業收入看，管道燃氣和啤酒業務佔北京控股營業額比例保持在90%左右，管道燃氣業務的溢利貢獻比由60%上升到近80%，啤酒業務的溢利貢獻比由28%下降至4%。啤酒業務呈現出明顯的增長乏力，這與華潤雪花啤酒、百威英博等啤酒商持續增長的趨勢形成顯著差異。與此同時，北控水務及環保業務的增長形勢搶眼，2016年度溢利達2009年的3.7倍，對北控的溢利貢獻由12%左右上升到21%。

圖表10-41　北京控股各項指標一覽　　　　　　　（單位：億港元）

經營溢利

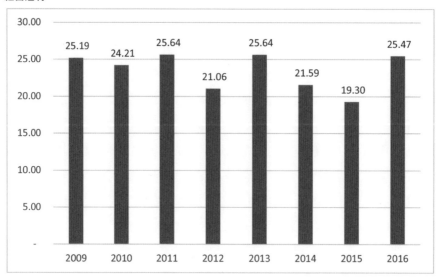

應佔聯營公司溢利

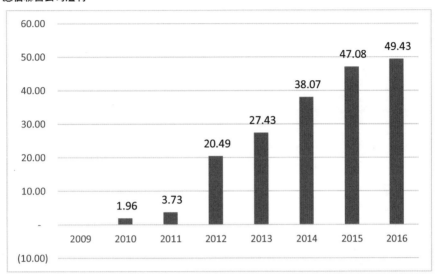

年度溢利

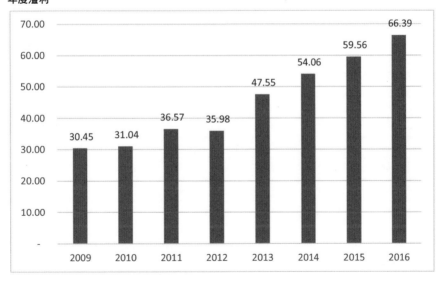

資料來源：《北京控股有限公司年報》，2009-2016年。

圖表10-42　北京控股分業務情況一覽 （單位：億港元）

營業收入貢獻

年份	管道燃氣	啤酒業務	水務及環保業務	高速及收費公路	固廢處理業務	其他業務	分部間對賬	綜合
2009	119.43	97.58	19.70	4.10	—	2.22	-0.95	242.08
2010	141.19	105.45	24.05	3.92	—	1.51	—	276.12
2011	164.60	133.73	1.96	2.88	—	1.54	—	304.71
2012	206.45	144.43	1.86	1.50	—	1.47	—	355.71
2013	251.59	168.37	—	—	—	3.64	—	423.60
2014	324.38	151.51	—	—	—	3.46	—	479.35
2015	439.46	140.69	—	—	—	21.34	—	601.49
2016	393.79	115.90	—	—	49.29	0.61	—	559.59

溢利貢獻

年份	管道燃氣	啤酒業務	水務及環保業務	高速及收費公路	固廢處理業務	其他業務	分部間對賬	綜合
2009	18.32	8.65	3.78	1.07	—	-1.11	-0.24	30.47
2010	19.56	7.83	4.50	0.96	—	-1.76	—	31.09
2011	22.87	13.62	4.11	-0.36	—	-3.59	—	36.65
2012	27.89	7.57	4.70	-1.03	—	-2.79	—	36.33
2013	35.38	9.33	5.14	—	—	-2.30	—	47.55
2014	44.72	9.51	7.90	—	—	-8.07	—	54.06
2015	50.82	4.47	10.77	—	—	-6.50	—	59.56
2016	52.92	2.83	14.12	—	3.23	-6.70	—	66.40

資料來源：《北京控股有限公司年報》，2009-2016年。

1. 入主中國燃氣成第一大股東

在中國燃氣陷入控制權危機、其他行業巨頭發出全面要約收購中國燃氣股份之際，北京控股集團自2012年2月13日起趁勢在二級市場收購中國燃氣股份，累計購入10.54億股，總投資額為港幣47.85億元，每股平均成本價約為港幣4.54元。[52]

2013年7月29日，北京控股與母公司北控集團簽訂買賣協議，收購北控集團持有的中國燃氣22.01%的股份，合共港幣82.22億元，以現金代價港幣20億元加上發行1.13億代價股份的形式支付。交易完成後，北控集團持有北京控股的權益比例由57.86%增至61.59%。交易完成後，北京控股位列中國燃氣第一大股東。[53]

根據中國燃氣集團2013年及2012年財報，截至2013年3月31日，中國燃氣年度純利為20.4億港元，截至2012年3月31日年度純利為11.4億港元。收購後，中國燃氣對北京控股的年度溢利貢獻保持在6億港元上下。

2. 北控領航中國水務市場

北京控股抓住內地環保支持政策密集出台的契機，於2008年後大舉進軍水務市場，擔當了水務市場整合者的重要角色。2008年1月，北京控股以9,880萬港元認購上華控股2.47億股新股，交易完成後，北京控股持有上華控股74.78%的權益。隨後，"上華控股"更名為"北控水務"，主營業務由電腦銷售轉變為水務及環保業務。[54]北控同時宣佈，計劃認購北控水務6億至8億港元的為期三年的零息可換股債券，以用於開展收購項目。以此為起點，北控水務展開大規模擴張步伐。2008年8月，北控水務採用向原股東發行可換股債券換股方式，收購中國污水處理市場主要營運商中科成環保集團。中科成環保集團於中國四川、湖南、山東、浙江及廣州等各省擁有20個污水處理廠，污水處理能力每日達到148萬噸，是中國大型污水處理企業之一。中科成亦是全國同行業內為數不多的具有完整各項資質的企業，具有自主知識財產權的專利技術、建設二十多個污水處理項目的專業經驗，有一套較為規範、科學的企業管理體系和一支非常成熟、高效運營管理的團隊。收購後，中科成原管理團隊留任北控水務，並擁有北控水務相當比例股份，其中原董事長胡曉勇留任北控水務執行董事兼行政總裁。收購中科成為北控水務業務增長奠定了穩固基礎。其後，北控水務陸續收購深圳華強、貴陽水務、貴港水務、水晶水務、中國水務等水務業務平台。2012年，北京控股將合計129萬噸水務資產完成注入北控水務，北京控股不再直接從事水務業務。

圖表10-43　北控水務歷年重大收購項目

時間	標的	規模	作價
2008年8月	中科成環保集團	於中國四川、湖南、山東、浙江及廣州等各省擁有20個污水處理廠，污水處理能力每日達到148萬噸，是中國大型污水處理企業之一。	約5.9億港元
2008年9月	深圳華強	深圳華強於深圳華強豐泰投資有限公司、濱州華強西海水務有限公司及沾化華強水務環保有限公司分別擁有80%、83.8%及55%的權益，新增水務處理規模每日31.5萬噸。	約2.7億港元
2009年1月	貴港供水	負責廣西貴港市供水及污水處理業務，水務處理規模為每日20萬噸。	約0.6億港元
2010年10月	貴陽供水	負責貴陽市供水服務	約8.4億港元
2012年9月—2013年2月	北京控股旗下水務資產	北京水廠、北控水務（濰坊）、北控水務（BVI）129萬噸水務資產	約10.7億港元
2013年2月	東莞水務	東莞常平、高埗、石龍等地7家水務公司	約6.4億港元
2013年3月	CGEP	負責Mafra、Ourém、Valongo、Paredes、Algarve等地供水及污水處理業務，有23座污水處理廠及13座供水廠，年污水處理410萬噸，供水690萬噸。	約10.2億港元
2013年5月	北控水務（海南）	北控水務（海南）	約1.9億港元
2013年6月	北京建工環境	94萬噸水務資產	約3.3億港元
2013年12月	實康福建、浙江、臨沂、山東	9個水務項目，125萬噸水務資產。	約4.1億港元
2014年1月	水晶水務、中國水務	36個水務項目，152萬噸水務資產。	約15.9億港元

資料來源：根據北控水務集團有限公司歷年年報整理。

圖表10-44　北控水務經營情況

（單位：億港元）

營業收入

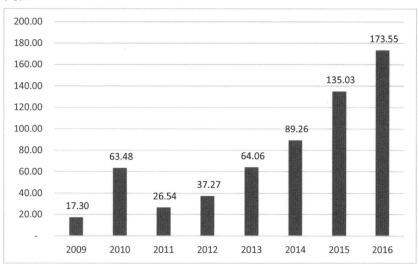

經營溢利

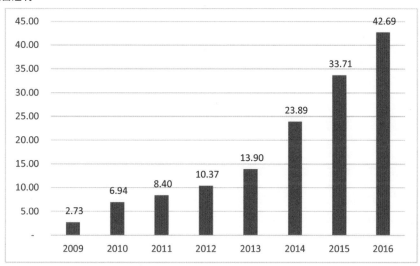

資料來源：《北控水務集團有限公司年報》，2009-2016年。

除了兼併收購之外，北控水務還通過BOT、TOT、PPP、委託運營等模式參與水務運營和建設。截至2016年底，北控水務的業務領域已經覆蓋污水及再生水服務、供水服務、水環境治理改造業務，業務區域已遍佈全國21個省市區、95個地級市，並延伸到境外馬來西亞和葡萄牙的多個城市和地區，擁有300多個水務項目。北控水務於中國內地擁有運營中的207座污水處理廠及5座再生水處理廠，污水處理廠及再生水處理廠每日運作總設計能力近千萬噸；於葡萄牙擁有24座污水處理廠；於新加坡擁有1座再生水廠，每日運作總設計能力為28萬噸，年內實際處理量為3,000萬噸。擁有59座運營中的自來水廠，每日運作總設計能力為570萬噸。於葡萄牙擁有13座供水廠，年內實際處理量為1,270萬噸。北控水務先後參與36個水環境治理項目的投資開發建設，河道水環境治理11項，業務遍及京津冀、長三角、珠三角、雲貴川等十餘省份。北控水務的業務規模穩居國內首位，位居全世界第三位。[55]

在大規模擴張的同時，北控水務取得了優秀的業績表現。自2009年至2016年，營業規模年複合增長率達39%，經營溢利年複合增長率高達48%，股東權益回報率從7.59%提升至13.72%，盈利能力顯著高於同行。北控水務的優秀業績表現贏得了投資者的認可，目前北控水務的市值達530億港元，已經超過其母公司北京控股的市值。

上海實業：整合與併購

2008年至今，上海實業集團的發展路徑以2013年為分水嶺：2008年至2013年，其發展的主要任務是"優化結構、做強產業"。2013年，上海實業確立了新的戰略，即融產結合統領下的內外聯動、創新轉型、持續優化產業體系。近年來，上實集團總資產年複合增長率10.5%，營業額複合增長率達13.5%，淨利潤保持在30億港元左右。目前，上海實業擁有以上實控

圖表10-45　上海實業各業務板塊營業額分佈　　　　（單位：億港元）

	2011年	2012年	2013年	2014年	2015年	五年平均複合增長率
總營業額	828	1,036	1,208	1,385	1,513	20.0%
醫藥	664	835	987	1,159	1,299	23.5%
房地產	96	134	145	139	115	5.8%
基礎建設	25	28	36	39	48	23.2%
消費品	41	34	36	40	39	-4.7%
金融及投資服務	2	5	4	8	12	39.9%

資料來源：《上海實業（集團）有限公司2015-2016社會責任報告》，第25頁。

股（0363.HK）為旗艦企業，上海醫藥（601607.SH/2607.HK）、上實發展（600748.SH）、上實城開（0563.HK）、上實環境（BHK SI）在內的五家境內外上市公司以及上實金控、上實東灘等企業，資產總額超過3,000億港元，員工超過5萬人。[56]

1. "有進有出"整合上實控股業務

2009年，上實控股全面啟動"有進·有出"的經營策略，通過大規模的處置和收購，將上實控股主業進一步集中到基建、地產行業。

資產處置方面，先後悉數出售所持聯華超市、微創醫療、中芯國際、光明乳業和醫藥資產全部權益。將所持上海A股醫藥上市公司上實醫藥全部43.62%的股權及杭州青春寶、胡慶餘堂藥業、廈門中藥廠、遼寧好護士、三維生物等企業股權全數出售，共套現約57.5億港元。悉數出售非控股醫藥企業微創醫療約18.89%，作價約5.16億港元。[57]上實控股全面退出醫藥業務，其後，上實集團整合醫藥資產成立上海醫藥集團獨立上市。

房地產業務方面，2009年，上實集團向上實控股注入上海市青浦區四

圖表10-46　上實控股2009年與2016年分業務溢利貢獻比例（%）

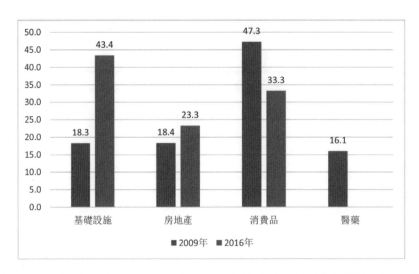

資料來源：上海實業控股有限公司2009年年報、2016年年報。因上實集團整合醫藥業務，其2016年無醫藥貢獻。

幅土地，收購坐落於上海市徐匯區的尚海灣豪庭四幢在建住宅樓盤。2010年6月24日，上實控股以27.46億港元收購中新地產集團約45.02%的股權，成為其第一大股東，同年10月更名為上海實業城市開發集團有限公司。2011年4月，上實城開收購上海城開51%的股權。2012年12月20日，上海實業與馬來西亞金獅集團旗下的百盛集團就開發運營青島國際啤酒城購物中心項目簽訂合作協議，簽約金額15.7億元人民幣，該購物中心總面積約23萬平方米，總投資近二十億元人民幣。[58]

　　基建業務方面，上實控股以代價13.88億港元向母公司收購其旗下持有的滬渝高速公路（上海段）收費經營權100%的權益，該公路屬國家高速公路網上海至重慶路段的組成部分，是上海市西面進入內陸省份的主要通道，亦是G50沿線各省市和上海西部地區進中心城區最直接的快速通道。

完成收購滬渝高速公路（上海段）後，連同京滬高速公路（上海段）及滬昆高速公路（上海段），上實控股在上海市經營三條主要收費公路，分別佔據上海市西南、正西、西北方面的主要進出通道，截至2010年2月底，約佔上海市收費公路總里程的19%，通行費收入約佔上海市全部路費收入的40%，這些為上實控股提供了穩定的業務收益和經常性現金流。2012年，上海實業收購杭州灣大橋23.06%的股權，進一步優化了公路資產的路網結構。[59]

通過以上業務重組，上實控股非核心業務基本退出，基建、房地產業務做大做強。2009年，上實控股基建、房地產板塊的溢利貢獻佔比為36.7%，2016年兩大業務板塊的溢利貢獻比例上升至66.7%。

2. 醫藥業務重大重組

為整合醫藥產業，建立在中國醫藥行業居領先地位的垂直一體化公司，上實集團自2009年年末至2010年年初，對旗下醫藥業務進行了重組。[60]其重組分三步走：

第一步：上藥集團資產注入上海醫藥

2009 年 10 月 14 日，上海市醫藥股份有限公司（以下簡稱"上海醫藥"）與其控股股東上藥集團達成《發行股份購買資產協議》，由上海醫藥向上藥集團定向發行 455,289,547 股公司股份，以購買上藥集團旗下下列製藥業務：

- 信誼藥廠100%的股權
- 上海第一生化100%的股權
- 上海三維公司100%的股權
- 上海醫藥物資供銷公司100%的股權
- 上海醫藥進出口公司100%的股權
- 上海市藥材公司100%的股權
- 中華藥業100%的股權

- 青島國風63.93%的股權
- 三維製藥48%的股權
- 信誼天一41.43%的股權
- 上海味之素38%的股權
- 信誼黃河36%的股權
- 上海施貴寶30%的股權

第二步：上海醫藥吸收合併上實醫藥和中西藥業

2009年10月15日，上海醫藥與上實集團旗下A股上市公司上海實業醫藥投資股份有限公司（以下簡稱"上實醫藥"）和上藥集團旗下A股上市公司上海中西藥業股份有限公司（以下簡稱"中西藥業"）達成《換股吸收合併協議》，對上實醫藥和中西藥業進行收購。根據該協議，上海醫藥對1股上實醫藥股份及1股中西藥業股份分別發行1.61股及0.96股上海醫藥股份，換股吸收合併上實醫藥新增公司股份592,181,860股，換股吸收合併中西藥業新增公司股份206,970,842股。吸收合併後，上實醫藥、中西醫藥依法退市並註銷。

第三步：母公司資產注入

2009年10月15日，上海醫藥與其母公司上海上實和上實控股達成發行股份及購買資產協議，上海醫藥以每股人民幣11.83元向上海上實定向發行169,028,205股股份，並用所得款項總額（約人民幣20億元）購買下列由上實控股間接持有的製藥業務：

- 上實醫藥科技100%的股權
- Mergen 70.14%的股權
- 復旦張江9.28%的股權

至此，上實集團將旗下醫藥業務全部整合進入上海醫藥，實現了上海實業集團旗下醫藥業務的整體上市。2010年3月，上海市醫藥股份有限公司更名為"上海醫藥集團股份有限公司"，股票代碼由600849變更為601607。

圖表10-47　重組前後上實集團旗下醫藥業務股權結構圖

重組前

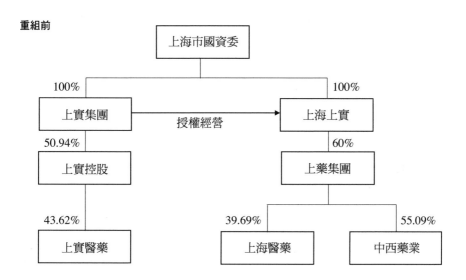

重組後

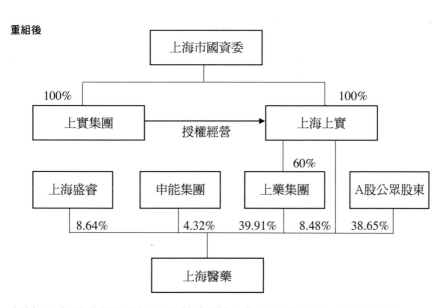

資料來源：上海醫藥集團股份有限公司《全球發售》文件，2011年5月6日，第115-116頁。

　　2011年5月20日，上海醫藥在香港發行H股，募集資金約160.14億港元，成為國內首家A+H股上市的醫藥公司。此次IPO為2011年規模最大的中資企業海外IPO項目，位列2011年全球前十大IPO。在此前後，上海醫藥通過不斷發展和收購兼併成為國內綜合實力排名前三的醫藥集團。

3. 收購 "亞洲水務"

　　早在2003年，上實控股就開始佈局水處理等環保行業的投資，與中國節能合作共同投資5億元人民幣組建了 "中環保" 水務公司。中環保成立後，主要依靠雙方股東的增資和銀行貸款來進行項目投資，迅速成為中國十大有影響力水務公司，但由於商業模式相對傳統，不能達到股東在環保行業快速、超常規發展的戰略預期。上實控股正在思考何去何從之際，亞洲水務的出現，觸發了其通過 "收購有潛力的資產" 來實現快速發展的戰略。[61]

　　2008年全球金融危機爆發，中國首家在新加坡上市的環保能源類公司——"亞洲水務" 股價暴跌，面臨破產的危機。2009年，上實控股正式發起對亞洲水務的收購。整個收購過程用了近一年時間，2010年，上實控股完成收購亞洲水務。

　　此後，上實控股通過不斷的兼併收購和新建項目，擴大在環保領域的佈局。2011年，亞洲水務收購浙江溫嶺瀚洋垃圾發電項目50%的股權，進入垃圾發電領域。2012年，亞洲水務從新加坡凱利板（Catalist，創業板）升級至主機板上市，公司更名為 "上實環境"。2013年，上實環境收購上海浦城熱電垃圾焚燒項目50%的股權和上海青浦第二污水處理廠100%的股權。2015年，上實環境以15.48億元人民幣收購復旦水務92.15%的股權，這是近年國內水務行業最大併購案之一。截至2016年底，上實環境擁有108個污水處理與供水項目，總設計處理能力超過每日1,000萬噸，亦擁有4個固廢發電項目，總設計處理能力達每日3,800噸。

圖表10-48　上實環境業務架構及項目分佈地圖

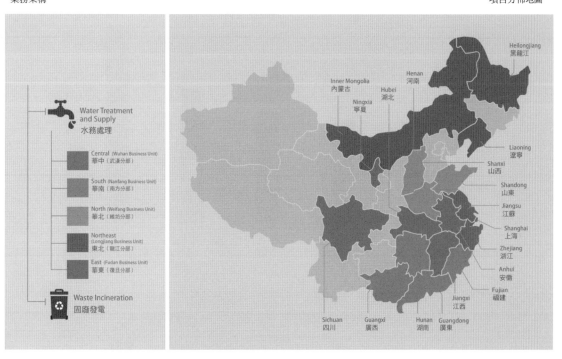

BUSINESS STRUCTURE
業務架構

PROJECT LOCATION MAP
項目分佈地圖

資料來源：《上海實業環境控股有限公司2016年年報》，第4-5頁。

　　伴隨着業務規模的增長，到2016年，上實環境實現了連續七年的兩位數業績增長。2016年度營業額同比增長46.8%至人民幣26.48億元，股東應佔淨利達人民幣4.55億元，同比增長26.2%。2012年至2016年，上實環境營業額實現年複合增長率30.1%，淨利潤年複合增長率36.5%，EBITDA年複合增長率31.6%。[62]

圖表10-49　上實環境各項指標一覽　　　（單位：人民幣，百萬）

營業收入

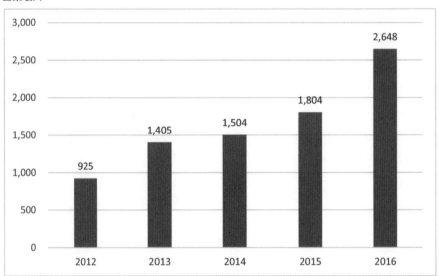

淨利潤

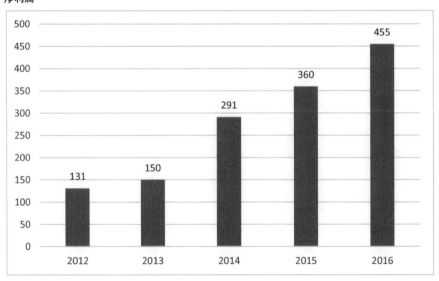

總資產與淨資產

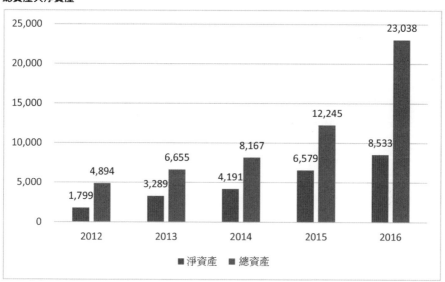

EBITDA

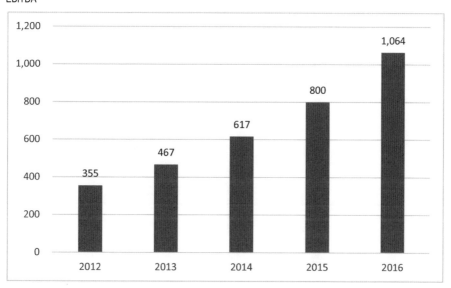

資料來源：《上海實業環境控股有限公司年報》，2012-2016年。EBITDA：息稅、折舊及攤銷前利潤。

越秀集團：搭建 "地產＋基建＋金融" 平台

　　2009年至2011年，越秀集團調整優化產業結構，明確戰略定位，確立核心產業，主動退出國際工程、勞務、水泥、超市和電池等業務，不斷淨化主業。

　　從2012年起，越秀集團啟動轉型升級發展，推動三大核心產業的規模發展、佈局優化，確立了地產、金融和交通基建三大核心產業。越秀集團先後投入約200億元，"併購、新設、資本擴充" 三管齊下，推動金融板塊迅速成為越秀集團資產規模最大的產業板塊和廣東省最具實力的金控集團之一。

　　2016年，集團營業收入406.3億元，利潤總額101億元，同比增長20%。截至2016年底，越秀集團資產總額近4,200億元人民幣。

圖表10-50　越秀集團資產總額　　　　　　　　　　（單位：人民幣，億元）

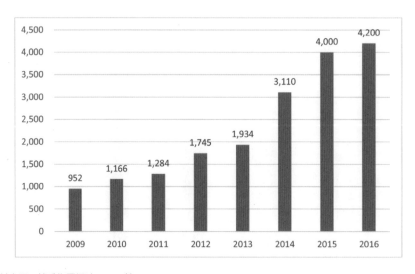

資料來源：越秀集團網站，http://www.yuexiu.com。

1. 越秀投資業務清理並分拆上市

2012年12月前，越秀投資造紙業務錄得當年虧損約2.68億港元。2008年12月10日，越秀投資剝離造紙業務事項，正式獲得股東會通過，越秀投資以作價6.5億港元向越秀企業轉讓其廣州造紙52.55%的權益，而越秀企業以其在香港北角作價4億港元的粵華酒店和2.5億港元現金進行置換。[63] 置換交易完成後，越秀投資將專注於房地產和收費公路業務。

出售前，受金融危機影響，越秀投資漸現債務危機跡象，流動比率（Current Ratio）由2007年底的1.7倍下降至2008年中期的1.64倍，而速動比率（Quick Ratio）下降至0.9倍左右，短期償債能力逐步迎來挑戰。[64] 出售造紙業務，避免了越秀投資又一次的重大債務危機，越秀投資資產品質也得到了很大的改善，交易令越秀投資總負債（主要是銀行負債）大幅減少了55.32億港元。[65]

繼出售造紙業務後，越秀投資於2009年以分派和出售方式分拆屬下越秀交通（HK.01052），並籌集了約16億港元的現金投入地產業務，同時將名稱由"越秀投資有限公司"變更為"越秀地產股份有限公司"。

2010年12月5日，在廣州市政府與華潤集團簽署戰略合作框架協議之際，越秀集團與華潤集團簽署越秀水泥、宏城超市股權轉讓協議，正式退出水泥和超市業務領域。華潤水泥以6.2億港元代價收購越秀位於廣州和香港的熟料、水泥和混凝土業務。[66] 而超市業務則以3,670萬元人民幣出售予華潤創業。[67] 至此，越秀地產實現了非地產業務的徹底剝離。

2016年，越秀地產實現銷售收入208.7億港元，淨利潤15.4億港元，穆迪、標普和惠譽均維持對越秀地產的投資級評級，越秀地產是少數能獲得以上三家國際評級機構投資級評級的內房企業。

2. 首家地方金控上市平台

2012年，越秀集團整合旗下金融資產，成立越秀金融控股集團有限公司，標誌着越秀集團第三大核心產業——金融板塊的最終確立。

2014年，越秀集團收購香港創興銀行75%的股權。收購完成後，創興銀行保留上市地位。

一直以來，廣州作為華南地區核心城市，地方金融資源一直相對分散，缺少具有足夠實力的金融控股平台，金融業對實體經濟的支持作用有待進一步發揮。為此，加快建設區域金融中心成為廣州市城市發展的重要目標。2013年12月，廣州市出台《關於全面建設廣州區域金融中心的決定》：加快轉變金融發展方式，建立健全的現代金融體系，到2020年，金融業增加值佔地區生產總值的比重達10%以上。

與此同時，廣州掀起了新一輪國企改革浪潮，要求優化國資佈局結構、提升國企競爭力、積極利用資本市場、大力發展國資金融產業等。國資國企改革全面深化為優質國有資產整合帶來新的契機。[68]

在積極發展地方金融產業和深化國企改革的戰略導向推動下，2016年4月，廣州友誼非公開發行股票募集100億元資金收購越秀金融控股集團100%的股權順利完成，越秀金控正式登陸資本市場，成為國內首個地方金控上市平台。"廣州友誼"更名為"越秀金控"。

目前，越秀金控直接控股廣州證券、越秀租賃、越秀產業基金、廣州擔保、越秀金科等多個金融業務平台，參股越秀小貸，並通過廣州證券間接控股廣州期貨、廣證創投、廣證領秀、廣證恒生等業務平台，基本形成了以證券為核心的金融控股發展格局。事實上，越秀於2015年曾參與競購中銀香港旗下南洋商業銀行（最終中國信達競購成功），可見越秀對於金融行業寄望之高。

截至2016年末，越秀金控擁有總資產668.5億元人民幣，2016年營業收入57.4億元，淨利潤6.2億元。

3. 越秀房託：獨一無二的REITs平台

2005年，越秀集團成功分拆城建大廈、白馬商廈、維多利廣場及財富廣場四大租賃物業，以房地產投資信託基金的方式在香港上市，成為全球首隻投資中國內地物業的房託基金。越秀地產也成為唯一一家在內地享有"地產＋REITs"雙平台的公司。

REITs，是Real Estate Investment Trusts的簡稱，即房地產投資信託基金，最早於1960年在美國推出，通過向投資者發行信託（基金）份額募集資金，並由專門機構投資向房地產項目投資，投資者將按比例獲得房地產項目產生的收益。通過購買REITs份額，可以降低普通投資者參與房地產資產投資的門檻並分享其收益。對房地產企業來說，REITs有效提升了商業地產的變現能力，它作為在海外成熟市場的"爆款"品種，被視為股票、債券、現金之外的第四類資產。

據測算，美國、澳洲、加拿大、新加坡、日本、韓國、香港等二十餘個國家和地區的REITs規模超過了萬億美元。[69]公募REITs作為高品質和成熟的金融產品，不僅能提供穩定的投資回報，在金融市場出現波動時還能發揮穩定器作用，具有良好的對沖和避險功能。2014年以來，國內以"資產支持證券（ABS）"為載體，以成熟不動產為基礎資產，在交易所市場發行、掛牌的"類REITs"產品獲得了長足發展。但目前國內還未推出公募REITs的具體法律條例。

越秀房託現時的物業組合包括位於廣州的白馬大廈、財富廣場、城建大廈、維多利廣場、新都會大廈、廣州國際金融中心及位於上海的越秀大廈等七項高素質物業，物業產權面積共約74.3萬平方米，分別位於中國廣州市及上海市核心商業區域。物業類型包括服裝專業市場、甲級寫字樓、多功能商務寫字樓、零售商業、酒店、服務式公寓等。

2016年，越秀房託收入總額18.4億元人民幣，物業收入淨額12.7億元人民幣，除所得稅後及與基金單位持有人交易前之溢利7.1億元人民幣，較成立後首個完整財務年度（2006年），複合增長率分別為17.4%、14.8%、11.5%。[70]

深業集團：聚焦戰略

2009年至2016年，深業集團總資產、利潤總額增長了兩倍多，營業收入、地產銷售金額增長了三倍多。截至2016年末，集團資產總額974.9億元，淨資產317億元，土地儲備近1,300萬平方米。同時，擁有正在運營的收費公路三條。[71] 形成以房地產為主業，同時涉足基礎設施、現代農業、高科技製造、金融等領域的大型綜合性企業集團。這與深業集團這些年從財務管控到戰略管控的轉型以及“聚焦地產，聚焦深圳”的發展戰略密不可分。[72]

1. 從財務管控到戰略管控

深業集團對下屬企業的管理過去偏重於財務管控，2010年06月22日，深業集團實施了以戰略管控為導向的組織架構調整和地產企業區域化佈局方案，提出建立有限多元、戰略協同的企業集團。按照標杆企業的做法，對內部組織結構進行了調整，目標就是打造強勢總部，提高集團的整體性。這次調整後，集團總部應具有戰略管理、核心團隊建設、全面預算、考核評價、投資決策、財務政策、業務協同、企業文化與品牌建設等職能，對所屬企業的管理由相對鬆散的財務管控型向戰略管控型轉變。

在實施戰略管控轉變的同時，深業集團的地產佈局也隨之調整。由於歷史的原因，集團內部有九家企業從事房地產業務，處於同城同質化競爭。2010年08月03日，深業華東投資集團有限公司（以下簡稱“深業華東公司”）在南京建鄴區註冊成立，正式開始了地產佈局調整的序幕。2011年11月，為適應未來建築面積550餘萬平方米城市綜合體的開發和運營，實現商業地產項目前期策劃、規劃設計、後期招商運營等的統一管理，深

圖表10-51　深業集團一系列指標變動表及營業收入與地產銷售收入對比

（單位：人民幣，億元）

總資產變動表

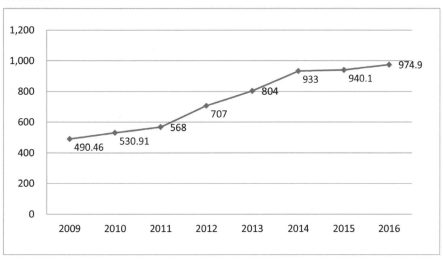

淨資產變動表

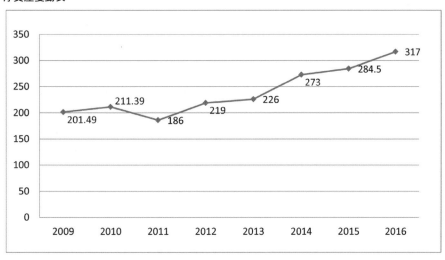

營業收入變動表

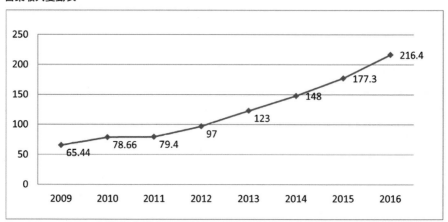

利潤總額變動表

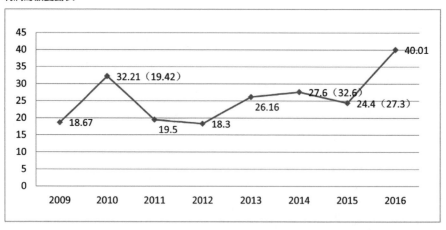

註：2010年利潤總額32.21億元，如扣除平保股票減持因素，為19.42億元。2014年利潤總額27.6億
元、2015年為24.4億元，均計提低效資產減值準備5億元和2.9億元，原分別為32.6億元、27.3億元

地產銷售金額變動表

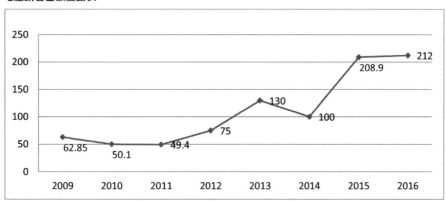

營業收入與地產銷售收入對比

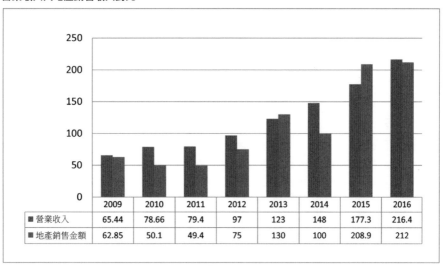

	2009	2010	2011	2012	2013	2014	2015	2016
■ 營業收入	65.44	78.66	79.4	97	123	148	177.3	216.4
■ 地產銷售金額	62.85	50.1	49.4	75	130	100	208.9	212

資料來源：深業集團有限公司網站，http://www.shumyip.com.hk。

業集團組建了商業地產平台、設立了深業置地有限公司，對鵬基、南方進行了整合合併，房地產內部商業地產、住宅地產、產業地產三大業態規模化、專業化開發運營的格局基本形成。

同時，非地產領域的業務整合也在進行。2011年10月，深業基建控股有限公司成立。深業基建是通過整合深業集團所持有的四條高速公路和大鏟灣港口股權所形成的獨立的基建產業運作平台，進一步夯實"集團有限多元化、子公司專業化"的發展基礎。

2. 聚焦地產，聚焦深圳

2013年，原深業集團總裁呂華榮任深業集團董事長，正式提出並實施"聚焦地產，聚焦深圳"的聚焦戰略。

深業集團在"十二五"中期面臨一系列發展問題，集中表現為"兩高兩低"，即資產負債率高、成本費用高，總資產周轉率低、淨資產收益率低，所以將有限的資源投入到能最快創造利潤、創造現金、創造最大價值的房地產主業是深業集團的必然選擇。2012年，深業集團90%的收入和115%的利潤都來源於房地產業，房地產業的增長速度決定深業集團的增長速度。這就是"聚焦地產"戰略產生的現實需求。

深業集團提出從"做大"向"做強"轉變，從"區域發展"向"深耕城市"轉變，在"做強"的過程中"做大"，從試圖全國佈局向珠三角、長三角、中南、西南等重點區域回歸，從在三四線城市機會型佈局向一二線城市戰略性佈局回歸，提高單城市貢獻，降低管理成本，將集團具備優勢的一二線城市更新項目作為房地產主業發展，這就是"聚焦深圳，聚焦一線"戰略產生的基礎。

戰略轉型的另一方面，是要實現深業集團商業模式轉型，實現房地產從單純的開發銷售向開發、銷售、持有運營並重轉變。其中一是要加快推進住宅地產標準化、可複製、快周轉；二是要儘快形成商業地產開發經營的商業模式。因為深業集團在深圳500萬—600萬平方米的城市更新項目，如果繼續按照出售的方式開發，在一定時期內可以大幅度提高集團的收入和利潤，但也面臨較高的稅負，喪失再持有的機會。深業集團初步規劃將100萬平方米左右、低成本的商業辦公物業持有經營，是實現向開發、銷售和持有經營商業模式轉變的歷史性機會。打造一個或多個深業的"太古匯""海港城"，將帶來每年15億—20億甚至更高的穩定租金收入，有極大的重估增值和資本運作空間，將為深業集團長期持續發展、實現"百年深業"夢想奠定牢固基礎。

"聚焦地產，聚焦深圳"戰略收到了明顯成效。在2013年中國房地產銷售top50排行榜中，深業集團以年度簽約銷售金額166.7億元首次排入第三十九位；同時在深圳市年度簽約金額排名中以82.85億元排名第二，僅次於萬科，在深圳地區超過招商、華僑城等知名企業，其在全國的品牌地位和深圳市的區域優勢得以進一步提升。特別是深業上城的首次面市和成功展示，極大地提升了深業地產在市場上的品牌形象。

深業上城作為"深圳經濟特區成立三十週年二十大城市更新項目"之一，佔地面積約12.12萬平方米，平均容積率6.5，總建築面積約120萬平方米，位於深圳市福田中心區東北角。項目定位為亞洲頂級城市綜合體，業態包括由品牌街、商場及小鎮組成的多元購物體驗空間、產業研發大廈、高端商務公寓、LOFT，深業集團引進在商業地產業界享有盛譽的郝繼霖先生擔任深圳控股有限公司高級商業顧問、深業置地有限公司董事和常務副總經理職務。郝繼霖先生此前曾成功打造了廣州商業地產的地標性項目——廣州太古匯。目前，深業上城招商面積接近11萬平方米、招商率接近60%，首次進入深圳品牌數佔32%。中國國際消費電子展示交易中心（CEEC）、全球頂級奢華酒店文華東方、無印良品旗艦店和精品酒店、索尼亞洲旗艦店落戶深業上城。深業上城項目已連續五年被深圳市發展和改革委員會授予"重大項目證書"。

深業中城定位為中等規模都市綜合體項目，佔地約3.9萬平方米，總建築面積約36萬平方米，涵蓋商業、酒店、辦公、公寓、住宅等物業類型。

塘朗城作為深業集團與地鐵集團合作的第一個項目，佔地面積約4.36萬平方米，總建築面積約32.29萬平方米。項目接駁地鐵西麗塘朗網站交通樞紐，是集住宅、辦公、商業、酒店為一體的城市綜合體項目。

深業東嶺是深圳市羅湖區以招商引資形式成功運作的舊村改造項目之一。項目位於羅湖區沿河路和深南東路交匯處，是集開放型城市商業街、地鐵購物長廊、都市山居養生住宅為一體的"全方位生活"綜合體。

南京深業濱江半島位於南京市鼓樓區濱江商務區，項目佔地面積44,137.18平方米，規劃總建築面積為410,295平方米，項目涵蓋公寓、住宅、商業、辦公等多種物業形態。

在這批優質項目的支撐下，深業集團聚焦深圳的戰略成效凸顯，一二線城市項目利潤貢獻巨大。2015年，集團在深圳的地產項目銷售156億元，其中深業上城實現銷售98億元，在深圳商業類項目中銷售面積第一，銷售金額第二；塘朗城回籠資金37億元，收回全部股權投資。2016年，深圳、南京等重點城市銷售均價普漲10%—40%。深業東嶺開盤受熱捧，成交金額31.2億元，創集團開盤銷售紀錄；南京濱江半島三次開盤三次漲價，售價領航南京城北濱江板塊，實現銷售20億元。

在聚焦一線的同時，深業集團也在持續執行三四線城市的退出戰略。從2013年起，深業集團制訂了非核心城市低效土地資產處置方案，與各二級公司簽訂低效資產處置特別責任書。2013年，深業集團成功退回三水雲東海項目未繳地價的住宅和酒店用地68萬平方米，退回馬鞍山茂文科技工業園工業用地。至2016年，河源、姜堰項目已經與政府簽訂退地協定，三水項目已與意向方就托底協定基本達成一致，掛牌後即可完成處置。泰州項目收回政府收儲土地出讓金18億元。2017年以55億元對價將三水和泰州項目轉讓予恒大集團，盈利超過20億元。馬鞍山項目借鑒韋爾奇"要麼

圖110　深業東嶺效果圖

圖111　南京深業濱江半島效果圖

圖表10-52　深圳控股近五年部分指標變動一覽表

淨負債率變動　　　　　　　　　　　　　　　　　　　　　　（％）

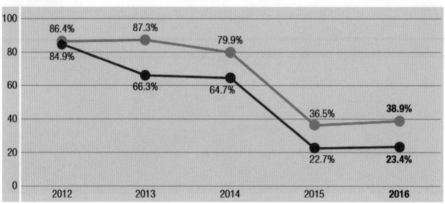

● 年內淨負債率（負債包括所有帶息負債）　　　　● 年內淨負債率（負債只包括銀行貸款及其他貸款）

毛利率變動　　　　　　　　　　　　　　　　　　　　　　　（％）

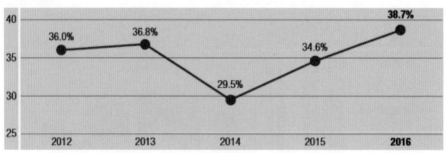

合約銷售及結轉銷售變動 （單位：人民幣，百萬）

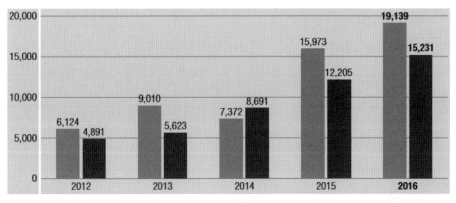

資料來源：《深圳控股有限公司2016年年報》

第一，要麼第二，要麼賣掉”的經營策略，加速開發和銷售，於2015年、2016年連續拿下全市銷售第二、十個城市月度銷售冠軍，2017年量價齊升，在佔據馬鞍山市場銷售額17%的基礎上，價格漲幅超過60%，位列全市銷售排行冠軍，實現從“低效資產”向“高效資產”的轉型。

　　深業集團在“聚焦地產，聚焦深圳”戰略下的資本運作也受到了資本市場的歡迎。2013年深圳控股以41.5億人民幣對價從母公司深業（集團）收購深圳科之谷項目，其佔地面積12.12萬平方米，規劃建築面積78.9萬平方米（不含地下面積）。2014年深圳控股以55.89億人民幣對價從深業（集團）收購農科集團100%的股權，其中核心資產“名人項目”位於福田區香蜜湖，建築面積25.9萬平方米。2015年6月深圳控股以每股4.13港元價格配售6.7億股股份，成功配股融資27.67億港幣。2015年12月與母公司深業集團簽訂有條件協定，以人民幣19.14億元的價格收購深圳深業東嶺項目95%的股權。深業東嶺項目佔地面積55,184平方米。[73] 至此，深圳控股已連續三年向深業集團收購深業上城、深圳農科集團、深圳東嶺等優質資產，總價超過人民幣116億元。持續不斷的資本運作，大幅增強了深圳控股的實力，為深業集團進一步優化資產負債及土地儲備結構打下堅實的基礎。深圳控股得到越來越多的投資銀行和研究機構關注推薦，成為香港市場上表現最好的內房股（即內資房地產股，在內地經營且已經上市的房地產公司的股票）之一。[74]

3. 深圳新土改紅利：聚焦城市更新

深圳從建立特區開始，三十餘年人口增長了500倍，GDP增長了5,000倍，創造了人類城市發展史上的奇跡。而促成這一奇跡的重要因素之一無疑是在全國最早實施的土地市場化改革創新之路。

但是土地市場化進程是以"急就章"的方式進行的，導致的結果就是，深圳1,900多平方公里土地上，已經開發建設了900多平方公里，開發強度接近50%，剩下的是生態保護區。深圳幾乎無地可用。原因首先是，在900多平方公里建設用地中，卻有300平方公里的"合法外用地"（佔33%），在8.2億平方米的建築總量中，有3.9億平方米搶建違建的"違法建築"，這構成了深圳土地和建築"法內"與"法外"二元世界的奇特景觀。其次，改革開放早期為了招商引資，扶持工業，人為壓低工業地價，導致工業地產佔地多，開發強度低，綜合效益差，利用不充分、不經濟、不集約。據稱，全市工業區總佔地291平方公里，佔全市總建設用地的37.6%，遠高於全國平均的22%；工業區平均容積率僅為0.91，建築密度只有29.6%；而用地效率方面，工業用地每平方公里地均產值3.86億元，不到香港的三分之一，更有甚者，全市廠房空置面積達877萬平方米，具備拆除重建條件的舊工業區達72.1平方公里。[75]

於是，2009年《深圳市城市更新辦法》誕生，開始了"深圳新土改"。

深圳城市更新的主要做法是，引進市場開發主體，對舊開發區、舊工業區和舊社區物業重新規劃、實施二次開發。初期，城市更新政策要求項目用地必須全部合法，後來，基於深圳"法外"土地較多的現狀提出了"20─15"規劃；當項目中申請方同意把20%的"法外"土地無償交給政府后，這部分土地獲得參與城市更新資格，然後，從拿下可開發土地中，再拿出15%來作為公共設施的配套用地。

截至2012年10月，通過"新土改"政策納入城市更新計劃的項目共計342項，釋放出總佔地面積為30平方公里的土地。

為進一步推進城市更新，深圳市又頒佈《土地整備利益統籌試點項目管理辦法（試行）》，該辦法第十二條提出，片區統籌整備項目是指原農村集體經濟組織繼受單位及其成員實際使用、未完善徵（轉）地補償手續的地塊為實施對象的土地整備項目。

深圳"新土改"政策特別是"片區統籌"政策為深業集團"聚焦地產，聚焦深圳"戰略的執行提供了政策支持和機遇。2016年，深業集團抓住強區放權的政策契機，成功取得了八卦嶺、車公廟、科技園中片區、新安片區近10平方公里片區統籌主體資格，為進一步獲取城市更新資源奠定了基礎。但片區統籌開發項目與傳統房地產開發不同，對企業策劃、設計、運營能力提出了新的要求，接下來深業集團將整合各方面資源，加大片區統籌項目的研究、開發力度，關鍵是作為該片區城市更新實施主體，有優先組織城市更新的權利。做好片區統籌開發，可以為深業集團未來十年的發展打下堅實基礎。

註釋：

〔1〕　中華人民共和國商務部台港澳司網站，http://tga.mofcom.gov.cn。

〔2〕　根據長江和記實業有限公司和中國華潤總公司2016年年報，二者2016年底淨資產分別為5,442億港元和3,173億人民幣，2016年淨利潤分別為419億港元和338億人民幣，對應淨資產收益率（ROE）分別約為7.7%和10.7%。

〔3〕　來源：bloomberg，2017年4月18日。

〔4〕　《華潤電力控股有限公司2016年度報告》；華潤（集團）有限公司網站，www.crc.com.hk。

〔5〕　中國指數研究院：《2017年房地產百強企業研究報告》。

〔6〕　華潤燃氣控股有限公司發展歷程，華潤燃氣網站www.crgas.com.hk。2011年5月20日，華潤燃氣在深圳召開投資工作會議。會上，王傳棟總經理提出了"用重兵、全方位、大掃蕩"的項目投資方針，要求各大區全力以赴爭奪項目，做到"一個不能丟，一個不能少"，奠定華潤燃氣在行業內的領導地位。

〔7〕　根據華潤燃氣控股有限公司歷年年報整理。

〔8〕　華潤燃氣控股有限公司2010年9月15日公告、2012年4月10日公告、2012年11月20日公告。

〔9〕〔13〕〔14〕　華潤醫藥控股有限公司《全球發售》公告，2016年10月17日、2016年10月17日、2009年9月21日。

〔10〕　華潤醫藥控股有限公司《部分行使超額配股權、穩定價格行動及穩定價格期間結束》公告，2016年11月21日。

〔11〕　財新網，http://finance.caixin.com，2016年12月12日。

〔12〕　華潤醫藥集團網站，www.crpharm.com，2017年2月27日。

〔15〕　〈華潤水泥重返資本市場邁向新征程〉，國務院國有資產監督管理委員會網站，www.sasac.gov.cn，2010年10月19日。

〔16〕　《有關收購廣雄有限公司的主要及關連交易涉及根據特別授權發行代價股份》，鳳凰醫療集團有限公司2016年10月7日公告。

〔17〕　《華潤鳳凰醫療控股有限公司2016年年報》，第4頁。

〔18〕　該部分內容部分引用自：芮萌、王娜麗、鈕鍵軍，〈從6S到5C：華潤的價值管理試

驗〉，《哈佛商業評論》，2013年1月5日。

〔19〕〔20〕　《華潤集團2015年社會責任報告》，第84頁、第86頁。

〔21〕　〈以市場化為核心深化改革推進世界一流企業建設〉，李建紅在2016年全國國有企業改革座談會上的講話，2016年7月4日。

〔22〕　本節參考資料：招商地產控股股份有限公司公司公告，2015年4月3日至2015年12月28日；招商局蛇口工業區控股股份有限公司公告，2015年12月28日至2016年1月3日；招商蛇口網站。

〔23〕〔28〕　招商局集團網站，http://www.cmhk.com。

〔24〕　本節參考資料：招商銀行股份有限公司年報，2012年至2016年；招商銀行股份有限公司公告，2013年12月10日、2014年12月10日、2015年7月10日、2015年10月8日、2016年2月29日、2016年9月20日、2017年2月24日。

〔25〕　中國長江航運集團南京油運股份有限公司臨2014-035號公告，2014年4月29日；中國長江航運集團南京油運股份有限公司臨2014-066號公告，2014年9月23日。

〔26〕〔27〕　國務院國資委新聞中心《國資報告》雜誌社編：《國企改革十二樣本》，第173頁、第175頁，中國經濟出版社；中國長江航運集團南京油運股份有限公司臨2014-066號公告，2014年9月23日。

〔29〕〔30〕　中遠太平洋有限公司《收購中海港口發展有限公司的全部已發行股份，出售佛羅倫貨箱控股有限公司的全部已發行股份》公告第12頁、第50頁，2015年12月31日。

〔31〕〔32〕　本節參考資料：〈以市場化為核心深化改革推進世界一流企業建設〉，李建紅在全國國有企業改革座談會上的講話，2016年7月4日；招商局集團網站；百年招商局微信公眾號；招商蛇口網站。

〔33〕　根據中銀離岸人民幣指數報告和香港金融管理局數據整理分析。

〔34〕　本節參考資料：《中銀香港（控股）有限公司年報》，2009-2016年。

〔35〕　根據中信泰富歷年財務報告分析整理。

〔36〕〔37〕　中信泰富2012年財務摘要報告，第10頁、第9頁。

〔38〕　本節參考資料：《中信泰富（中信股份）財務年報》，2009-2016年；中信泰富公司公

告：2014年3月26日、2014年4月16日、2014年5月14日、2014年6月17日、2014年7月14日、2014年8月25日、2014年8月27日；中信集團有限公司、中信股份有限公司網站。

〔39〕〔41〕〔42〕　《中國港中旅集團中期票據跟蹤評級報告》，第7頁、第7頁、第1頁，中國銀行間交易商協會，2016年7月29日。

〔40〕　〈港中旅聚焦旅遊主業打造特色旅遊目的地生活方式〉，人民網，2014年11月4日。

〔43〕　香港中旅（集團）公司網站，2017年2月22日。

〔44〕〔45〕〔46〕　蜆殼電器工業（集團）有限公司公告，2010年3月12日、2010年3月29日、2005年6月28日、2010年2月24日。

〔47〕〔48〕　中國海外發展有限公司公告，2016年9月15日、2016年11月15日。

〔49〕〔50〕　中海物業集團有限公司上市公告，2014年10月14日，第146頁；2015年10月14日，第33-34頁。

〔51〕　《北京控股有限公司2016年年報》，第16頁。

〔52〕〔53〕　北京控股有限公司，《關聯及須予披露收購及發行新股》公告，2013年7月29日，第5頁、第6頁。

〔54〕　北京控股有限公司、上華控股有限公司，《合作備忘錄認購新股及債券授予期權以認購債券清洗豁免更改公司名稱增加法定股本及恢復買賣》公告，2008年1月28日。

〔55〕　北京控股集團有限公司網站，http://www.begcl.com。

〔56〕〔58〕〔59〕　《上海實業（集團）有限公司2015-2016社會責任報告》，第8頁、第20頁、第21頁。

〔57〕　《上海實業控股有限公司2009年年報》，第8頁。

〔60〕　上海醫藥集團股份有限公司《全球發售》文件，2011年5月6日，第114頁。

〔61〕　〈突出重圍的漂亮一仗——上實集團積極探索"境內外聯動"發展模式的啟示〉，《解放日報》，2016年8月6日。

〔62〕　根據上海實業環境控股有限公司歷年年報整理分析。

〔63〕　越秀投資有限公司公告，2008年12月10日。

〔64〕 根據越秀投資有限公司2008年中期報告綜合分析，速動資產不包括房地產行業之存貨、發展中的物業等無法快速變現的流動資產。

〔65〕 〈越秀投資剝離造紙業務，主業更加突出〉，越秀集團網站，http://www.yuexiu.com。

〔66〕 《華潤水泥控股有限公司2010年年報》，第14頁。

〔67〕 《越秀地產股份有限公司2010年年報》，第7頁。

〔68〕 〈越秀金控：打造國內首個地方金控上市平台〉，《證券時報》，2016年10月30日。

〔69〕 〈張招興：快推動國內公募REITs點落地〉，越秀集團網站，2017年3月16日。

〔70〕 根據越秀房託歷年年報整理分析。

〔71〕 深業集團有限公司網站，http://www.shumyip.com.hk。

〔72〕 深業集團有限公司網站、《深業》企刊2010-2017年。

〔73〕 深圳控股有限公司網站，http://www.shenzheninvestment.com。

〔74〕 《深圳控股有限公司2009-2016年年報》。

〔75〕 徐遠等著：《深圳新土改》，第5頁、第22頁，中信出版社，2016年版。

後記

　　香港三大資本財團——英資、華資和中資，是人所共知的。

　　然而，自從"九七"前，由三聯書店（香港）有限公司出版、馮邦彥教授撰著的力作《香港英資財團》和《香港華資財團》問世，十餘年來，一直缺少一本有關香港中資財團的論著。如果說，十餘年前，香港中資企業還不足以改變香港資本結構的話，那麼，在紅籌＋H股的市值已經佔據香港股市總市值半壁江山有餘的今天，不提中資企業，大概已經不能完整解釋香港資本市場這十年左右的變化和發展。於是，在三聯書店（香港）有限公司前總編輯陳翠玲女士的約請和鼓勵下，我不揣譾陋，率爾操刀，成此"續貂"之作。

　　落筆之前，首先需要"正名"。何謂"香港中資財團"？其實，在中資企業內部，一般用"集團"而不用"財團"；過去"財團"狹義上指超大規模的壟斷性金融集團，廣義上多被視為一種上規模的產業資本與金融資本的結合體。為此，本人對"香港中資財團"作了一個基本界定：在香港註冊的中國國有全資或控股的大型集團企業，大體滿足以下幾個條件：產業資本與金融資本的結合，如擁有實業資本和金融資本的集團企業，或者擁有兩家以上的上市公司，從而與資本市場結合在一起；資產規模排在香港中資前列；行業或區域領軍企業；曾經在某個時段引領企業潮流或產生過重大影響。為此，遴選了十五家左右中資紅籌企業。但即便是這樣，我仍心有不安，擔心難免掛一漏萬，故此，我只能向那些暫沒收入的優秀的中資企業致以歉意。

　　而且，我在寫作過程中，逐漸發現，香港中資企業作為一個資本共同體，其企業行為在某個時段會呈現出較強的企業趨同行為特徵，從而形成一股股企業潮，於是，探索中資紅籌企業潮的起承轉合及潮流變化的內在聯繫，便構成了本書章節的基本脈絡和結構，本書嘗試以窗口時代、紅籌時代、行業巨頭時代來構建幾十年來波瀾壯闊的中資紅籌發展進程的一個闡釋框架，蓋緣於此。另外，H股雖非嚴格意義上的香港中資，但考慮其在近幾年香港資本市場的重大影響力，特闢一章予以介紹。

真誠地感謝陳翠玲女士的不斷鼓勵和寶貴的意見，使我能有勇氣在工作之餘用無數個夜晚和雙休假日完成這一寫作"工程"。

感謝暨南大學馮邦彥教授撥冗審稿並且賜序，感謝原中銀港澳管理處副主任張鴻義先生賜序，他們的褒譽和寶貴意見對我來說既是一種鞭策，也將是激勵我繼續寫作的動力和源泉。

感謝各紅籌企業提供的年報、中報，這是我完成本書的基本資料。尤其令我感佩的是招商局、中遠集團、中信集團等也能定期或不定期出年報或報告，上市公司出年報是聯交所的規定和要求，但非上市公司出年報，我認為是一種自信、責任、規範化和透明度的體現。而且，遠不止此，如果走進招商局歷史博物館，你會被那種深厚的歷史積澱所震撼，我對招商局的這種年報精神和文化積澱表示由衷的敬意。

感謝秦曉、傅育寧、孫文傑、魏家福、張學武、唐雙寧、蔡來興、張鴻義、武捷思等香港中資企業的前現任領導以及前香港新華社、中聯辦經濟部主管部門提供的專題性研究著作、會議論文、報告和訪談錄及其他相關資訊，他們為香港中資企業留下了大量珍貴的第一手歷史資料，為後人留下了不可多得的歷史記憶。重新翻閱這些已經發黃的、十餘年前的會議材料，感受前人的所思、所為，真覺得應該為所有在中資企業作出過貢獻的人們脫帽致意。

最後，我還要感謝我的妻子林國珍，沒有她無私地犧牲無數個夜晚和休息日，快速、準確地電腦錄入和校對，我無法想像本書能夠面世。

近幾十年來，我主要涉足城市經濟、區域經濟的中觀領域，1996年加盟香港中資企業，並有幸參與中資紅籌籌備上市，親歷紅籌狂飆、亞洲金融風暴與中資信貸危機以及中資重組、整頓、"瘦身"的全過程，期間陸續發表一些有關中資企業的微觀領域的研究論文，收在2002年出版的《雙城論集》中，而在2007年出版的拙著《回歸十年的香港經濟》中，更對香港中資財團的發展作了一個概論性分析。本書可視為這個概論的延伸和深化，但由於時間倉促，難免錯漏，只好留待方家賜正。

郭國燦

2009年9月於深圳黃埔雅苑

附錄一

中資紅籌公司市值一覽表（主板）

（資料截至2017年5月31日）

上市日期	股票代號	公司名稱	市價總值（港元）	市值排名
1997.10.23	00941	中國移動有限公司	1,770,105,496,446	1
2001.02.28	00883	中國海洋石油有限公司	397,362,358,258	2
2002.07.25	02388	中銀香港（控股）有限公司	371,633,226,350	3
1986.02.26	00267	中國中信股份有限公司	359,555,646,107	4
2000.06.22	00762	中國聯合網絡通信（香港）股份有限公司	267,728,366,508	5
1992.08.20	00688	中國海外發展有限公司	256,375,115,919	6
1996.11.08	01109	華潤置地有限公司	158,718,516,359	7
2003.11.12	00836	華潤電力控股有限公司	77,351,935,339	8
2000.06.29	00966	中國太平保險控股有限公司	74,575,884,664	9
—	00270	粵海投資有限公司	73,485,112,986	10
1999.10.22	01114	華晨中國汽車控股有限公司	73,279,700,902	11
—	00291	華潤啤酒（控股）有限公司	63,780,517,952	12
2004.06.10	02319	中國蒙牛乳業有限公司	61,858,428,451	13
2005.07.08	03311	中國建築國際集團有限公司	60,679,642,809	14
1992.07.15	00144	招商局港口控股有限公司	60,654,491,482	15
2016.10.28	03320	華潤醫藥集團有限公司	57,126,163,730	16
1994.02.14	00992	聯想集團有限公司	56,654,139,092	17
1973.03.13	00135	昆侖能源有限公司	56,345,284,315	18
1993.04.19	00371	北控水務集團有限公司	54,612,100,583	19
1994.11.07	01193	華潤燃氣控股有限公司	53,153,907,617	20
1997.05.29	00392	北京控股有限公司	46,636,563,253	21
—	00257	中國光大國際有限公司	44,602,981,415	22
2004.03.18	00981	中芯國際集成電路製造有限公司	38,174,174,074	23
2013.10.07	01316	耐世特汽車系統集團有限公司	29,778,234,809	24
1973.02.26	00165	中國光大控股有限公司	29,491,939,960	25
2011.03.30	03360	遠東宏信有限公司	28,525,005,719	26
1997.03.07	00604	深圳控股有限公司	28,456,937,784	27

（續）

上市日期	股票代號	公司名稱	市價總值（港元）	市值排名
2016.06.01	02588	中銀航空租賃有限公司	27,829,814,393	28
1994.12.19	01199	中遠海運港口有限公司	27,445,769,515	29
2007.08.17	00817	中國金茂控股集團有限公司	27,214,422,653	30
1996.05.30	00363	上海實業控股有限公司	26,473,602,460	31
2009.10.06	01313	華潤水泥控股有限公司	25,217,139,974	32
1972.09.25	00152	深圳國際控股有限公司	24,746,330,529	33
2004.10.15	02380	中國電力國際發展有限公司	21,844,839,281	34
1994.12.15	01208	五礦資源有限公司	20,423,755,565	35
1993.04.07	00570	中國中藥控股有限公司	18,390,748,365	36
2007.03.21	00606	中國糧油控股有限公司	17,587,100,640	37
2010.07.08	01788	國泰君安國際控股有限公司	17,532,261,051	38
1973.03.06	00207	大悦城地產有限公司	17,219,661,078	39
1992.12.15	00123	越秀地產股份有限公司	16,865,777,018	40
2007.11.28	03808	中國重汽（香港）有限公司	13,252,768,027	41
1992.11.11	00308	香港中旅國際投資有限公司	12,146,568,101	42
1973.08.30	00119	保利置業集團有限公司	12,083,072,252	43
2011.05.18	02299	百宏實業控股有限公司	12,041,411,200	44
2015.07.08	02666	環球醫療金融與技術諮詢服務有限公司	11,499,240,686	45
2013.07.05	01250	北控清潔能源集團有限公司	11,186,814,379	46
1994.07.11	01111	創興銀行有限公司	10,962,000,000	47
2014.10.15	01347	華虹半導體有限公司	10,586,845,757	48
1994.02.16	00993	華融國際金融控股有限公司	10,514,205,412	49
2006.07.20	03899	中集安瑞科控股有限公司	10,271,167,266	50
1999.06.25	00934	中石化冠德控股有限公司	10,242,979,200	51
1997.01.30	01052	越秀交通基建有限公司	9,470,098,590	52
1984.04.26	00081	中國海外宏洋集團有限公司	9,243,071,571	53
2007.04.03	01883	中信國際電訊集團有限公司	8,779,827,346	54
1988.10.07	00506	中國食品有限公司	8,475,586,890	55
1993.09.10	00563	上海實業城市開發集團有限公司	8,419,728,081	56
2006.10.10	00337	綠地香港控股有限公司	8,101,662,381	57
2014.07.02	06139	金茂酒店與金茂（中國）酒店投資管理有限公司 - SS	8,100,000,000	58
1997.10.16	00978	招商局置地有限公司	7,897,465,155	59
2006.05.24	03382	天津港發展控股有限公司	7,882,240,000	60
1997.09.08	01205	中信資源控股有限公司	7,857,727,149	61

（續）

上市日期	股票代號	公司名稱	市價總值（港元）	市值排名
1990.10.02	00639	首鋼福山資源集團有限公司	6,945,407,573	62
1996.09.30	00297	中化化肥控股有限公司	6,883,966,618	63
2007.11.23	00368	中外運航運有限公司	6,786,570,000	64
2007.10.17	01828	大昌行集團有限公司	6,559,036,140	65
1999.11.26	01070	TCL多媒體科技控股有限公司	6,518,456,445	66
2010.11.01	01230	雅士利國際控股有限公司	6,406,506,400	67
2014.07.11	01848	中國飛機租賃集團控股有限公司	6,303,737,085	68
2016.11.01	01610	中糧肉食控股有限公司	6,009,077,417	69
1999.11.04	00735	中國電力新能源發展有限公司	5,814,503,748	70
2014.03.28	00798	中電光谷聯合控股有限公司	5,680,000,000	71
1992.02.11	00517	中遠海運國際（香港）有限公司	5,058,752,916	72
2014.10.03	01811	中國廣核新能源控股有限公司	4,891,539,360	73
2009.11.16	00906	中糧包裝控股有限公司	4,815,696,000	74
1997.12.10	00882	天津發展控股有限公司	4,709,460,849	75
2010.12.01	02099	中國黃金國際資源有限公司	4,701,467,111	76
1991.03.26	00687	香港國際建設投資管理集團有限公司	4,525,321,953	77
2015.10.23	02669	中海物業集團有限公司	4,502,998,830	78
1999.10.08	00903	冠捷科技有限公司	4,269,057,773	79
2012.06.29	01258	中國有色礦業有限公司	4,256,623,920	80
2003.08.04	01164	中廣核礦業有限公司	4,158,430,066	81
1996.12.18	01045	亞太衛星控股有限公司	3,862,855,275	82
1982.06.28	00222	閩信集團有限公司	3,625,351,520	83
2003.10.27	02362	金川集團國際資源有限公司	3,576,977,258	84
1996.06.19	01135	亞洲衛星控股有限公司	3,520,759,500	85
1991.12.20	00230	五礦地產有限公司	3,244,104,250	86
1981.08.25	00031	中國航天國際控股有限公司	3,177,572,538	87
1988.12.23	00521	海航實業集團股份有限公司	3,134,998,928	88
2006.07.13	03989	首創環境控股有限公司	3,087,662,364	89
1991.07.01	00710	精電國際有限公司	3,050,479,097	90
2012.05.16	01522	中國城市軌道交通科技控股有限公司	3,036,059,607	91
1997.08.11	01185	中國航天萬源國際（集團）有限公司	3,014,607,011	92
1997.08.08	00124	粵海置地控股有限公司	2,978,074,119	93
1997.07.25	00085	中國電子集團控股有限公司	2,841,820,800	94
2012.01.18	01312	同方康泰產業集團有限公司	2,772,000,000	95

（續）

上市日期	股票代號	公司名稱	市價總值（港元）	市值排名
—	00171	銀建國際實業有限公司	2,719,722,541	96
1998.01.15	00925	北京建設（控股）有限公司	2,569,725,219	97
1999.12.17	01236	國農控股有限公司	2,526,678,767	98
—	00218	申萬宏源（香港）有限公司	2,507,836,870	99
2000.10.16	00365	紫光科技（控股）有限公司	2,458,950,000	100
2012.04.02	01329	首創鉅大有限公司	2,394,230,770	101
2010.03.30	00830	遠東環球集團有限公司	2,392,654,950	102
1991.12.12	00232	中國航空工業國際控股（香港）有限公司	2,318,228,220	103
1990.10.12	00641	恒天立信工業有限公司	2,299,452,631	104
2008.07.14	00982	卓智控股有限公司	2,281,600,000	105
—	00217	中國誠通發展集團有限公司	2,265,406,563	106
2011.10.27	01206	同方泰德國際科技有限公司	2,263,313,329	107
2001.04.19	00346	延長石油國際有限公司	2,186,203,149	108
1991.04.30	00697	首長國際企業有限公司	2,158,852,991	109
1997.05.23	00560	珠江船務企業（股份）有限公司	2,116,800,000	110
1997.06.18	00334	華顯光電技術控股有限公司	2,113,627,142	111
—	00154	北京控股環境集團有限公司	2,100,504,210	112
2006.12.15	01868	同方友友控股有限公司	1,988,426,572	113
2000.03.16	02886	濱海投資有限公司	1,961,162,747	114
2012.12.14	01908	建發國際投資集團有限公司	1,947,400,000	115
1990.11.21	00661	中國大冶有色金屬礦業有限公司	1,932,722,608	116
2005.11.02	03366	華僑城（亞洲）控股有限公司	1,924,479,700	117
1993.07.22	00133	招商局中國基金有限公司	1,812,762,855	118
1992.10.27	00755	上海證大房地產有限公司	1,785,522,182	119
2003.01.06	02302	中核國際有限公司	1,702,305,712	120
1998.05.26	00908	珠海控股投資集團有限公司	1,656,244,722	121
2013.08.15	01249	通力電子控股有限公司	1,652,546,095	122
1973.01.23	00281	川河集團有限公司	1,643,384,302	123
2002.09.30	00445	中國消防企業集團有限公司	1,631,428,572	124
1991.10.07	00618	北大資源（控股）有限公司	1,616,827,141	125
2013.03.13	01148	新晨中國動力控股有限公司	1,436,077,209	126
2004.04.29	00596	浪潮國際有限公司	1,424,427,403	127
2010.06.21	02228	中國節能海東青新材料集團有限公司	1,397,559,600	128
2010.11.18	01091	中信大錳控股有限公司	1,371,383,600	129

（續）

上市日期	股票代號	公司名稱	市價總值（港元）	市值排名
1993.02.12	00611	中國核能科技集團有限公司	1,337,051,147	130
2004.08.18	01639	安捷利實業有限公司	1,296,054,375	131
1988.04.20	00420	福田實業（集團）有限公司	1,217,077,230	132
2012.06.18	03663	協眾國際控股有限公司	1,192,000,000	133
1973.05.18	00132	中國興業控股有限公司	1,181,507,108	134
1992.11.23	00305	五菱汽車集團控股有限公司	1,174,925,978	135
1994.12.09	01203	廣南（集團）有限公司	952,972,949	136
2001.03.16	00809	大成生化科技集團有限公司	947,051,757	137
2003.10.10	02339	京西重工國際有限公司	907,455,727	138
1994.05.10	01062	國開國際投資有限公司	769,087,070	139
—	00260	幸福控股（香港）有限公司	725,136,980	140
1995.12.21	00418	方正控股有限公司	695,853,256	141
1991.08.08	00730	首長四方（集團）有限公司	633,309,615	142
1996.12.16	01058	粵海制革有限公司	618,721,850	143
2000.08.01	00111	信達國際控股有限公司	615,557,376	144
2002.01.30	00812	西證國際證券股份有限公司	590,775,339	145
2001.11.29	00629	悅達礦業控股有限公司	584,313,258	146
1992.04.09	00103	首長寶佳集團有限公司	490,339,642	147
2004.12.17	01175	鮮馳達控股集團有限公司	480,786,152	148
1973.02.22	00181	閩港控股有限公司	441,035,210	149
2000.02.02	00969	華聯國際（控）有限公司	425,088,920	150
1988.07.22	00499	青島控股國際有限公司	414,399,644	151
2005.01.26	00828	王朝酒業集團有限公司 #	—	—
總數 152			**總值 5,389,476,456,274**	

註：　# 暫停交易逾1年之股份，其市值不作發表。

資料來源：http://sc.hkex.com.hk.

附錄二

中資H股公司市值一覽表（主板）

（資料截至2017年5月31日）

上市日期	股票代號	公司名稱	市價總值（港元）	市值排名
2005.10.27	00939	中國建設銀行股份有限公司	1,548,287,540,027	1
2006.10.27	01398	中國工商銀行股份有限公司	452,196,972,106	2
2004.06.24	02318	中國平安保險（集團）股份有限公司	372,006,466,754	3
2006.06.01	03988	中國銀行股份有限公司	326,126,877,941	4
2005.06.23	03328	交通銀行股份有限公司	211,471,650,285	5
2003.12.18	02628	中國人壽保險股份有限公司	190,494,080,000	6
2000.10.19	00386	中國石油化工股份有限公司	163,030,872,654	7
2010.07.16	01288	中國農業銀行股份有限公司	116,192,751,303	8
2000.04.07	00857	中國石油天然氣股份有限公司	109,503,291,000	9
2006.09.22	03968	招商銀行股份有限公司	107,427,087,425	10
2016.09.28	01658	中國郵政儲蓄銀行股份有限公司	93,323,984,900	11
2009.12.23	02601	中國太平洋保險（集團）股份有限公司	86,589,360,000	12
2015.10.30	02799	中國華融資產管理股份有限公司	79,389,013,750	13
2007.04.27	00998	中信銀行股份有限公司	71,583,203,919	14
2005.06.15	01088	中國神華能源股份有限公司	64,505,095,850	15
2003.11.06	02328	中國人民財產保險股份有限公司	59,793,879,886	16
2009.11.26	01988	中國民生銀行股份有限公司	55,399,299,470	17
2002.11.15	00728	中國電信股份有限公司	53,705,576,700	18
2006.12.15	01800	中國交通建設股份有限公司	46,577,300,000	19
2012.04.27	06837	海通證券股份有限公司	44,528,968,789	20
2011.12.15	01336	新華人壽保險股份有限公司	43,484,210,283	21
2002.07.31	01211	比亞迪股份有限公司	42,593,250,000	22
2009.09.23	01099	國藥控股股份有限公司	42,464,062,344	23
2013.12.12	01359	中國信達資產管理股份有限公司	40,024,428,351	24
2011.10.06	06030	中信證券股份有限公司	37,227,874,618	25
2004.12.15	00753	中國國際航空股份有限公司	33,809,483,727	26
1997.10.21	00914	安徽海螺水泥股份有限公司	33,594,660,000	27

（續）

上市日期	股票代號	公司名稱	市價總值（港元）	市值排名
2008.08.21	01766	中國中車股份有限公司	31,908,782,092	28
2012.12.07	01339	中國人民保險集團股份有限公司	29,320,146,240	29
1998.01.21	00902	華能國際電力股份有限公司	29,236,384,997	30
2010.08.30	02238	廣州汽車集團股份有限公司	28,949,966,851	31
2015.04.10	01776	廣發證券股份有限公司	27,501,026,592	32
2014.06.25	02202	萬科企業股份有限公司	27,219,578,188	33
2007.12.07	00390	中國中鐵股份有限公司	27,179,739,400	34
2013.05.22	06881	中國銀河證券股份有限公司	26,464,359,819	35
2015.06.01	06886	華泰證券股份有限公司	26,370,160,731	36
2003.12.15	02333	長城汽車股份有限公司	25,819,168,200	37
2014.12.10	01816	中國廣核電力股份有限公司	25,787,973,750	38
2013.12.20	06818	中國光大銀行股份有限公司	25,345,633,995	39
2005.12.07	00489	東風汽車集團股份有限公司	25,073,326,960	40
1993.07.15	00168	青島啤酒股份有限公司	23,254,955,819	41
2015.12.07	00416	錦州銀行股份有限公司	22,655,880,000	42
2006.12.20	03898	株洲中車時代電氣股份有限公司	22,522,604,810	43
2008.03.13	01186	中國鐵建股份有限公司	22,216,367,200	44
2012.12.19	02039	中國國際海運集裝箱（集團）股份有限公司	21,766,191,402	45
2001.02.07	00696	中國民航資訊網絡股份有限公司	21,448,926,000	46
2000.02.01	00694	北京首都國際機場股份有限公司	21,387,162,320	47
1997.02.05	00670	中國東方航空股份有限公司	21,292,087,000	48
2009.12.10	00916	龍源電力集團股份有限公司	19,605,970,230	49
2017.04.11	02611	國泰君安證券股份有限公司	18,805,886,726	50
2011.05.20	02607	上海醫藥集團股份有限公司	17,270,907,896	51
2015.11.09	03908	中國國際金融股份有限公司	16,934,775,891	52
1997.07.31	01055	中國南方航空股份有限公司	16,657,705,320	53
1997.06.12	00358	江西銅業股份有限公司	16,261,289,040	54
1993.07.26	00338	中國石化上海石油化工股份有限公司	16,007,100,000	55
2014.12.19	01958	北京汽車股份有限公司	15,965,249,183	56
2016.03.30	02016	浙商銀行股份有限公司	15,901,050,000	57
2015.03.31	03606	福耀玻璃工業集團股份有限公司	14,840,275,720	58
2003.12.23	02899	紫金礦業集團股份有限公司	14,686,566,400	59
2012.10.30	02196	上海復星醫藥（集團）股份有限公司	14,445,623,925	60
2001.12.12	02600	中國鋁業股份有限公司	14,316,596,464	61

（續）

上市日期	股票代號	公司名稱	市價總值（港元）	市值排名
2006.12.19	01898	中國中煤能源股份有限公司	14,044,787,460	62
1997.06.27	00177	江蘇寧滬高速公路股份有限公司	13,833,040,000	63
2015.12.10	03996	中國能源建設股份有限公司	13,801,029,640	64
2010.12.16	03618	重慶農村商業銀行股份有限公司	13,396,081,099	65
1997.05.15	00576	浙江滬杭甬高速公路股份有限公司	13,105,430,130	66
2011.06.10	00958	華能新能源股份有限公司	12,980,550,159	67
2005.07.14	02777	廣州富力地產股份有限公司	12,792,255,840	68
2006.03.23	03323	中國建材股份有限公司	12,466,814,310	69
2004.03.11	02338	濰柴動力股份有限公司	12,280,012,800	70
2002.11.20	02883	中海油田服務股份有限公司	12,225,087,000	71
2004.12.09	00763	中興通訊股份有限公司	11,982,270,189	72
2013.11.12	03698	徽商銀行股份有限公司	11,954,250,000	73
2015.10.26	01508	中國再保險（集團）股份有限公司	11,822,567,559	74
2016.10.07	06099	招商證券股份有限公司	11,784,422,184	75
2015.12.03	03866	青島銀行股份有限公司	11,688,921,917	76
2004.02.27	01066	山東威高集團醫用高分子製品股份有限公司	11,528,441,823	77
1998.04.01	01171	兗州煤業股份有限公司	11,321,692,800	78
2003.10.30	02357	中國航空科技工業股份有限公司	11,287,318,391	79
2015.08.07	03969	中國鐵路通信信號股份有限公司	11,104,037,640	80
2006.12.08	00552	中國通信服務股份有限公司	11,072,275,711	81
2013.05.23	02386	中石化煉化工程（集團）股份有限公司	10,459,328,000	82
2013.11.06	01963	重慶銀行股份有限公司	10,089,942,989	83
2005.04.28	02727	上海電氣集團股份有限公司	10,048,442,560	84
2014.12.29	02066	盛京銀行股份有限公司	9,783,714,875	85
2007.04.26	03993	洛陽欒川鉬業集團股份有限公司	9,597,661,920	86
1997.03.21	00991	大唐國際發電股份有限公司	9,449,681,097	87
2016.03.30	01578	天津銀行股份有限公司	9,387,667,015	88
2016.12.09	06066	中信建投證券股份有限公司	9,318,965,601	89
2005.06.30	01919	中遠海運控股股份有限公司	9,135,324,000	90
2009.07.29	02009	北京金隅股份有限公司	8,980,857,101	91
2015.06.26	01528	紅星美凱龍家居集團股份有限公司	8,980,770,433	92
2015.06.29	03396	聯想控股股份有限公司	8,914,678,273	93
1993.08.06	00317	中船海洋與防務裝備股份有限公司	8,194,265,366	94
2014.03.31	06138	哈爾濱銀行股份有限公司	8,042,696,200	95

（續）

上市日期	股票代號	公司名稱	市價總值（港元）	市值排名
2016.08.18	06178	光大證券股份有限公司	7,885,794,560	96
2003.02.13	00598	中國外運股份有限公司	7,828,837,550	97
2009.09.24	01618	中國冶金科工股份有限公司	7,722,990,000	98
2000.10.31	01666	北京同仁堂科技發展股份有限公司	7,707,911,040	99
2014.01.16	01513	麗珠醫藥集團股份有限公司	7,607,148,560	100
2016.07.08	03958	東方證券股份有限公司	7,487,413,200	101
2015.12.23	06196	鄭州銀行股份有限公司	7,104,240,000	102
2006.04.28	02880	大連港股份有限公司	7,015,853,759	103
2016.07.11	01606	國銀金融租賃股份有限公司	6,878,669,820	104
2006.12.08	01818	招金礦業股份有限公司	6,683,499,550	105
1999.06.30	01071	華電國際電力股份有限公司	6,336,591,984	106
2004.06.16	02866	中遠海運發展股份有限公司	6,301,680,000	107
1996.05.14	00525	廣深鐵路股份有限公司	6,097,338,000	108
2010.10.08	02208	新疆金風科技股份有限公司	5,920,554,112	109
1994.11.11	01138	中遠海運能源運輸股份有限公司	5,767,200,000	110
1997.07.24	00347	鞍鋼股份有限公司	5,646,160,000	111
1997.03.12	00548	深圳高速公路股份有限公司	5,568,875,000	112
2011.12.22	00579	北京京能清潔能源電力股份有限公司	5,470,708,480	113
2012.12.21	01829	中國機械設備工程股份有限公司	5,249,800,600	114
2014.12.10	06869	長飛光纖光纜股份有限公司	5,168,031,872	115
1996.07.23	00921	海信科龍電器股份有限公司	5,138,214,053	116
2014.06.06	06198	青島港國際股份有限公司	4,824,719,750	117
2010.12.23	01157	中聯重科股份有限公司	4,803,196,518	118
1993.11.03	00323	馬鞍山鋼鐵股份有限公司	4,765,557,500	119
2014.06.25	01375	中原證券股份有限公司	4,725,109,620	120
2013.12.20	01819	富貴鳥股份有限公司	4,715,259,240	121
2012.06.28	00816	華電福新能源股份有限公司	4,677,806,078	122
1997.10.30	00874	廣州白雲山醫藥集團股份有限公司	4,639,890,000	123
2015.12.29	01558	宜昌東陽光長江藥業股份有限公司	3,857,054,278	124
2003.06.19	02868	首創置業股份有限公司	3,838,042,560	125
2017.01.12	06122	吉林九台農村商業銀行股份有限公司	3,719,100,000	126
2005.07.13	01103	上海大生農業金融科技股份有限公司	3,646,015,070	127
2006.09.29	03983	中海石油化學股份有限公司	3,506,580,000	128
1994.08.17	01122	慶鈴汽車股份有限公司	3,331,973,517	129

（續）

上市日期	股票代號	公司名稱	市價總值（港元）	市值排名
2008.06.18	01812	山東晨鳴紙業集團股份有限公司	3,190,963,710	130
2006.12.15	02006	上海錦江國際酒店（集團）股份有限公司	3,019,555,000	131
1996.11.13	00995	安徽皖通高速公路股份有限公司	2,977,780,400	132
1994.12.16	01133	哈爾濱電氣股份有限公司	2,972,512,400	133
1997.10.07	00107	四川成渝高速公路股份有限公司	2,954,556,000	134
2007.05.30	00811	新華文軒出版傳媒股份有限公司	2,877,010,521	135
1994.03.29	01033	中石化石油工程技術服務股份有限公司	2,772,000,000	136
2010.10.13	00956	新天綠色能源股份有限公司	2,758,506,594	137
2007.12.20	01893	中國中材股份有限公司	2,724,106,589	138
2003.01.29	00895	東江環保股份有限公司	2,541,746,250	139
1997.05.14	00588	北京北辰實業股份有限公司	2,319,025,600	140
2003.09.24	02698	魏橋紡織股份有限公司	2,307,994,020	141
1994.06.06	01072	東方電氣股份有限公司	2,271,200,000	142
2015.12.30	01799	新特能源股份有限公司	2,131,634,284	143
2016.11.15	01272	大唐環境產業集團股份有限公司	2,110,121,156	144
2012.07.12	03948	內蒙古伊泰煤炭股份有限公司	2,096,225,010	145
2014.10.09	06116	上海拉夏貝爾服飾股份有限公司	2,040,503,100	146
2013.12.12	03369	秦皇島港股份有限公司	2,024,841,320	147
2002.08.13	01349	上海復旦張江生物醫藥股份有限公司	1,999,200,000	148
2010.12.17	01798	中國大唐集團新能源股份有限公司	1,950,835,458	149
2016.12.05	01635	上海大眾公用事業（集團）股份有限公司	1,937,124,090	150
2015.12.16	01786	中國鐵建高新裝備股份有限公司	1,835,055,000	151
2015.04.30	06826	上海昊海生物科技股份有限公司	1,753,984,140	152
2014.07.08	01599	北京城建設計發展集團股份有限公司	1,753,475,240	153
2014.03.06	03636	保利文化集團股份有限公司	1,744,228,200	154
1994.05.17	01065	天津創業環保集團股份有限公司	1,734,000,000	155
2015.07.06	01456	國聯證券股份有限公司	1,708,590,400	156
2014.06.19	01330	綠色動力環保集團股份有限公司	1,698,311,126	157
2002.10.07	02488	深圳市元征科技股份有限公司	1,658,016,000	158
1997.06.23	00038	第一拖拉機股份有限公司	1,607,960,000	159
2005.12.19	03378	廈門國際港務股份有限公司	1,489,917,000	160
2002.11.18	00357	海航基礎股份有限公司	1,454,512,330	161
2003.06.27	00980	聯華超市股份有限公司	1,430,784,000	162
2003.06.30	02355	寶業集團股份有限公司	1,378,862,940	163

（續）

上市日期	股票代號	公司名稱	市價總值（港元）	市值排名
2015.10.15	01476	恒泰證券股份有限公司	1,357,046,460	164
2000.08.04	01385	上海復旦微電子集團股份有限公司	1,320,698,500	165
2015.05.27	06839	雲南水務投資股份有限公司	1,287,547,206	166
1997.09.29	00161	中航國際控股股份有限公司	1,286,105,676	167
2004.06.09	01708	南京三寶科技股份有限公司	1,173,204,000	168
2008.06.13	02722	重慶機電股份有限公司	1,122,191,219	169
2006.04.27	02345	上海集優機械股份有限公司	1,109,176,600	170
1996.05.02	00553	南京熊貓電子股份有限公司	1,103,520,000	171
2005.10.26	03399	廣東粵運交通股份有限公司	1,047,420,000	172
1994.07.08	01108	洛陽玻璃股份有限公司	1,037,500,000	173
2017.04.06	03768	昆明滇池水務股份有限公司	1,030,269,690	174
2012.12.05	00564	鄭州煤礦機械集團股份有限公司	980,233,826	175
2016.11.08	03689	廣東康華醫療股份有限公司	968,843,120	176
2006.04.07	03355	上海先進半導體製造股份有限公司	961,633,451	177
1996.12.31	00719	山東新華製藥股份有限公司	930,000,000	178
2012.07.06	02068	中鋁國際工程股份有限公司	882,841,960	179
2016.12.21	01596	河北翼辰實業集團股份有限公司	864,171,000	180
2014.06.19	03903	瀚華金控股份有限公司	772,200,000	181
2014.07.08	06188	北京迪信通商貿股份有限公司	756,624,100	182
2015.11.20	02120	溫州康寧醫院股份有限公司	710,424,000	183
2015.11.26	06865	福萊特玻璃集團股份有限公司	702,000,000	184
2007.10.12	03833	新疆新鑫礦業股份有限公司	675,510,000	185
2011.12.30	01296	國電科技環保集團股份有限公司	654,885,000	186
1997.10.17	01053	重慶鋼鐵股份有限公司	602,702,464	187
2006.01.12	03330	靈寶黃金股份有限公司	573,738,820	188
1995.07.06	00042	東北電氣發展股份有限公司	572,649,000	189
2006.05.16	01057	浙江世寶股份有限公司	572,312,400	190
2014.06.26	01588	暢捷通信息技術股份有限公司	558,800,000	191
2003.04.22	02218	煙台北方安德利果汁股份有限公司	505,095,200	192
2015.07.07	01461	魯證期貨股份有限公司	473,823,900	193
2001.12.21	01075	首都資訊發展股份有限公司	472,443,780	194
2004.12.20	00438	彩虹集團新能源股份有限公司	466,852,236	195
2015.12.23	01543	廣東中盈盛達融資擔保投資股份有限公司	419,466,668	196
2008.02.26	00814	北京京客隆商業集團股份有限公司	415,324,800	197

（續）

上市日期	股票代號	公司名稱	市價總值（港元）	市值排名
2015.12.30	03678	弘業期貨股份有限公司	400,019,400	198
2017.03.31	02281	瀘州市興瀘水務（集團）股份有限公司	384,742,600	199
2014.01.15	03332	南京中生聯合股份有限公司	370,558,656	200
1993.12.07	00300	沈機集團昆明機床股份有限公司	350,828,082	201
2003.10.10	02308	研祥智能科技股份有限公司	342,270,720	202
2004.01.09	01265	天津津燃公用事業股份有限公司	325,039,000	203
2006.02.23	01292	重慶長安民生物流股份有限公司	324,500,000	204
2016.09.30	01577	泉州匯鑫小額貸款股份有限公司	316,800,000	205
2007.02.07	00568	山東墨龍石油機械股份有限公司	291,984,096	206
2006.06.21	00549	吉林奇峰化纖股份有限公司	285,862,500	207
2015.01.13	06866	佐力科創小額貸款股份有限公司	273,000,000	208
1999.12.16	00747	瀋陽公用發展股份有限公司	269,392,320	209
2016.11.25	06189	廣東愛得威建設（集團）股份有限公司	268,563,670	210
2015.03.11	01858	北京市春立正達醫療器械股份有限公司	248,831,792	211
2015.10.12	01527	浙江天潔環境科技股份有限公司	245,000,000	212
2015.12.14	02289	創美藥業股份有限公司	227,080,000	213
1993.08.06	00187	北京京城機電股份有限公司	223,000,000	214
1994.12.13	01202	成都普天電纜股份有限公司	217,600,000	215
2004.12.22	01000	北青傳媒股份有限公司	209,721,820	216
2015.10.15	01533	蘭州莊園牧場股份有限公司	188,999,400	217
2002.06.28	00954	常茂生物化學工程股份有限公司	183,700,000	218
2016.01.12	01459	巨匠建設集團股份有限公司	170,700,800	219
2008.01.24	00840	新疆天業節水灌溉股份有限公司	137,632,000	220
2014.11.11	01289	無錫盛力達科技股份有限公司	97,600,000	221
2014.01.09	01353	福建諾奇股份有限公司 #	—	—
總數 222			總值 5,946,189,579,406	

註：　# 暫停交易逾1年之股份，其市值不作發表。

資料來源：http://sc.hkex.com.hk.

主要參考資料

一 中資企業文獻、上市公司年報、史料、統計資料及研究報告

1. 《招商局年報》（2005-2007年度）
2. 《招商局國際有限公司年報》（歷年）
3. 《招商銀行年報》（歷年）
4. 《招商局地產控股股份有限公司年報》（歷年）
5. 《招商局能源運輸股份有限公司年報》（歷年）
6. 《中銀香港控股有限公司年報》（歷年）
7. 《華潤創業有限公司年報》（歷年）
8. 《華潤置地有限公司年報》（歷年）
9. 《華潤電力控股有限公司年報》（歷年）
10. 《中國中信集團公司年報》（歷年）
11. 《中信泰富有限公司年報》（歷年）
12. 《香港中旅國際投資有限公司年報》（歷年）
13. 《中遠集團2007年可持續發展報告》
14. 《中國遠洋控股股份有限公司年報》（歷年）
15. 《中遠太平洋有限公司年報》（歷年）
16. 《中國光大控股有限公司年報》（歷年）
17. 《中國光大國際有限公司年報》（歷年）
18. 《中國海外發展有限公司年報》（歷年）
19. 《中國建築國際集團有限公司年報》（歷年）
20. 《中保國際控股有限公司年報》（歷年）
21. 《粵海投資有限公司年報》（歷年）
22. 《北京控股實業有限公司年報》（歷年）

23. 《上海實業控股有限公司年報》（歷年）

24. 《深圳（業）控股有限公司年報》（歷年）

25. 《越秀投資有限公司年報》（歷年）

26. 香港特別行政區政府《香港年報》（歷年）

27. 香港特別行政區政府《香港經濟概況》（歷年）

28. 國務院港澳辦港澳研究所《港澳經濟年鑒》

29. 香港經濟導報社《香港經濟年鑒》（歷年）

30. 烏蘭木倫主編：《發展中的香港中資企業》，香港經濟導報社，1997年版

31. 劉山在、郭莉主編：《2000-2008年香港經濟展望》

32. 中聯辦經濟部：《回歸十年來的香港經濟與香港中資企業》

33. 聶寶璋編：《中國近代航運史資料》（一、二輯），上海人民出版社，1982年版；中國社科出版社，2002年版

34. 《李文忠公全書》奏稿、譯署函稿

35. 《金城銀行史料》，上海人民出版社，1983年版

36. 《中國銀行行史資料彙編》，檔案出版社，1991年版

37. 《交通銀行史料》，上海人民出版社，1995年版

38. 中國人民大學著：《中國信託業發展報告》（1979-2003年），中國經濟出版社，2004年版

39. 《香港股票指南（2008-2009）》，《星島日報》，2008年版

40. 美林證券、BNP百富勤等投行研究報告

二　香港報刊及中資企業內刊

1. 《中銀經濟月刊》、《中銀財經述評》

2. 《信報財經月刊》、《信報財經新聞》

3. 《香港經濟日報》、《經濟導報》（香港）、《資本》

4. 《新報》、《香港商報》、《經濟一週》、《投資理財周刊》

5. 《中旅月刊》

6. 《中苑》

7. 《華潤》月刊

8. 《中國海外》月刊

三　主要網站

1. http://www.info.gov.hk、http://www.hkex.com,hk

2. http://www.locpg.gov.cn

3. http://www.bochk.com、http://www.crc.com.hk

4. http://www.cmhk.com、http://www.hkcts.com

5. http://www.ebchina.com、http://www.cohl.com

6. http://www.chinainsurance.cn、Http://www.cosco.com.hk

7. http://www.begcl.com、http://www.siic.com

8. http://www.gdn.com.hk

9. http://www.shumyip.com.hk、http://www.yuexiu.com

四　著作、論文

1. 吳敬璉著：〈大型企業的戰略結構和總部功能〉，http://www.drcnet.com.cn。

2. 郎咸平著：《整合》，東方出版社，2004年版。

3. 郎咸平著：《操縱》，東方出版社，2004年版。

4. 郎咸平著：《運作》，東方出版社，2004年版。

5. 馮邦彥著：《香港英資財團》，三聯書店（香港）有限公司，1996年版；《香港華資財團》，三聯書店（香港）有限公司，1997年版；《香港金融業百年》，三聯書店（香港）有限公司，2007年版。

6. 張國輝：《洋務運動與中國近代企業》，中國社科出版社，1979年版。

7. 樊百川：《中國輪船航運業的興起》，四川人民出版社，1985年版。

8. 張後銓主編：《招商局史（近代部分）》，中國社科出版社，2007年版。

9. 朱士秀主編：《招商局史（現代部分）》，人民交通出版社，1995年版。

10. 易惠莉、胡政主編：《招商局與近代中國研究》，中國社科出版社，2005年版。

11. 湯照連主編：《招商局與中國近現代化》，廣東人民出版社，1994年版。

12. 虞和平、胡政主編：《招商局與中國現代化》，中國社科出版社，2008年版。

13. 陳潮著：《晚清招商局新考》，上海辭書出版社，2007年版。

14. 胡政主編：《招商局與上海》，上海社會科學院出版社，2007年版。

15. 胡政主編：《招商局與深圳》，花城出版社，2007年版。

16. 招商局史研究會：《招商局史研究專刊》，2006年版。

17. 秦曉著：《制度變遷中的實踐與思考》，黑龍江教育出版社，2002年版。

18. 招商局集團辦公廳、戰略研究部編：《秦曉論》、《秦曉講》、《秦曉談》。

19. 傅育寧著：〈我們如何重組招商局〉，《北大商業評論》，2005年4月號。

20. 王玉德、楊磊著：《再造招商局》，中信出版社，2008年版。

21. 韋三水著：《寧高寧空降北京前後的中糧命運》，當代中國出版社，2006年版。

22. 王石、繆川著：《道路與夢想》，中信出版社，2006年版。

23. 劉鴻儒主編：《中國企業海外上市回顧與展望》，中國財經出版社，1998年版。

24. 武捷思著：《粵海重組實錄》，香港商務印書館，2002年版；《粵海變革——面對巨額虧損企業的CEO應該做些什麼？》，香港經濟日報出版社，2004年版。

25. 梁憲主編：《現代企業集團管理模式和構架》，經濟科學出版社，1995年版。

26. 盛洪主編：《現代制度經濟學》，北京大學出版社，2003年版。

27. 郭國燦著：《回歸十年的香港經濟》，三聯書店（香港）有限公司，2007年版；《雙城論集》，中國經濟出版社，2002年版。

28. 郭國燦著：〈開闢國企改革的“第二戰場”——香港中資企業“二元結構”理論透視〉，載於《特區經濟》1998年第7期；〈香港創新科技業的發展前景〉，載於劉山在主編：《2000年香港經濟展望》；〈廣信事件後香港中資信貸危機的深層原因及其對策〉，1998年第四季度香港中資企業調研聯席會議論文，載於郭國燦著：《雙城論集》。

29. 楊默著：《中海攻略》，中國經濟出版社，2007年版。

30. 周亦圖著：《榮智健敗局》，香港財大出版社，2009年版。

31. 鄭宏泰、黃紹倫著：《香港股史（1841-1997）》，三聯書店（香港）有限公司，2006年版。

32. 香港中旅集團編：《香港中旅八十年》，中國社科出版社，2008年版。

33. Ronald H.Coase, 'The Nature of the Firm', *Economica*,n.s.4,November 1937.

34. Oliver E.Williamson, 'Corporate Governance', Chapter 12 of *The Ecomomic Inititutions of Capitalism*, The Free Press, 1985.

35. Chandler,A.D.*The Visible Hand: The MaNageria Revolution in American Industrial Enterprise.* Cambridge, MA: MIT Press, 1977.

36. Kwang-Ching Liu, 'Steamship Enterprise in Nineteenth-Century China', *Journal of Asian Studies*, Vol.18,No.4,1959.

37. W. F. Mannix, *Li Hung-Chang Memories, Houghton Mifflin Co.*, Cambridge Uni. Press 1983.

38. Bergère Marie-Claire, *L'Age d'or de la bourgeoisie chinoise, 1911-1937,* Paris, Flammarion, 1986.

照片出處

書前扉頁及緒論

跨頁插扉圖，插扉圖，圖1
（姚永康攝於2009年）

第一章

插扉圖，圖2–圖9
（引自胡政主編：《招商局畫史：一家百年民族企業的私家相簿》）
圖10–圖13
（引自《中苑》編委會編：《中苑》2007年9月號）
圖14
（姚永康攝於2009年）
圖16–圖17，圖19–圖21
（引自"華潤70年！與您攜手　改變生活"網頁http://year70.crc.com.
hk/scripts）
圖22，圖25，圖27
（引自中國港中旅集團公司出版：《香港中旅HKCTS》）

第二章

插扉圖
（姚永康攝於2009年）

第三章

插屏圖，圖39，圖40

（姚永康攝於2009年）

圖33，圖34，圖36

（引自胡政主編：《招商局畫史：一家百年民族企業的私家相簿》）

圖38

（引自中國港中旅集團公司出版：《香港中旅HKCTS》）

第四章

插屏圖，圖42-圖44，圖46-圖48，圖51，圖52，圖54，圖55，圖58，圖61

（姚永康攝於2009年）

圖41，圖53

（引自"華潤70年！與您攜手　改變生活"網頁http://year70.crc.com.hk/scripts）

圖43，圖45

（引自《中苑》編委會編：《中苑》2007年9月號）

圖49，圖50

（引自胡政主編：《招商局畫史：一家百年民族企業的私家相簿》）

圖57

（引自中國港中旅集團公司出版：《香港中旅HKCTS》）

圖59，圖60

（引自《聯合出版（集團）有限公司成立二十週年紀念特刊》）

第五章

插屝圖，圖66，圖69，圖70

（姚永康攝於2009年）

圖65，圖71

（引自胡政主編：《招商局畫史：一家百年民族企業的私家相簿》）

圖67

（引自《上海實業（香港）有限公司成立二十週年紀念》特刊）

第六章

插屝圖

（引自中國港中旅集團公司出版：《香港中旅HKCTS》）

圖74，圖77，圖78

（姚永康攝於2009年）

圖75，圖76

（引自《中苑》編委會編：《中苑》2007年9月號）

第七章

插屝圖，圖83，圖84

（姚永康攝於2009年）

第八章

插扉圖，圖86，圖92，圖94，圖99

（姚永康攝於2009年）

圖88

（引自"華潤70年！與您攜手　改變生活"網頁http://year70.crc.com.hk/scripts）

圖89，圖90

（引自胡政主編：《招商局畫史：一家百年民族企業的私家相簿》）

圖91，圖93，圖98

（引自中國港中旅集團公司出版：《香港中旅HKCTS》）

第九章

圖105

（姚永康攝於2009年）

第十章

插扉圖，圖110，圖111

（引自深業集團網站）

圖106，107，108，109

（引自華潤集團網站）